Christianne Büchner (Hrsg.)

Lebensspuren

Über den Zusammenklang von Erziehung und Therapie

Band 11
der Dornacher Reihe
der Konferenz für Heilpädagogik und Sozialtherapie, Dornach
Herausgegeben von Rüdiger Grimm

Christianne Büchner (Hrsg.)

Lebensspuren

Über den Zusammenklang von Erziehung und Therapie

Bibliografische Information der Deutschen Bibliothek

Die Deutsche Bibliothek verzeichnet diese Publikation in der Deutschen Nationalbibliografie; detaillierte bibliografische Daten sind im Internet über http://dnb.ddb.de abrufbar.

© 2005
Edition SZH/CSPS

der Schweizerischen Zentralstelle für Heilpädagogik (SZH) Luzern
du Centre suisse de pédagogie spécialisée (CSPS) Lucerne
del Centro svizzero di pedagogia specializzata (CSPS) Lucerna
dil center svizzer per pedagogia speziala (CSPS) Lucerna

Alle Rechte vorbehalten
Die Verantwortung für den Inhalt der Texte
liegt beim jeweiligen Autor/bei der jeweiligen Autorin

Tous droits réservés
Les auteurs respectifs ont la seule
responsabilité du contenu de leurs textes

Printed in Switzerland
Druckerei Ediprim AG, Biel

ISBN 3-908262-66-6

Inhalt

Christianne Büchner
Vorwort   7

Emil E. Kobi
Erziehung und Therapie: Begriffe – Perspektiven – Praxis   11

Heinz Zimmermann
Therapeutische Dimensionen in der Pädagogik der Waldorfschule   23

Hans G. Schlack
**«Das Kind als Akteur seiner Entwicklung» –
Welche Art von Therapie passt zu diesem Konzept?**   39

Maximilian Buchka
Heilpädagogische Förderung
Ein integraler und spezieller Handlungsansatz der Heilerziehung
im Kontext von Erziehung, Therapie, Pflege und Beratung   51

Angelika Gäch
Von der Leiberfahrung zur Lernfähigkeit
Bericht über eine Arbeitsgruppe   91

Andreas Fischer
Führen oder Wachsenlassen?
Die Grundfrage aller Erziehung in der Heilpädagogik   103

Franziska Schäffer
Zur Integration von Therapien in den Lernort Schule   129

Heinrich Greving
Lebensspuren: Beziehungsspuren konstruiert?!   145

Andreas Fischer
Erziehung und Therapie – Gegensatz oder Ergänzung? **151**

Dietmar Jürgens
Atem – Bewegung – Klang: Musik, die aus dem Körper kommt **163**

Ferdinand Klein und Anna Krušinová
Salutogenetische und biographisch-logotherapeutische
Orientierung, insbesondere bei der therapeutischen Erziehung
in der Slowakei **181**

Sieglind Ellger-Rüttgardt
Aus der Geschichte lernen: Perspektiven für die Zukunft
der Heil- und Sonderpädagogik **213**

Zu den Autorinnen und Autoren **227**

Christianne Büchner

Vorwort

Jeder Mensch bahnt seinen Weg ins Leben auf seine ihm eigene Art und Weise. Zur Erfahrung der meisten Menschen mit einer Behinderung gehört, dass sie nicht «nur» erzogen werden, sondern dass man ihnen auch eine oder mehrere Therapien angedeihen lässt. Erziehung und Therapie(n) gehören für sie zu den prägenden Entwicklungseinflüssen. Sie hinterlassen Spuren in den Lebensgeschichten. Die Absicht ist stets eine gute: jeder Mensch mit Behinderung soll spezifisch und zielgerichtet so gefördert werden, dass seine Entwicklungsprobleme reduziert werden, dass er mit seiner Behinderung möglichst gut umgehen kann und dass seine Potentiale sich entfalten können. In der Realität gelingt es nicht immer, diese Ziele ohne gleichzeitige Leidenserzeugung zu erreichen. Nicht immer entsteht ein günstiges Verhältnis zwischen Erziehungsalltag und ergänzend verordneten Therapiemassnahmen. Worin besteht eine innere Einheit, eine Wechselwirkung und Ergänzung der beiden Felder? Heilpädagogik ist ohne eine solche verbindende Einheit kaum als Ganzes vorstellbar.

Die Autorinnen und Autoren nähern sich der Beantwortung dieser Frage und damit dem Verhältnis von Erziehung und Therapie aus unterschiedlichen Perspektiven. Immer wieder tauchen Stichworte wie «Dialog» und «Begegnung» auf. Zur Menschwerdung sind wir in erster Linie auf die Qualität der Beziehungen zu uns nahe stehenden Menschen angewiesen. Dies gilt nicht nur in Erziehungsverhältnissen; auch die Wirksamkeit von Therapieansätzen hängt weitestgehend davon ab, ob ein Therapeut oder eine Therapeutin die Fähigkeit entwickelt, dem Gegenüber primär als Mensch zu begegnen. Fachleute aus Erziehung und Therapie stehen Kindern, Jugendlichen und erwachsenen Menschen mit Beeinträchtigungen gegenüber, aber immer auch deren Angehörigen. Ihnen gegenüber ist eine partnerschaftliche Ebene der Begegnung gefragt. Die Art und Qualität der Begegnungen ist mitentscheidend dafür, ob Erziehung und Therapie(n) als in Ergänzung stehende Biographie-Elemente erlebt werden können.

Emil E. Kobi beleuchtet Veränderungen der Begriffe «Therapie» und «Erziehung» vor einem historischen Hintergrund. Er stellt fest, dass im 20. Jahrhundert die Bedeutung der Erziehung zugunsten des Einsatzes von therapeutischen Ansätzen zurückgesetzt wurde. Manches Unbehagen hat heute Krankheitswert und muss folglich therapiert werden, was zu einer inflationären Verwendung des Therapiebegriffs geführt hat. Pädagogik und Medizin basieren auf Machbarkeits-Mythen: erstere auf derjenigen der Allwissenheit, letztere auf jener des ewigen Wohlergehens. Oft erhält die Frage der gemeinsamen Daseinsgestaltung ihren Raum erst, wenn beide Ansätze an ihre Grenzen stossen. Erziehung und Therapie täten gut daran, sich wieder vermehrt ihrer Aufgabe des Dienens bewusst zu werden.

Aus der Sicht des Waldorf-Pädagogen stellt *Heinz Zimmermann* dar, dass man vor dem Hintergrund der anthroposophisch-anthropologischen Menschenkunde Heilen und Erziehen nicht als getrennte Bereiche betrachten kann: Erziehung und Therapie befinden sich im Dialog. In Bezug auf Erziehung und Unterricht werden die Bedeutung des Rhythmus und die Kunst der Zeitgestaltung besonders herausgearbeitet. Schenkt man ihnen die nötige Beachtung, kann man bestimmten Krankheits- oder Störungstendenzen vorbeugen. Zimmermann sieht die therapeutische Wirkung des Unterrichts als eine Zeitnotwendigkeit.

Im Konzept der «Selbstentfaltung der Entwicklung durch das Kind» von *Hans Georg Schlack* sind nicht die Fachleute die Motoren, sondern das Kind selbst ist Akteur seiner Entwicklung. Es besteht heute weitgehend Einigkeit darüber, dass Therapiemethoden ohne Eigenaktivität des Kindes kaum wirksam werden können, denn sie ist ein psychophysisches Grundbedürfnis von Kindern. Viele zunehmend auftretende «neue Kinderkrankheiten» und Entwicklungsprobleme stehen nach Schlacks Ansicht in Zusammenhang mit einer mangelnden Berücksichtigung dieses Grundbedürfnisses. Die Selbstgestaltungskräfte risikobelasteter oder behinderter Kinder sind folglich bewusst zu unterstützen. Der Autor erläutert Grundgedanken, die dabei zu berücksichtigen sind.

Erziehung, Therapie, Pflege, Beratung und Förderung sind für *Maximilian Buchka* die Handlungsaufgaben der heilerzieherischen Alltagsarbeit. Die Heilerziehung betrachtet er als das ihnen allen gemeinsame Handlungskonzept, als ihr systematisches Dach. Heilpädagogische Förderung versteht er als lenkenden Eingriff in den Prozess der Persönlichkeitsbildung eines Menschen mit Behinderung. Buchka geht ausführlich auf drei ausgewählte Handlungsansätze heilpädagogischer Förderung näher ein, und zwar auf die heilpädagogische Entwicklungsförderung (im Sinne von Gröschke und Fröhlich), die sonderpädagogische Fördererziehung (im Sinne von Bach) und die anthroposophisch-heilpädagogische Entwicklungsförderung.

In der Arbeitsgruppe zum Thema «Von der Leiberfahrung zur Lernfähigkeit» machte *Angelika Gäch* die Bedeutung einer gesunden Entwicklung der Leibessinne als wesentliche Grundlage der späteren Lernfähigkeit deutlich und erfahrbar.

Führen oder Wachsenlassen? Vor diesem Dilemma steht jeder Mensch, der über Erziehung nachdenkt. *Andreas Fischer* ortet bei heilpädagogischen Fachleuten die Tendenz, das Führen stärker zu gewichten als das Wachsenlassen. Er beschreibt einen Weg des möglichen Umgangs mit dem Dilemma, der in einem echten Dialog zwischen Erziehenden und zu Erziehenden besteht. Es geht in der Heilpädagogik darum, hinter die wahrnehmbare Wirklichkeit zu schauen und nach den Potentialen zu suchen, die oft hinter den Phänomenen verborgen liegen.

Franziska Schäffer plädiert für eine veränderte Terminologie, die von der Respektierung der Würde und der Individualität des Menschen ausgeht und seine primären Kompetenzen ins Zentrum stellt. Für Menschen mit einer geistigen Behinderung verwendet sie die Bezeichnung «Menschen mit pragmatischer Lebensentwicklung». Anhand der Beispiele einiger Schüler erläutert sie, wozu Therapien im «Lernort Förderschule mit pragmatischen Lernschwerpunkten» dienen sollten und welche Forderungen an die Zusammenarbeit von pädagogischen und therapeutischen Fachleuten zu stellen sind.

Als theoretischen Hintergrund seiner Ausführungen benutzt *Heinrich Greving* das Modell des Konstruktivismus. Er schildert anhand persönlicher Erlebnisse drei Möglichkeiten, wie Konstruktionen auch in pädagogische Prozesse hinein wirken können.

Ausgangspunkt für die Überlegungen im zweiten Beitrag von *Andreas Fischer* sind die Spannungen, die im Verhältnis von Erziehung und Therapie zum Alltag gehören und die es ein Stück weit auszuhalten gilt. Zur Überwindung eines allzu angespannten Verhältnisses würde das Bewusstsein helfen, dass sowohl Erziehende wie Therapierende aus gewissen Einseitigkeiten heraus handeln und sie sich deshalb in Haltung und Handlung ergänzen sollten.

Mit Atem, Bewegung und Klang hinterlässt man eigene Lebensspuren und kann im gemeinsamen musikalischen Tun gleichzeitig anderen Lebensspuren begegnen. Die Begegnung mit Menschen mit Behinderungen kann im Sinne einer basalen Kommunikation gestaltet werden: ich bilde dasjenige ab, was mir mein Gegenüber atmend, bewegend und klingend zeigt. *Dietmar Jürgens* unterstreicht in seinem Beitrag die Bedeutung der Selbst- und

Fremdwahrnehmung auf der Ebene verschiedener Sinnestätigkeiten und des Wissens um die Einflüsse von Musik und Musizieren.

Im Beitrag von *Ferdinand Klein* und *Anna Krušinová* werden Begriffe aus der Salutogeneseforschung und der Logotherapie verlebendigt. Wie Kobi weist auch Klein auf die dienende Funktion des Erziehens hin. Er spricht mit Blick auf Novalis von therapeutischer Erziehung und stellt interessante Bezüge zwischen Novalis und der Salutogeneseforschung her. Er unterstreicht – wie Zimmermann – die Rolle und Bedeutung des künstlerischen Tuns; es sollte auch innerhalb von Ausbildungen einen gebührenden Platz erhalten. Anhand zweier Beispiele geht Klein auf Verstehen von individuellen Lebensgeschichten ein. Und wie kann das Verstehen der Lebensgeschichte am Ende des Lebens aussehen? Im Beitrag werden mehrmals auch Schilderungen aus der Slowakei eingeflochten.

Das Interesse an der Beschäftigung mit geschichtlichen Hindergründen hat in der Heilpädagogik zugenommen. *Sieglind Ellger-Rüttgardt* stellt die Entwicklung der Integrationsbemühungen im schulischen Bereich ins Zentrum ihrer Ausführungen und erläutert interessante historische Wurzeln und Vorläufer der gemeinsamen Beschulung behinderter und nicht-behinderter Kinder. Sie belegt ihre Hypothese, dass erst die Etablierung öffentlicher Schulen für Gehörlose und Blinde das Bildungsrecht ausgegrenzter Schülergruppen langfristig sicherte. Ihr Fazit: in Ländern mit selektiven Bildungssystemen kann auf die Struktur besonderer Institutionen nicht verzichtet werden, wenn man sicherstellen möchte, dass behinderte Kinder und Jugendliche ein qualitativ hoch stehendes Bildungsangebot erhalten. Den Abschluss des Beitrages und somit des Buches bildet ein Plädoyer für die vermehrte Auseinandersetzung mit Lebensgeschichten bzw. «Lebensspuren» behinderter Menschen.

Die Fachtagungen mit dem übergeordneten Thema «Heilen und Erziehen» in Brachenreuthe/Überlingen sind bereits Tradition; das vorliegende Buch geht auf die neunte Tagung zurück. Einmal mehr sei der Camphill-Gemeinschaft Brachenreuthe herzlich für das Gastrecht gedankt.

Ein grosser Dank gebührt auch der Leopold-Klinge-Stiftung; ohne ihre finanzielle Unterstützung wäre weder die Tagung noch die Herausgabe dieses Tagungsbandes möglich gewesen.

Emil E. Kobi

Erziehung und Therapie:
Begriffe – Perspektiven – Praxis

Dass wir heutzutage begriffliche und organisatorische Schwierigkeiten haben mit und zwischen «Therapie» und «Erziehung»: Daran sind – wieder einmal mehr und zum Glück für uns – die Alten Griechen Schuld.

Deren Begriff «Therapie» hatte die weit reichende Bedeutung von «heilen» bis hin zu «(Gott) dienen». Auch noch im Neugriechischen ist «Therapie» eine umfassende Angelegenheit: «Θεραπ'εια» heisst Kur, Behandlung, Heilung, Pflege; das Verb «θεραπ'ευο» deckt das ganze Bedeutungsspektrum von «behandeln/heilen» bis hin zu «Bedürfnisse befriedigen» ab. Der «θερ'απον» (Therapeut) ist der «Diener» sowohl wie der «behandelnde Arzt».

Der altgriechische «παιδ'αγωγως» nimmt sich daneben recht schäbig aus: Im ursprünglichen Sinne war dies der «Knabenführer», zumeist ein Sklave, der den Sprössling seines Herrn ins «Γυμν'ασιον» und zu anderweitigen Vergnügungen zu geleiten hatte: Ausgestattet mit einer Öllampe zur Erleuchtung zunächst noch nicht des Geistes, sondern des nachtdunklen Weges.

Im Verlauf der abendländischen Kulturgeschichte änderten sich die Verhältnisse im Medizinal- und Bildungsbereich und mit der fortschreitenden Professionalisierung und Spezialisierung auch die Begriffsinhalte: Der Therapiebegriff erfährt mit dem Heraufkommen der naturwissenschaftlich fundierten Medizin eine Einengung auf den Sachverhalt einer nach naturwissenschaftlich objektiven/objektivierten Kriterien ausgerichteten (Kausal-)Behandlung einer zumeist als organisch/funktionell aufgefassten Krankheit. Damit eine Therapie innerhalb dieses Settings ihren Namen verdient und als ernsthaft, seriös, anwendungs- und, last but not least auch als (z.B. via Krankenkasse) finanzierungswürdig gelten kann, hat sie folgende Kriterien zu erfüllen:
• Das Mittel (die Methode, das Medikament ...) muss im Wesentlichen als solches, unabhängig von der Person, der es vorschriftsgemäss appliziert wird, wirksam sein (keine Placebo-Effekte);

- Es soll in einem klar definierten, erklärbaren und kontrollierten Verhältnis stehen zur Störung, die es beheben soll (Indikation);
- Es muss überzufällig häufig (idealerweise 100%ig) die vorgesehene Wirkung entfalten;
- Allfällige, z.B. patientenseitige, Wirksamkeitsvariablen (des Alters, des Geschlechts, des Biostatus, des sozialen Umfeldes ...) sollen berechenbar, zumindest bekannt sein, um sog. Risikofaktoren auszuschliessen («Beipackzettel-Philosophie»).

Der naturwissenschaftlichen Ausrichtung verdankt die moderne Medizin nicht nur bedeutende Erfolge (hauptsächlich in der Bekämpfung von Infektionskrankheiten sowie im Bereich chirurgischer Reparation), sondern der Ärztestand auch seinen beispiellosen sozialen und pekuniären Aufstieg aus den Niederungen der Bader und Feldscherer. Das Medizinalsystem ist heute als so genannte «Schulmedizin», in Verbindung mit Pharmaindustrie und Medizinaltechnologie, ein weltumspannendes Denk-, Ordnungs-, Kontroll- und Machtsystem (Lenzen, 1993), das den Therapiebegriff – reduziert allerdings auf die Bedeutung des «Heuens» als ein gesund Machen und Reparieren – exklusiv für sich beansprucht.

Ich will später darauf zurück kommen, wie sehr dieser Therapiebegriff, der für den Medizinalbereich verpflichtende Orientierung ist, kontrastiert zu dem, was sich heutzutage tatsächlich in den «Leiden des Alltags» alles als «Therapie» andient und auch als solche konsumiert wird.

Vorgängig jedoch noch ein Blick auf die Entwicklungen der pädagogischen Historie: Der Pädagogik-Begriff erfuhr, namentlich mit der Ausbreitung und Differenzierung des Schulwesens und zunächst im Gegensatz zu dem der Therapie, eine Ausweitung und Verschiebung auf die Ebene der geistigen Führung und des erzieherischen Geleits. Pädagogik bezeichnet vom 18. Jahrhundert weg die Erziehungskunst, die zuerst der private Hauslehrer, später auch der behördlich angestellte und kirchlich oder staatlich besoldete Lehrer ausübte. In der Verbindung «erziehender Unterricht» war diese belehrend-geleitende Aufgabe der Pädagogik vom 19. Jahrhundert weg zunehmend ein Anliegen (vgl. Friedrich Herbart, 1776-1841).

Solange Pädagogik eine nach kirchlichen Vorgaben Glaubensinhalte und Stoff vermittelnde, lehrplanbezogene Funktion wahrnahm, die Ärzteschaft sich im Wesentlichen auf das organische Funktionieren des Menschen konzentrierte und die Geistlichkeit sich um dessen Seelenheil kümmerte, blieben Territorialkämpfe und ideelle Auseinandersetzungen randlicher Natur und pflegten, soweit sie doch in störendem Ausmass auftraten, meist autoritär beigelegt zu werden. Die Inhaber der pädagogisch-schulischen, der medizinisch-therapeutischen und der theologisch-kirchlichen Gewalt waren sich sicher, was ausserhalb ihrer Tempelbezirke von Schule, Klinik und Kirche als Irrlehre, als Scharlatanerie und als Ketzerei ausgegrenzt, verfolgt, bestraft, nötigenfalls auch vernichtet werden musste.

In der Rückschau betrachtet setzten die Umbrüche, Überschneidungen und Perspektivenüberblendungen von Erziehung, Therapie und Seelsorge allerdings bereits zur selben Zeit ein, als die Parzellierung, Klassifizierung und Katalogisierung «der Welt» noch in voller Blüte stand (Foucault, 1975/1994). Dies allerdings zunächst nur in den Köpfen einiger Querläufer, deren Gedankengut erst Generationen später die «Basis» erreichen sollte. Für die Pädagogik markiert Jean Jacques Rousseau (1712-1778) die entscheidende Wende, da er in seinem Erziehungswerk «Emile» (1762) mit Verve einen pädozentrischen Standpunkt vertrat, d.h. das Kind und nicht irgendwelche staatliche oder kirchliche Instanzen ins Zentrum pädagogischer Interessen stellte. Er wurde damit zum (Wieder-)Entdecker des Kindes und zum Begründer einer dezidierten Jugendkultur.

Es mag uns heute bei der Lektüre Rousseaus unerfindlich sein, weshalb dessen Gedanken seinerzeit so sehr die geistlichen Talare und fürstlichen Rockzipfel zum Flattern brachten und warum und wozu sein Werk öffentlich verbrannt und der Autor durch halb Europa gejagt wurde. Aber da drohte offenbar eine alte Welt zusammen zu stürzen, und da brach etwas auf und aus: da seiner selbst mächtige, aber auch verantwortliche, das demokratisierte aber auch egalisierte, das befreite, aber auch entsicherte Individuum, das fürderhin zur Wahrnehmung und Erfüllung seiner Lebensaufgaben umfassender Bildungs- und nötigenfalls auch (psycho-) therapeutischer Bemühungen bedürftig sein sollte.

Im deutschen Kulturbereich spielten in der Rousseau-Nachfolge (so z.B. bei den Philanthropen) sodann idealistische und romantische Menschheitsentwürfe eine massgebende Rolle für die Entwicklung der (zumal akademischen) Pädagogik. Idealismus – sei's im Sinne einer apriorischen Ideenlehre, sei's in Form hochfliegender Menschenbilder, auf die der Zögling gezogen oder als überquellender pädagogischer Eros, mit welchem er bedacht werden sollte, sei's als pädagogisch adelnde Gesinnung, welche die Erzieherschaft auszuzeichnen hatte – galt als conditio sine qua non für ein aus der Transzendenz zur Immanenz herunter beschworenes Heil. Dessen Verkünder und Vermittler empfanden sich zugleich als dessen wahre Wahrer.

Ihre Kulmination erlebte diese hochgemute Pädagogik zu Beginn des 20. Jahrhunderts im umfassenden Neugestaltungswillen (von Jugend- und Volkserziehungsbewegung, zahlreichen Schulreformen und Privatschulgründungen), der dann allerdings bereits mit dem Ersten, und – nach einem zwischenzeitlichen Aufflackern – mit dem Zweiten Weltkrieg empfindliche Zusammenbrüche erfuhr und eine tief verunsicherte, zumindest «Skeptische Generation» (Schelsky, 1957) zurückliess. Nach längerer Nachkriegsrestaurationsphase verfolgte die 68er-Bewegung schliesslich eine radikale Abkehr vom Erziehungsanspruch überhaupt. Pädagogik wurde in eins gesetzt mit «Schwarzer Pädagogik» (Rutschky, 1980). Die Bezeichnungen Erziehung, erziehen, belehren, Pädagogik/pädagogisch wurden von «Antipädagogen» und deren Nachläuferschaft so lange zu Unwörtern zerschlissen und als Etiketten für organisierte Kinderschändung vernutzt, bis sie lediglich nur noch in der Kynologie und der Sado-Maso-Szene als passend empfunden wurden.

Sogar fremdsprachige Buchtitel wurden in deutsche Fäkalsprache übersetzt: So geschehen mit der durchaus kritischen, jedoch kultivierten Schrift von Maud Mannoni «Education impossible» (Paris, 1973), die der deutschen Leserschaft im entsprechenden Jargon unter dem Titel «Scheisserziehung» (Frankfurt, 1976) präsentiert wurde.

Vielleicht ist denn auch in diesem Zusammenhang die Deutung des Giessener Philosophen Odo Marquard (2000, S. 94ff.) zutreffend, wonach man sich (zu) lange Zeit in bedingungslosem Gehorsam geübt hatte, so dass man sich nach dessen Folgen veranlasst sah, den versäumten Ungehorsam nachzuholen (?)

Im angelsächsischen und französischen Kulturbereich präsentierten sich Erziehung und Bildung, desgleichen Special Education/Education specialisée traditionellerweise nüchterner und erdnaher. Pädagogischer Empirismus und Realismus setzen vor allem auf Praktikabilität, Nützlichkeit auch, auf Machenschaft und Handwerk. Sie drohen dadurch weniger in philosophische Urtiefen zu versinken, ohne deswegen in toto oberflächlicher zu sein.

Im Gegenteil: Die französische Sprache bringt heutzutage die Facetten dessen, was die deutsche gesamthaft mit «Erziehung & Unterricht» abdeckt, sogar differenzierter zum Ausdruck, zumal die seinerzeit in der Herbart'schen Pädagogik noch geläufigen Differenzierungen (um «Regierung» und «Zucht») schon längst ersatzlos gestrichen wurden:

Eduquer, éducation		schulen, ausbilden, ertüchtigen
Elever, élevation		erhöhen, erheben, kultivieren
Former, formation	} erziehen im Sinne von {	formen, (aus)bilden, gestalten
Enseigner, enseignement		(be)lehren, unterrichten
Instruire, instruction		unterrichten, schulen, anweisen

Alle diese Begriffe sind positiv konnotiert. Entsprechend ist auch die Bezeichnung «mal/bien élevé» umgangssprachlich durchaus lebendig, während es hierzulande in gewissen ovalen Kreisen eine schiere Beleidigung ist, ein Kind als «wohl erzogen» zu bezeichnen und damit auf ein offensichtliches Dressat Bezug zu nehmen.

Dazu passt z.B., dass ich in der Laudatio auf eine didaktisch hervorragend gestaltete Insektenausstellung im Naturmuseum in Luzern erst neulich noch auf die aberwitzige Aussage stiess, die Präsentation sei «erfreulich unbelehrend». Fehlte nur noch der positive Hinweis auf den ungeheuren «Spassfaktor».

Im Nachgang zu dieser Verunglimpfung pädagogischer Sprache quoll dann auch jene Unmenge modernistischer Elternratgeber auf, nach denen Mutter und Vater erst mal als Mummy and Daddy und endlich als Jill and Jack, einander im infantilisierenden Gehabe mit ihrem 2-jährigen Pamper überbieten sollten. The «King of the Highchair» (Bly, 1996), dem bereits vorgeburtlich seine Championrolle zugefallen war auf Grund der Tatsache, dass ER aus dem Wettlauf zur Eizelle aus Millionen Mitzapplern als Winner hervorging, hatte, hoch begabt wie er überdies war, endgültig das Heft übernommen.

Nachdem Neil Postman (1931-2003) vor mehr zwanzig Jahren schon vorn «Verschwinden der Kindheit» (1983) gekündet hatte, schien mählich auch die Pädagogik abzutreten und durch Wehrpsychologie gegen und Reklamepsychologie für die Jugend sowie ad hoc-Therapien um Drogen, Gewalt, ADS, Schulverweigerung, Arbeitslosigkeit und anderweitige Unpässlichkeiten abgelöst zu werden.

Parallel zu diesem obsolet Werden von Erziehung und Pädagogik erfolgte denn auch, vermutlich in so etwas wie einer «dialektischen Kausalität» dazu, eine progrediente Ausweitung und Diversifikation der Therapeutik, die in unserer Gegenwart jedem begrifflichen Fassungs- und Definitionsversuch widersteht, indem sie ihn alsogleich überflutet. In der (psycho-)pathologischen Perspektive des 20. Jahrhunderts schien der Mensch nicht mehr als erziehungsbedürftiges «Mängelwesen» (Gehlen, 1940), sondern als bereits durch den Geburtsakt traumatisierter Patient ins Leben zu starten. Was sich neuzeitlich geändert hat, sind somit kaum *Sachverhalte*, sondern Sichtweisen und Ausrichtungen, Normen und Wertungen, im Nachgang hierzu dann auch Zielsetzungen und Methoden, Instrumentarien und Institutionen. Die Drift verläuft, so weit ich sehe, in drei Richtungen:

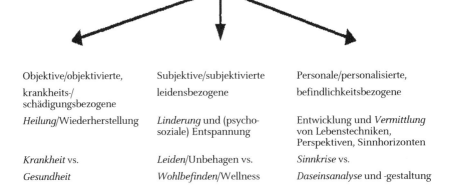

Objektive/objektivierte, krankheits-/ schädigungsbezogene	Subjektive/subjektivierte leidensbezogene	Personale/personalisierte, befindlichkeitsbezogene
Heilung/Wiederherstellung	*Linderung* und (psychosoziale) Entspannung	Entwicklung und *Vermittlung* von Lebenstechniken, Perspektiven, Sinnhorizonten
Krankheit vs. *Gesundheit*	*Leiden*/Unbehagen vs. *Wohlbefinden*/Wellness	*Sinnkrise* vs. *Daseinsanalyse* und -gestaltung

(Wobei auch diesbezüglich wieder Verschmierungen «verganzheitlichender Integration von Allem mit Allem» bestehen.)

Das Spektrum von Angebot und Nachfrage reicht in praxi denn auch von Seelsorge über Unterricht, Spiel und Förderung bis hin zu Prostitution, die allesamt, wie aktuelle Beispiele zeigen, unter dem Titel «Therapie» zu firmieren pflegen.

Therapeutik hat also zweifellos den Markt erobert und verzeichnete in den vergangenen Dezennien einen ungeheuren Wachstumsschub sowohl von der Abnehmer-, wie von der Angebotsseite her:
- Zum einen hält sich Therapie nicht mehr an ein objektivierbares/ naturhaftes Kranksein als (indikative) Voraussetzung. Dies hat seinen Grund freilich auch darin, dass sich der Krankheitsbegriff seinerseits ausweitete bis hinein in die unendlichen Gefilde des Missbehagens und der Unpässlichkeit, der Unzufriedenheit mit sich und der Welt in den Widerwärtigkeiten des banalen Alltags. «Unbehaglichkeit» gewann Krankheitswert. In Ergänzung dazu definiert sich Gesundheit (auf Vorschlag und mit dem Segen der WHO) nicht mehr allein über objektivierbare Funktionstüchtigkeit, sonders auch – und zunehmend – über psychosoziales Wohlbehagen.
- Auf der Angebotsseite fährt ein Heer – zwar nicht durchwegs beruflicher, jedenfalls jedoch berufener – Therapeutinnen, marktkonform und klientenorientiert, mit allem auf, was «Kopferzundand» begehren. Therapie bezeich-

net in praxi eine generelle, frei flottierende Service-Leistung im Bereich individual- und sozialsystemischer Spannungsverhältnisse und Unpässlichkeiten. Es handelt sich um ein letztlich allein noch via Honorarnote objektiviertes «Anything goes».

Therapeutik stellt denn auch nicht mehr prioritär reparaturdienstlich Heilung in Aussicht, sondern, zumal im Psycho-Rayon, vor allem: Orientierung und neue Sichtweisen, Anteilnahme und Akzeptanz, Anhörung und Verständnis, temporäres Wohlbefinden und immer wieder «Entspannung», Stressbefreiung und Mittelfindung, rekonstruierende Vergangenheitsaufbereitung und Ausgestaltung lebbarer Lebenslegenden, Parteinahme und Präsenz, Trost und Trauerarbeit, Beziehungskisten-Entrümpelung und Betroffenheitsaustausch unter Gleichgestimmten, Ankoppelung Randständiger und Einbezug Ausgegrenzter undsoweiterundsofort ...

«Therapie» wurde auf Grund dieses inflationären Gebrauchs, im Verein mit Wörtern wie «wissenschaftlich», «Fortschritt», «ganzheitlich», «Integration» und anderen mehr, zu einem «Plastik-Wort» (Pörksen, 1992), das wie ein Lego-Stein praktisch überall und mit allem – vor allem mit andern Plastikwörtern – versetzt werden kann. Es gibt mittlerweile kaum mehr eine Handreichung, der nicht das Adjektiv «therapeutisch» beigefügt werden kann.

Auf eine plakativ zusammenfassende Kurzformel gebracht: Educazione finito – Terapia infinito.

Dennoch kursiert das Wort Therapie als wohlfeile Scheidemünze in der Sozialandschaft. Dies hauptsächlich in folgenden Währungen:
- Institutionsbezogen: und damit nach alter Tradition iatrozentrisch im medizinalen, klinischen Umfeld. Was immer daselbst vollstreckt und unterlassen, gedacht und in Rechnung gestellt wird, nennt sich «Therapie».

Das Medizinalsystem bemüht sich teils kaum mehr, sich dezidiert im TherapieDschungel abzugrenzen und giert darin im Gegenteil nach der Tarzan-Rolle. Das Bestreben, nonkonforme Therapien abzuweisen, wurde durch eine Einverleibungsstrategie abgelöst. Das moderne Medizinalsystem umschlingt so heutzutage oft auch seine Alternativen. Das führt in praxi zu grotesken Situationen: Ein Kind, das viele Rechtschreibfehler macht,

– gilt im Bildungssystem als schlechter *Schüler*, dem etwas Fehlendes (die Orthografie) intensiviert beigebracht werden soll. Bezahlt wird der Förderunterricht aus dem Pestalozzi-Topf

– gilt im Medizinalsystem als leidender *Patient*, dem etwas Störendes (die Dysorthografie) weggeschafft werden soll. Bezahlt wird die Therapie aus der Äskulapkasse

- Zünftlerisch: Therapie bezeichnet tautologisch alles, was Therapeuten, die sich und einander als Therapeuten anerkennen und bezeichnen, als solche anerkennen und bezeichnen.

Mehrfach-Therapeut ist daher, wer in seinem Logo möglichst viele Zunftzugehörigkeiten anführt: dipl. psych. UHT, PTT, ABC, DDT, usf., was immer der Hilfe suchende Laie sich darunter vorstellen mag.

- Versicherungstechnisch: Eine gewissermassen «qualifizierte Therapie» ist, was ein Kostenträger als Drittinstanz – insonderheit eine Versicherung – als solche bezahlt und damit so etwas wie eine pekuniäre Segnung vornimmt. «Kassenzulässig» ist ein Orden an der Therapeutenbrust.
- Klienten- bzw. erwartungsorientiert: Als Therapie findet Anerkennung, was Klienten als dienlich und befriedigend, nützlich und wohltuend erleben. Dies in Ausrichtung auf die von wissenschaftlich-objektivierender Überprüfung Abstand nehmende Devise: «Wer heilt hat Recht!» – Was soll der wissenschaftliche Effizienznachweis, wenn er nichts zum meinem Wohlbefinden beiträgt? (Tonnenweise wandern denn bekanntlich auch klinisch geprüfte Medikamente auf Grund patientenseitiger Non-compliance in den Abfall). Und was schert mich sein Fehlen, wenn ich über die verschlungenen Wege der Unwissenschaftlichkeit glaube, zu einer Heilung gefunden zu haben? – Der Esoterik-Markt blüht denn auch nicht minder als der pharmazeutisch-medizinaltechnische. Dem bekannten Spruch: «Operation gelungen – Patient gestorben», entspricht die komplementäre Feststellung: «Operation wirr und unerfindlich, Patient wohlauf!». Gefährlicher noch als die Misserfolge sind darum die Erfolge der Scharlatanerie!

Was in dieser Drift von Erziehung hin zu Therapie – von einem pädagogischen Standpunkt aus betrachtet bedauerlicherweise – verloren geht, ist die Täterschaft der *Person*. Der (aktiv lernende, «selbstreferenzielle») Schüler wird zum (passiv erleidenden, konsumierenden) Patienten. Prioritär geht es hierbei also nicht einmal um die Handlungsmacht des Erziehers, sondern um die Auctoritas (Urheberschaft), das Bestimmungsrecht und die Mitverantwortlichkeit des (kindlichen) Handlungssubjekts, das auch innerhalb von Krankheit, defizienter Lebensform, deviantem Verhaltensmuster, sozialer Belastung und biophysischer Beschränkung seine Identität nicht zuletzt dadurch bestätigt findet, dass an dieses appelliert, darauf Bezug genommen, daran geglaubt wird.

Sache der Pädagogik ist, was *nicht* Sache ist.

Sowohl der Pädagogik als auch der Medizin liegt meines Erachtens, (zumindest seit dem 17, Jahrhundert) eine Utopie, und dieser vielleicht ein noch älterer, ständig revidierter Mythos zu Grunde:
- der Pädagogik jener der Allwissenheit mit all den zugehörigen Ritualen um lebenslanges Belehren und Lernen,
- der Medizin jener des ewigen Wohlergehens mit den vielfältigen Ritualen um Hygiene, Prävention und Therapie.

Diese Machbarkeits-Mythen erhielten neuzeitlich zusätzlichen Schub hin zur Glaubwürdigkeit durch das sowohl das Bildungswesen als auch das Gesundheitswesen umfassende sozialstaatliche Wohlfahrtswesen. Diese, mittlerweile bis an den Rand der Verwesung forcierte «Verwesentlichung» von Bildung und Erziehung, von Gesundheit und Krankheit samt den damit verbundenen Staatsgarantien und Sicherheit versichernden Versicherungen prägen denn auch das Bild moderner (westlicher) Sozialgeschichte und haben es weitum gar zu einem als «un-bedingt» empfundenen (Natur-) «Recht» auf ...» (Erziehung und Bildung, Gesundheit und Wohlergehen) gerinnen lassen.

Allein: Behinderung und Krankheit sind nicht ausschliesslich zu behebende Störfälle, Begabungen nicht nur ausbeutbare Förderstätten, Faktum ist stets auch Fatum. Das Schicksal – zweifellos ein therapie- und förderungswidriger Begriff! – sowie die damit gegebene und aufgegebene *Begrenzung* menschlichen Seins lassen steh weder unterlaufen noch übersteigen.

Dies wird uns spätestens dann bewusst, wenn alles Therapierbare therapiert, alles Förderbare gefördert, alles Menschenmögliche ermöglicht wurde. «Was machen, wenn nichts mehr zu machen ist?» lautet dann die paradoxe Frage, an der die reparativen Dienstleistungen auflaufen. Die nach dem Motto «Mehr vom selben!» (Watzlawick, 1979) sich ausrichtende «Polypragmasie» («Vielgeschäftigkeit», Bleuler, 1921) bringt kumulative therapeutische und pädagogische Systeme zum Durchdrehen: Therapie wird sich selbst zum Krankheitsfaktor, Förderung verendet in Ressourcen-Erschöpfung. Wir können diesfalls nicht umhin, eine gemeinsame Daseinsgestaltung zu suchen mit dem bleibend Unpässlichen und Erwartungswidrigen. Das Leben ist nicht ausschliesslich ein Problem, das gelöst werden kann und muss, sondern stets auch Schicksal, das zu tragen, zu ertragen ist und dem gegenüber Therapie und Erziehung einer erweiterten Sinn- und Gestaltgebung bedürfen, die verschiedentlich auf die eingangs erwähnten altgriechischen Bedeutungsinhalte (des Dienens) zurück führen:

- Pädagogik: verstanden als Generationen übergreifende, gemeinsame Daseinsgestaltung unter den begrenzenden Bedingungen des naturhaften, sozio-kulturellen und individualen Seins.
- Therapie: als situative, problemspezifische Heilpraxis, oft aber auch, bescheidener, als Erleichterungsbemühung (reliefworking) auf beschwerlichen Lebenspfaden.

Erziehung und Therapie werden einander so bis zur Ununterscheidbarkeit verwandt in und auf Grund ihrer Begrenztheit: exemplarisch im Angesicht des schwerst- und mehrfach behinderten Menschen.
- Pädagogik als Kunst, das gemeinsame Dasein zu gestalten und dessen leidvolle Begrenzungen zu ertragen,
- Therapie, als Kunst die leidvolle Begrenztheit des Daseins zu ertragen und dieses zu gestalten,

sind hier in konkreter Praxis oft nur noch in Akzenten zu unterscheiden. Kongruenzen andrerseits resultieren aus ihren je beschränkten Entfaltungsmöglichkeiten. Behinderung/Behindertsein ist in dieser Sicht eine zwischenmenschliche Annäherung, die schliesslich im Tod ihre Totalisierung findet.

Literatur

Bleuler, E. (1919; 2000). *Das autistisch-undisziplinierte Denken in der Medizin und seine Überwindung.* Berlin: Springer.

Bly, R. (1996). *Die kindliche Gesellschaft.* München: Kindler.

Foucault, M. (1963; 1991). *Die Geburt der Klinik.* Frankfurt: Fischer.

Foucault, M. (1975; 1994). *Überwachen und Strafen.* Frankfurt: Suhrkamp.

Gehlen, A, (1940; 2004). *Der Mensch.* Wiebelsheim: AULA-Verlag GmbH.

Kobi, E.E. (1994). *Zur heimlichen Unheimlichkeit der Heime.* Luzern: Edition SZH/SPC (Aspekte; 55).

Kobi, E.E. (1999). *Heilpädagogik als, mit, im System.* Luzern: Edition SZH/SPC.

Kobi, E.E. (2002). Die Verbesserung des Menschen: Auftrag und Versuchung für die Pädagogik. In Ch. Mürner (Hrsg.), *Die Verbesserung des Menschen – Von der Heilpädagogik zur Humangenetik* (S. 129-143). Luzern: Edition SZH/SPC.

Kobi, E.E. (2004). *Grundfragen der Heilpädagogik* (6., bearb. u. erg. Aufl.). Berlin: BHP-Verlag.

Lenzen, D. (1993). *Krankheit als Erfindung.* Frankfurt: Fischer.

Marquard, O. (2000). *Philosophie des Stattdessen.* Stuttgart: Reclam.

Pörksen, U. (1992). *Plastikwörter. Die Sprache einer internationalen Diktatur.* Stuttgart: Klett-Cotta.

Rutschky, K. (Hrsg.). (1977). *Schwarze Pädagogik.* Frankfurt: Ullstein.

Schelsky, H. (1957). *Die skeptische Generation.* Düsseldorf/Köln: Diederichs.

Watzlawick, P., Weakland, J.H. & Fisch, R. (1979). *Lösungen.* Bern: Hans Huber.

Heinz Zimmermann
Therapeutische Dimensionen
in der Pädagogik der Waldorfschule

Das Verhältnis von Pädagogik und Heilpädagogik wurde im letzten Jahrhundert immer wieder kontrovers diskutiert. Zu Beginn meiner Lehrertätigkeit in den 60er-Jahren erlebte ich die erste Diskussion darüber, ob es nicht sinnvoll wäre, Pädagogik und Heilpädagogik enger zusammenzuschliessen. Einige Jahre später hörte ich das Gegenteil: Wäre es nicht ganz wichtig, die beiden nun wirklich zu trennen und genau zu definieren, was Heilpädagogik und was Pädagogik sei? Bald darauf kam – in Italien besonders radikal durchgeführt – die integrative Schule; in Holland sah es so aus, als sollte es – mindestens in der Vorstellung einiger Leute – praktisch gar keine Heilpädagogik mehr geben.

In der Entwicklung der Schülerinnen und Schüler der so genannten Normalschule nahmen ich und andere Menschen die Tatsache wahr, dass immer mehr Elemente, die man vorher der Heilpädagogik zugesprochen hatte, für die so genannte Normalpädagogik unerlässlich wurden. So vertritt beispielsweise der Erziehungswissenschaftler Peter Struck (1996) aus Hamburg die Meinung, dass in der Heilpädagogik, in der Förderpädagogik und in der Gefängnispädagogik das Prinzip gilt: Wir können dasjenige, was wir bringen möchten, überhaupt nur bringen, wenn wir eine Beziehung aufgebaut haben. Das ist heute eine allgemein gültige Grundlage. Natürlich gilt es in einer Grossstadt stärker als in der Provinz, aber grundsätzlich ist es viel schwieriger geworden, überhaupt eine sinnvolle Abgrenzung zwischen Pädagogik und Heilpädagogik zu ziehen. Unter dem Gesichtspunkt der intellektuellen Fähigkeiten eines Kindes oder Jugendlichen ist es längst nicht mehr möglich, eine solche Abgrenzung vorzunehmen, weil oft gerade die Allerschwierigsten teilweise die Hochbegabten sind. Man ist also ziemlich ratlos, wenn man das Thema der Normalität ansprechen will. Georg Kühlewind hat das Buch mit dem Titel «Vom Normalen zum Gesunden» geschrieben; vielleicht kann man diesen Hinweis auf die ganze Gesellschaft anwenden. Die Frage ist, wo die Massstäbe sind und woher wir sie haben.

Mein Beitrag bezieht sich auf die Frage, was Waldorfpädagogik vom Impuls her, von der Grundlage her in dieser Beziehung anbietet; gleichzeitig möchte ich aber auf eine Schwierigkeit hinweisen. Jeder, der mit der Waldorfpädagogik in Berührung kommt und versucht, die Grundlagen zu erfassen, wird bemerken, wie bestürzend es ist, dass Rudolf Steiner das Leiblich-Physische und das Seelisch-Geistige immer als etwas betrachtet, was unbedingt zusammen gesehen werden muss. Es gibt keine leiblichen Vorgänge, die *nur* leibliche Vorgänge sind, es gibt nichts im Seelischen, was *nur* im seelischen Bereich bleibt und nicht auch eine Auswirkung auf das Leibliche hätte. Darauf baut die ganze anthropologisch-anthroposophische Menschenkunde auf. Das bedeutet eine gewisse Schwierigkeit, gerade wenn man hört, in welcher Dimension heute der Therapiebegriff verwendet wird.

Ich möchte hier trotzdem einige wenige Grundlagen dieser anthroposophisch-anthropologischen Menschenkunde darstellen, um anschliessend daran zu zeigen, inwiefern Steiners Ansatz von Anfang an darin besteht, dass man diese beiden Bereiche gar nicht trennen kann. Erziehen ist immer auch Heilen, und heilende Faktoren unterstützen die Erziehung. Deswegen ist es üblich und im Sinne Steiners von Anfang an veranlagt, dass zu jeder Schule ein Schularzt oder eine Schulärztin gehört, der/die z.B. in einer Kinderbesprechung vom ärztlichen Standpunkt aus wesentliche Beiträge geben kann. Dadurch wird deutlich, dass das Physisch-Leibliche bis ins Diätetische hinein nicht abgesondert vom Seelisch-Geistigen betrachtet werden kann. Natürlich steht dahinter eine ganz bestimmte Anschauung vom Menschen, aus welcher heraus die Waldorfschulrepräsentanten wirken.

Man kann sagen, die Waldorfschule habe zwei Erziehungsfaktoren, die Steiner benennt:
- Der eine ist das Wecken als Erziehungsaufgabe; wecken in dem Sinne, dass das Kind für die ganze sinnliche Welt, für die Welt der intellektuellen Bezüge, für die Denkwelt, erst aufwachen muss. Die Aufgabe des Weckens ist also eine der Hauptaufgaben der Erziehenden: wie können wir in einer optimalen Weise diesen Vorgang des Weckens fördern?
- Die zweite Aufgabe besteht darin, den Unterricht so einzurichten, dass er eine heilende Wirkung hat, dass er Ungleichheiten ausgleicht. Steiner sieht im Grunde genommen den Lehrer oder die Lehrerin so, dass er/sie im Idealfall den Arzt oder die Ärztin ersetzt. Die gute Erzieherperson stellt eigentlich eine Prophylaxe dar, damit es nicht zu einer Einseitigkeit kommt, die ein Problem für den Arzt/die Ärztin ist. Selbstverständlich sind dabei Grenzen gesetzt. Die Erzieherperson wirkt jedenfalls vor allen Dingen auf das Seelische, sie regt seelische Prozesse an, die dann indirekt auch auf leibliche Vorgänge zurück wirken. Die ärztliche Tätigkeit richtet sich mit Substanzen auf

das Leibliche, berücksichtigt aber natürlich das Seelische und das Seelisch-Geistige mit. In diesem Sinn geht es um einen Dialog.

Die menschenkundlichen Grundlagen – Rhythmus

Nun aber zum Begriff des Heilens oder der therapeutischen Dimension der Waldorfpädagogik. Eine fast lapidare Formulierung Steiners im 1. Vortrag der «Allgemeinen Menschenkunde» war die Grundlage für die ersten Waldorflehrer, die ersten Repräsentanten dieser Pädagogik. Er formuliert, worauf es vor allen Dingen ankomme: dass die Erziehungsverantwortlichen die Kinder richtig atmen und richtig schlafen lehren. Zunächst erscheint das als totales Rätsel: richtig atmen, richtig schlafen – das soll die gesamte Erziehungsaufgabe sein? Zunächst wird man denken, es sei doch eine ärztliche Aufgabe, auf die Gesundheit des Atems zu achten, zu sagen, was man machen muss, wenn asthmatische Zustände auftreten. Natürlich wird hier das Atmen nicht bloss im engeren Sinn als ein Wechsel zwischen Sauerstoff und Kohlensäure aufgefasst, sondern als ein Gesamtprozess, der sich auch leiblich manifestiert. Wir schauen erst einmal darauf, wie es ist, wenn der Mensch in seine Menschengestalt hinein wächst. Eines der wesentlichsten Ereignisse ist das Erwerben des aufrechten Ganges.

Den aufrechten Gang zu erwerben, bedeutet nichts bloss Äusserliches. Durch das Sich-Aufrichten kommt der Kopf in eine relative Ruhelage, die äussere Bewegung wird weitgehend auf die Gliedmassentätigkeit beschränkt. Durch die Armorganisation, die mit dem rhythmischen Geschehen (Atem, Puls) eng verbunden ist, wird – im Gegensatz zum Tier – der unmittelbare Bezug zur Fortbewegung gelöst, die Arme und Hände werden frei für die verschiedensten Tätigkeiten. Damit ergeben sich die beiden polaren Organsysteme Kopf und Gliedmassen (vor allem Beine) und ein vermittelndes rhythmisches System.

Ein Kleinkind muss einerseits noch mit den Händen das Gleichgewicht halten, damit es nicht hinfällt, und kann dennoch die Hände für Gesten, für die Mitte, für Ausdrucksmöglichkeiten brauchen oder auch für Handarbeiten, den geschickten Umgang mit der Umwelt. Das bedeutet, dass durch das Sich-Aufrichten, durch diese Polarisierung, ein Freiraum entsteht. Um es mit einem Bild zu charakterisieren: eine äussere Beobachtung kann uns zeigen, dass ein Huhn, das sein Futter pickt, ein Wesen ist, das nicht denken kann, wobei ich «denken» in dem Sinne meine, wie der Mensch denken kann. Das Denken setzt eine Ruhelage des Kopfes voraus. Jeder weiss: wenn wir den

Kopf so bewegen würden, wie das ein Huhn oder ein Specht tun, wären wir nicht mehr in der Lage, ruhig zu denken. Mit dem aufrechten Gang entsteht die ganz spezifische Möglichkeit, dass wir in einen Rhythmus des Gehens kommen. Wir kommen immer wieder aus dem Gleichgewicht und stellen es wieder her. Mit jedem Schritt, den wir tun, ist es so: während wir den einen Schritt tun, lösen wir uns mit dem anderen Bein von der Erde, kommen also in die Auftriebskraft und müssen sogleich wieder umkehren, damit wir nicht hinfallen. Mit dem aufrechten Gang kommen wir in ein rhythmisches Uns-Verbinden mit und Lösen von der Erde; es ist ein dauerndes Ins-labile-Gleichgewicht-Kommen. Es gibt viele Definitionen vom Menschen; eine davon lautet: der Mensch ist ein Wesen, das dauernd das labile Gleichgewicht sucht. Wenn man das als Ausgangspunkt nimmt, kommt man auch zur Frage, was Gesundheit oder Krankheit ist. Damit ist nun kein rein medizinischer Standpunkt angesprochen. Krankheit entsteht, wenn die eine oder andere Polarität – sei das der Kopf oder sei es das Gliedmassensystem, sei das die eine Seite des Sich-Verbindens mit der Erde oder des Sich-Lösens von der Erde – in eine Einseitigkeit gerät und nicht durch das entsprechende Polare ausgeglichen werden kann, wenn also die Kraft des Vermittelns fehlt.

Kunst der Zeitgestaltung

Damit wird deutlich, dass es in der Erziehung um den Umgang mit der Zeitgestalt geht. Das ist ein rhythmisches Problem; der Rhythmus ist der Ort, wo Heilkräfte oder Heilendes eingreifen können. Dort, wo wir in einen guten Rhythmus kommen, sind wir gesund; da wo der Rhythmus aus der Harmonie heraus fällt, werden wir krank. Rhythmus bedeutet somit (im weitesten Sinn natürlich), das Ausatmen und das Einatmen in eine Harmonie zu bringen.

Gehen wir jetzt in die konkrete Schulzimmersituation: wie gestaltet man eine Stunde? Wie regt man das Ein- und Ausatmen an? Heiterkeit regt das Ausatmen an, Ernst regt das Einatmen an. Besteht ein Gleichgewicht zwischen Heiterkeit und Ernst, zwischen Eigentätigkeit und aufnehmender Tätigkeit? Nur das Lernen, nur den Kopf oder nur den Bewegungsorganismus anzusprechen, würde immer in eine Krankheitstendenz führen. Beides in ein Gleichgewicht zu bringen, wäre eine wichtige Aufgabe. Sie beginnt schon mit der Auswahl der Fächer; d.h., man wählt die Fächer so aus, dass für jedes der vorher geschilderten Organsysteme Anregungen durch den Unterrichtsstoff gegeben werden. Es soll einen Ausgleich geben von Handarbeiten, Handwerklichem, motorischem Sich-Bewegen (Turnen, Eurythmie) und dem, was das Intellektuelle, das Kognitive betrifft, das eigentliche Lerngebiet. Das wäre das Eine, was von Grund auf therapeutisch wirken oder eine Grundlage für therapeutisches Wirken sein kann, weil dadurch nie eines dieser Organsysteme einseitig belastet wird. Damit ist ein gewisser Vorwurf verbunden, den schon Steiner damals gegenüber der üblichen Schulbildung erhoben hat, dass man nämlich zu einseitig nur das Kopfsystem anspricht und dadurch ganz bestimmte Einseitigkeiten erzeugt.

Nun kann man, wenn man eine solche Zeitgestaltung ins Auge fasst, auch eine Wahrnehmung zu entwickeln versuchen, wie das, was man mit dem Unterricht tut, auf das Verhalten der Kinder wirkt. Die Ursituation besteht darin, dass ich normalerweise meinen Stoff habe und die Aufgabe, diesen Stoff an die Kinder heranzubringen. Die Frage ist, wie ich das am geschicktesten mache. Die Unterrichtssituation ist aber viel umfassender. Die Unterrichtssituation ist dauernd ein leises etwas Krankwerden und wieder Gesundwerden. Wenn ich z.B. in einem mathematischen Fach zu lange etwas erkläre, dann merke ich, wie die Kinder blasser werden. Wenn man dafür ein Auge hat, sieht man das. Wenn ich dann versuche, wieder mehr die Eigentätigkeit anzuregen oder die Stunde so gestalte, dass auch in einer mathematischen Periode eine Rezitationsphase voraus geht, dann ist schon ein Ausgleich geschaffen. Man sieht, dass es überall Einflüsse gibt, die auch auf die (leibliche) Befindlichkeit eine grosse Wirkung haben. Man kann das leicht daran erkennen, ob die Hand warm oder kalt ist, wenn man den Kindern am Schluss die Hand gibt. Das ist ein ganz einfaches Indiz. Man kann sehen, ob sie rote Backen haben oder alle blass sind. Wie gehen sie hinaus: diskutierend? Oder liegen sie erschöpft in den Bänken? Auch so kann man die Wirkung des Unterrichtes sehen – ein Faktor, der nicht zu unterschätzen ist.

Ich möchte gerne eine gute Methode empfehlen, wie man im Rückblick einen Zeitablauf beurteilen kann. Sie ermöglicht, eine Stundengestaltung zu erreichen, in welcher ein rechter Atem möglich ist, wo also nicht nur (sozusagen autistisch oder asthmatisch) eingeatmet oder nur ausgeatmet wird (was einem völligen Ausfliessen in die Welt entspräche), sondern wo ein entsprechender Rhythmus vorhanden ist. Man kann eine Zeiteinheit, eine Zeitgestaltung nach vier Kriterien beurteilen:
1) *Menge des Stoffes:* zuviel, zuwenig, Unterforderung, Überforderung.
2) Wie war das *Tempo*? Habe ich zu lange erklärt? Haben die Zuhörenden das schon längst begriffen und ich habe immer noch weiter erklärt? Oder habe ich zu schnell erklärt, haben einige schon längst abgehängt?

3) *Spannung:* Ist eine Stunde gleichförmig ablaufend, breitet sich Langeweile aus? Sieht man ständig jemanden auf die Uhr schauen? Wie ist das mit Spannung, wie ist der Anfang, wie ist das Ende, wie fange ich eine Stunde an, wie beende ich sie? Ist es so, dass das Ende der Stunde einfach die Glocke ist, oder setze ich selber ein Ende? Wie fange ich an, wie suche ich den Einstieg, wie gestalte ich sozusagen die Spannungskurve einer Stunde oder eines Zeitablaufes (es kann sich ja auch um mehrere Tage handeln)?
4) Wie gehe ich mit dem *Ziel* dieser Stunde um? Gehe ich gleichsam in einen Kanal oder in eine Überschwemmung? Verliere ich assoziativ das Ziel oder gehe ich nach dem Dezimalsystem direkt auf das Ziel zu? Es geht also wieder um das Lebendige; das Rhythmisch-Lebendige ist ja der Mäander, d.h. das Ziel muss nicht direkt, sondern kann auch über Umwege angegangen werden.

Nach diesen vier Kriterien kann man einen Zeitablauf richten: Zielrichtung, Spannung, Tempo (d.h. der Fluss) und Stoffmenge. Daneben sind aber auch die Eigentätigkeit, die Aufnahme wichtig. Es gibt das berühmte, berüchtigte Wort «Waldorfkino», und es ist nicht ganz von der Hand zu weisen, dass darin eine grosse Versuchung liegt: je besser man erzählen kann, desto grösser ist diese Versuchung. Es ist doch etwas Herrliches, wenn alle Augen an den Lippen des Lehrers oder der Lehrerin hängen. Da kann man doch nicht genug erzählen. Wenn man sich die Frage stellt, was dabei gelernt wurde, ist es eben nichts; die Kinder mögen noch schöne Bilder malen, von dem, was man erzählt hat – aber das ist eben «Waldorfkino». Man muss sich vielmehr auch klar machen, wie viel Eigentätigkeit man fordern muss; man muss sich fragen, ob da auch ein Atmen möglich ist, ein Gleichgewicht.

Erziehung als Kunst

Wenn man heute eine 1., 2. oder 3. Klasse unterrichtet, kann man feststellen, dass die Schülerinnen und Schüler nicht brav auf ihren Stühlen sitzen und warten, was kommt; vielmehr ist chaotische Bewegung angesagt, nichts Böswilliges, keine Störung, sondern einfach Chaos. Wie finden wir einen Weg, um nicht durch ein Machtwort das Chaos in eine geführte Bewegung und schliesslich diese Bewegung in Ruhe hineinzuführen? Wir merken sogleich, dass das Dinge sind, die im Grunde genommen nicht wissenschaftlich genau beschreibbar sind, sondern dass da eigentlich künstlerische Handhabung nötig ist. Das ist der Grund, weshalb Steiner die Waldorfpädagogik eine Erziehungskunst nennt und die Lehrpersonen als eigentlich künstlerische Menschen beschreibt. Dem liegt ein Kunstbegriff zugrunde, wie er theoretisch erstmals von Schiller entwickelt wird im Sinne des Ausgleichs von polaren Faktoren, die man aus der Geistesgegenwart heraus wahrnimmt. Das ist ja das Kennzeichen des Künstlerischen, dass man aus der Geistesgegenwart heraus handelt. Das Künstlerische ist eben verbunden mit dem Therapeutischen. Kunst ist Therapie, weil Kunst immer Ausgleich von Polaritäten, Suche nach der Mitte und Ansprechen jenes Bereiches ist, der zwischen Kopf und Gliedmassen vermittelt. Der Epochenunterricht in der Waldorfschule bedeutet, dass man in einer Epoche über drei, vier Wochen einen gleichen Stoff behandelt, z.B. Rechnen, Geschichte, usw.; danach versinkt das Behandelte ins Vergessen, schläft ein und wird in der nächsten Epoche wieder heraufgeholt. Erneut geht es um das Prinzip, dass man einen Stoff besser vertiefen kann, wenn er zunächst einmal abgesunken ist und zu einem späteren Zeitpunkt wieder heraufgeholt wird, als wenn man kontinuierlich am Stoff bleibt und dieses Absinken nicht stattfindet. Dieses Absinken spielt natürlich partiell auch von Tag zu Tag eine Rolle; deswegen gab Steiner auch die sehr fruchtbare Empfehlung, man solle an einem Tag einen Unterrichtsstoff so behandeln, dass er in eine Frage mündet. Die Antwort darauf soll erst am nächsten Tag kommen. Man entlässt die Kinder gleichsam mit dem, was das Phänomen ist. In einem naturwissenschaftlichen Fach etwa führt man ein Experiment durch und lässt ganz genau beschreiben, was alles nacheinander geschieht. Am nächsten Morgen erst kommt die Frage, warum das wohl so gewesen ist, warum sich die Flüssigkeit rot verfärbt hat oder warum dieses Salz ausgefallen ist. Das sollte niemals gleich mit der Beschreibung des Phänomens vermischt werden, weil sonst das Problem auftaucht, dass man zuerst mit dem Kopf etwas macht und das Erleben danach gar nicht mehr richtig stattfinden kann. Umgekehrt muss es sein: zuerst erleben, genau beobachten – zuerst das Phänomen und erst dann der Begriff, vom Phänomen zum Begriff. Man könnte auch sagen «vom Erleben zum Erkennen», denn das ist gleichzeitig die Entwicklung des Kindes im Laufes der verschiedenen Altersstufen. Das Kind kommt als bewegungszentriertes Wesen auf die Welt – oft zum Leidwesen der Umgebung. Es bringt viel Bewegung, unglaubliche Durchhaltekraft mit. Oder haben Sie schon einmal ein Kind gehört, das gesagt hätte «Jetzt reicht's! Jetzt hör ich auf, jetzt hab ich genug und ich muss mal eine Rast machen!», nachdem es 50, 60, 70 Mal immer wieder hingefallen ist? Da gibt es eine unglaubliche Willenspower, um die man das Kleinkind als erwachsene Person beneiden kann. Als Oberstufenlehrer habe ich immer wieder genau das Gegenteil gehört: immer wieder kamen Schülerinnen und Schüler zu mir und fragten mich, was sie machen sollten. Sie wussten zwar genau, was sie tun sollten, aber sie brachten es nicht fertig, es fehlte ihnen der Wille dazu. Wohin ist dieser Wille verschwunden? Man sieht, dass die andere Seite kommt, dass der Intellekt aufwacht und damit auch das Kritische. Jeder Aufwachvorgang ist gleichsam erkauft mit etwas Anderem, das wieder zurücktritt. Mit steigender intellektueller Fähigkeit nimmt z.B. das Gedächtnis ab. Das ist längst erwiesen.

Mit fortschreitendem Lebensalter nimmt auch die Müdigkeit zu. Ich habe immer wieder mit einem Patenkind zu Mittag gegessen; als es etwas 6 Jahre alt war, sagten die Eltern: «So, jetzt liegen wir ein bisschen aufs Ohr, müssen ein bisschen Ruhe haben nach dem Mittagessen». Ich fragte mein Patenkind, ob es das auch machen wolle. Nein, das wollte es auf gar keinen Fall! Wenn man heute 11.- und 12.-Klässler nach Mittagsruhe fragt, ist sie für einige eine ganz wichtige Sache. Man sieht, dass da etwas wieder aus dem Gleichgewicht geraten ist. Was können wir tun, um das auszugleichen? Damit ist wieder eine therapeutische Dimension angesprochen. Man kann etwas tun, was belebend ist – und alles das ist belebend, womit man sich identifizieren kann. Jeder Erwachsene weiss, dass er sich motivieren kann zu etwas, was ihn begeistert. Dann ist man vielleicht nach einer Stunde Tätigsein weniger müde als vorher. Wenn man das Gleiche aber gezwungenermassen macht, ohne Motivation, dann wird man müde, und es passiert auch nicht viel. Müdigkeit und damit auch Disposition zu Krankheit treten auf; ich meine damit nicht die gesunde Müdigkeit, sondern die Müdigkeit durch Überbeanspruchung z.B. des Kopfes. Müdigkeit hängt nicht damit zusammen, dass wir zuviel tun, sondern damit, dass wir das, was wir tun, nicht mit voller Identifikation tun. Wir machen es nur so ein bisschen. Schrecklich ist es, wenn Sie zum Beispiel in irgendeinem Zusammenhang einen Bericht geben (Sie berichten z.B. in Ihrem Umfeld von dieser Tagung und stellen ausführlich den Vortrag von Herrn Kobi dar) und sehen, wie immer mehr Köpfe sich senken. Würden sich die Zuhörer und Zuhörerinnen unglaublich dafür interessieren, was Herr Kobi gesagt hat, dann käme Belebung hinein. Es kommt ein ganz wichtiger Grundsatz zum Tragen, der meiner Meinung nach wieder ur-therapeutisch ist: Jedes geistige Arbeiten soll mit Interesse verbunden werden. Es braucht die Motivation, die Identifikation mit dem, was man tut. Wie kann ich es zustande bringen, dass das, was ich lerne, mir Freude macht? Damit ist nicht etwa eine Pädagogik der Freude gemeint, sondern es muss auch durch Krisen hindurch durchgegangen werden. Es hat wenig Sinn, wenn ich unmotiviert Dinge lernen muss, für die ich mich gar nicht interessieren kann. Wenn ich mich daran erinnere, was ich alles für das Abitur gelernt und innerhalb von 14 Tagen wieder vergessen habe, dann ist damit gemeint, dass ich mich gar nicht für alles interessieren konnte; dafür war die Zeit gar nicht da. Es ging bloss darum, dass ich etwas wiedergeben konnte. Das meint Steiner, wenn er sagt, eine der Grundsäulen der Waldorf-Pädagogik sei das Durchbluten der geistigen Arbeit. Die Methode besteht darin, dass ich das erkenne, was ich vorher erlebt habe. Erleben und Erkennen sollen zusammengeführt werden. Das wiederum heisst dann nichts Anderes, als die Mitte zu suchen zwischen Kopf und Herz. Die Mitte suchen bedeutet, dass nicht nur im Kopf Erkenntnis stattfindet und das nichts mit mir zu tun hat, sondern dass es da einen Zusammenhang gibt zwischen dem Erleben mehr im Bilde (das wäre vor allen Dingen auch Aufgabe der ersten Schuljahre) und dem, was ich schon einmal erlebt habe und dann bis in die Erkenntnis geführt wird (das wäre die Aufgabe vor allem der Oberstufe). So hat man z.B. eine Legende von Franz von Assisi gehört, der ein Vorbild ist für das gesunde Verhältnis zur Kreatur. Bruder Sonne, Schwester Mond usw., die Tiere: alle sind Brüder und Schwestern. Man hat nun eine neunte Klasse vor sich und will Probleme des Umweltschutzes behandeln. Diese Diskussion, diese begriffliche Abhandlung trifft auf ein schon in einem Bild Erlebtes. Ein Bild entwickelt sich zum Begriff. Das wäre eine solche Organik; da wird nicht gefragt, warum man das machen müsse, sondern da ist schon etwas angelegt, das dann weitergeführt werden kann. Es könnten hier viele solche Beispiele angeführt werden. Man könnte auch sagen, man komme von der Frage zur Antwort, man solle nicht zuerst einen Begriff geben, um ihn dann zu erklären. Es sollen vielmehr Phänomene geschildert werden, die erst am Schluss zum Begriff führen.

Verfolgt man diesen Gedankengang konkret, dann findet man in der Sprache ein Element, das wir in der heutigen Pädagogik in seiner Wirksamkeit meistens unterschätzen, und zwar nicht nur in der Sprache des Lehrers bzw. der Lehrerin, sondern auch in der Sprachbildung, der Sprachförderung als einer Grundlage für ein Denkverhalten. Je differenziertere Worte wir haben, desto differenzierter können wir auch Begriffe erfassen. Wenn wir keine Worte haben, fällt es uns schwer, Begriffe zu bilden. Das Wort ist gleichsam eine Vorstufe zum Begriff. Man muss sich zudem klar sein, dass man mit jedem Wort, das man spricht, auf den Atem der Zuhörer und Zuhörerinnen wirkt, und zwar massiv. Stellen Sie sich einen Gesprächspartner/eine Gesprächspartnerin vor, der asthmatisch-kurzatmig spricht. Nach kurzer Zeit werden Sie selber bei sich eine Atemnot spüren. In der Sprache selber liegt ein therapeutisches oder auch ein krankmachendes Mittel verborgen, und zwar schon in der Stimme. Ob Sie z.B. ständig im gleichen Tonfall dozieren (diese Gefahr besteht z.B. bei Oberstufenlehrpersonen, wenn sie mit visionärem Blick und immer im gleichen Tonfall über das 8. Jahrhundert sprechen) oder im «Waldorf-Stil» die Tonhöhe dauernd ändern: Man spürt, dass das eine direkte Wirkung auf die Gesundheitskräfte hat. Es gibt Kinder, die eine bestimmte Einseitigkeit nicht aushalten. Das zeigt, wie wichtig die Sprachausbildung für die Lehrpersonen ist; sie ist ein Mittel, das unmittelbar auf den Atem wirkt. Man kann z.B. bemerken, dass sich im ganzen Klassenzimmer ein Räuspern entwickelt, wenn jemand erkältet ist und sich räuspert. Am besten sind die Stunden, in denen man heiser ist, denn dann spricht man so leise, dass es ganz still wird in der Klasse. Daran wird deutlich, dass der Kehlkopf sämtliche Laute nachahmt. Wir haben also in der Stimme bereits ein unmittelbares therapeutisches Mittel zur Verfügung.

Natürlich stellt sich jetzt die Frage, wie man spricht. Es gibt eine hochinteressante Untersuchung von Dietrich von Bonin (Sprachtherapeut und wissenschaftlicher Mitarbeiter an der Kollegialen Instanz für Komplementärmedizin der Universität Bern) (2001) über das Sprechen mit bestimmten Rhythmen; es geht speziell um den Hexameter, weil diese Versform das Verhältnis von Puls und Atem in einer idealen Weise beeinflusst. Je nachdem, was rezitiert wird, wirkt es gesundend auf den gesamten Organismus. Das bedeutet nicht, dass man immer Hexameter sprechen muss, sondern dass man weiss, dass das Sprechen eine Wirkung auf die ganze Leiblichkeit hat. Es ist nicht nur ein seelisches Erleben, sondern es hat eine Auswirkung auf die Leiblichkeit und kann z.B. bewirken, dass man zu sich selber kommt. Wenn Sie mit einer Klasse am Anfang des Unterrichtes etwas rezitieren und das auch anleiten können, dann können Sie spüren: Jetzt sind sie ganz da! Das Sprechen hat sogar eine gewisse Aufrichtekraft. Wenn Sie aber anstelle des Sprechens singen, werden Sie viel grössere Mühe haben, nachher den Unterricht weiterzuführen. Während das Singen eher exkarniert, mehr zum Hinausgehen führt, inkarniert das Sprechen stärker.

Erziehung als Kultur der Mitte

Damit kommt eine weitere Dimension hinzu, indem man sieht, dass gewisse Künste mehr individualisierenden, fokussierenden Charakter haben, wie z.B. das Plastizieren; es wirkt inkarnierend, individualisierend. Wenn Sie in einer gut geführten Plastizierstunde hospitieren, sollte eigentlich alles still sein; es herrscht eine Art Wiederkäuerstimmung. Wenn man nicht mehr weiter weiss, geht man herum und schaut, was der andere macht. Eigentlich müsste man aber um jeden eine Wand konstruieren, damit er nicht gestört wird durch die Anderen. Plastizieren bringt einen zu sich selber. Dem gegenüber steht das Musizieren, bei dem das Entscheidende gerade darin besteht, dass ich auf den höre, der ich nicht selber bin. Solange ich meine Stimme im Chor solistisch singe, ist es noch kein wirklicher Chorgesang. Erst wenn ich aus dem Wahrnehmen des anderen meinen Beitrag gebe, ist es gut. Im Singen, im Musizieren komme ich in die Gemeinschaft, in die Peripheriewahrnehmung; im Plastizieren komme ich in die Konzentration, in die Individualisierung. Wiederum stehen hier zwei Polaritäten, die natürlich eingesetzt werden müssen und die wiederum im Sinne des gesunden Inkarnierens und des gesunden Gemeinschaftsbildens angewendet werden können. Heute ist die Forschung voll von Resultaten, wie günstig die musikalische Bildung auf die Sozialkompetenz wirkt. Nur die Konsequenz hat man noch wenig gezogen. Es gibt ein schweizerisches Nationalfondsprojekt aus den 90-er Jahren, das schlagend diese Tatsache beweist. Auch in Deutschland und in den Vereinigten Staaten gibt es mittlerweile viele Untersuchungen, die die Wirkung der Musik auf diese Beziehungsfähigkeit darstellen.

Eine Seminaristin fragte mich einmal, wie man es eigentlich macht, wenn man etwas erzählen soll; da müsse man doch den Stoff vorbereiten. Und wenn man den Stoff vorbereite, müsse man doch immer überlegen, was jetzt drankommt bei einer langen Passage. Denn es ist an sich etwas nicht besonders Förderndes für die Disziplin, wenn man seine Notizen benutzt. Ich sollte doch etwas auswendig sagen können. Auswendiglernen kann ich's aber auch nicht, das haut auch nicht hin, es muss aktuell sein. Was kann ich machen, damit ich aktuell erzähle und gleichzeitig sehe, was in der Klasse los ist? Soll ich beim Erzählen bleiben oder bei der Klasse? Diese Fragen hatte sie gestellt, und an solchen Fragen sieht man, worin die Kunst des Erziehens besteht und damit auch die Kunst des Kultivierens der Mitte: Sie könnten so erzählen, dass Sie aus den Augen der Kinder heraus sich belehren lassen und dann sogar so erzählen, wie Sie nie erzählen könnten, wenn Sie das zu Hause den Wänden erzählen würden. Die beste Erzählmöglichkeit ist, wenn die Kinder, denen Sie etwas erzählen, mitwirken im Erzählvorgang, indem Sie die Wahrnehmung haben, dass jetzt einer fast einschläft. Sie müssen dann etwas machen, was ihn wieder aufweckt. Oder Sie nehmen wahr, dass einige Ihnen zu stark an den Lippen hängen; da hätten sie bereits die Rolle des Rattenfängers von Hameln. Alles ist auf Sie fokussiert, und Sie hören dann im Lehrerzimmer in der übernächsten Stunde vom Fremdsprachlehrer, vom

Französischlehrer, es sei bei ihm eine Katastrophe gewesen. Es geht darum, ein Sensorium dafür zu entwickeln, dass die Kinder zwar in dem Bildgeschehen leben; sie dürfen sich aber nicht ganz verlieren, sie müssen wieder zu sich kommen. Jetzt streut man vielleicht irgendeine Frage ein, z.B.: «Wie ist das heute bei euch?» Plötzlich wachen sie wieder auf. Das Spielen mit den Möglichkeiten kann gleichzeitig ein künstlerischer Vorgang und eine innere Harmonisierung bedeuten.

Wenn wir sagen, die Kunst sei ein Erziehungsmittel par excellence, dann ist auch der Heilfaktor in allererster Linie dort zu suchen. Man kann natürlich, indem man einzelne Künste besonders ausbildet, diese gezielt einsetzen. Überall dort, wo man Kunst in einer Erziehungssituation praktiziert, wo man etwas Künstlerisches machen will, braucht man mehr Zeit. Der Kopf ist im Sekundenbereich tätig. Das Bemühen, zu verstehen, kann zwar lange dauern, aber das Verstehen selber geht sehr schnell. Und was kommt nachher Neues? Bei der Kunst ist es genau umgekehrt: das Erleben braucht Zeit. Man muss z.B. nur das Rot anschauen: wie wirkt es? Oder nur das Blau: wie wirkt es? Welchen Klang hat ein A? Und als Gegensatz dazu ein I? Jetzt komme ich dazu, eine Verlangsamung einzuführen, und das ist wieder ein therapeutisches Element. Wir befinden uns in einer Zeit der hektischen, ungesunden Beschleunigung.

Wir leben heute in einer Situation, wo die therapeutische Wirkung des Unterrichts eine Notwendigkeit ist, weil wir in einer Zivilisation leben, die krank macht. Damit will ich nicht die heutige Zeit verteufeln; aber wenn wir nicht bewusst ein Gegengewicht setzen, werden wir krank. Dazu möchte ich kurz ein Bild entstehen lassen, das Sie alle kennen, das ein Geschöpf des 20. Jahrhunderts ist. Auf der einen Seite sehen Sie den Menschen vor dem Bildschirm, den Kopf dauernd auf den Bildschirm gerichtet – sei das jetzt der Computer oder sei es der Fernsehapparat – und den übrigen Menschen mehr oder weniger bewegungslos; es spielt sich höchstens noch ein unbewusster Verdauungsvorgang durch die Erdnüsschen ab, die man vielleicht dabei noch verzehrt, aber im Grunde genommen ist es der Kopf ohne Bewegung.

Zweites Bild: überall, besonders in Grossstädten, sehen Sie Menschen in entsprechender Sportbekleidung, die einer wichtigen Tätigkeit nachgehen, und zwar dem anderen Pol: Jogging. Man muss ja schliesslich die viele Sitzerei wieder ausgleichen. Jetzt kann man genau so sagen: Bewegung ohne Kopf, denn es ist völlig irrelevant, ob man dabei noch etwas denkt. Ich jedenfalls würde nicht einen Jogger anhalten und ihn nach dem Weg fragen. Da geschieht ein Ablauf, der nicht gestört werden will. Was man ohne weiteres haben kann, ist ein Walkman, d.h. man hat auch da Entertainment im Kopf. Jetzt sehen Sie dieses Bild der Zeit: Kopf ohne Bewegung, Bewegung ohne Kopf, und die Mitte fehlt. Also muss man sagen, dass die Heilfaktoren einer gesunden, einer gesund machenden Pädagogik diese Mitte kultivieren müssen, und das ist der Ort der Kunst. Kunst ist hier im Sinne von Harmonisierung dieser Polaritäten gemeint, so, dass der Kopf mit den Beinen zusammenkommt. Und nochmals die beiden Grundsäulen von Steiners Erziehungsansatz: sinnvolle Bewegung, Bewegung mit Sinn verbunden, nicht sinnlose Bewegung. Sinnvolle leibliche Arbeit und durchblutete geistige Arbeit führt zur Verbindung von Polaritäten in der Mitte. In diesem Sinne ist die Waldorfpädagogik eine Pädagogik der Mitte.

In einer Untersuchung über das Erziehungsumfeld in der Gegenwart stellten zwei Wissenschaftler (Rolff & Zimmermann, 1991) in der heutigen Kinderwelt eine *Reduktion von Eigentätigkeit* fest. Sie kommt dadurch zustande, dass es gar nicht mehr nötig ist, selber etwas zu tun; es wird ja alles durch Instrumente abgenommen. Es geht um eine *Mediatisierung der Erfahrungen*; viele Dinge erfährt man durch Medien, nicht primär, sondern sekundär oder tertiär, es findet also keine primäre Sinneserfahrung statt. Und drittens geht es um *Expertisierung der Erziehung*. Damit ist das Durchstrukturieren von allem und jedem gemeint, das keine Freiräume mehr zulässt. Ein Kollege brachte kürzlich an einer Tagung ein wunderbares Beispiel: Es handelte sich um eine ausgeklügelte Anlage für Kinder zum Klettern und zum Robben etc.; neben dran befindet sich ein Bauplatz, wo gearbeitet wird. Wo sind die Kinder? Natürlich auf dem Bauplatz, nicht bei dem gut ausgedachten Spielplatz. Sie wollen authentische Dinge wahrnehmen Die Spielzeuge selbst sind anders geworden; sie üben viele Funktionen selber aus. So können Puppen heutzutage weinen, sprechen, Liedchen singen, gehen und pinkeln. Die Tätigkeit der Kinder bleibt bei nicht wenigen Artikeln zunehmend auf den Griff zum Schalter, auf den Druck eines Hebels, also im Wesentlichen auf Bedienung beschränkt. Das ist das sozial-zivilisatorische Umfeld, und umso mehr besteht der Erzieherauftrag darin, dem etwas entgegenzusetzen und z.B. nicht zuviel darüber zu diskutieren, in welchem Alter man den Computer einführen sollte. Vielmehr sollte man sich darüber Gedanken machen, was man verstärken muss, damit die Tätigkeit am Computer, die ja unerlässlich und unvermeidbar ist, einen Ausgleich findet und nicht krank macht – also wiederum ein eminent therapeutischer Auftrag.

Ich schliesse mit der Beschreibung der WHO von Gesundheit; daran sieht man, wie sich dieser Begriff innerhalb von hundert Jahren geändert hat.

Als Gesundheit definiert die WHO u.a «ein stabiles Selbstwertgefühl». Ich muss mich selber als jemand empfinden können, der etwas kann und ist. Man könnte auch vom Ich-Bewusstsein sprechen. Das beinhaltet u.a. «ein positives Verhältnis zum eigenen Körper», «die Fähigkeit zu Freundschaft und sozialen Beziehungen». Durch die Fähigkeit, Beziehungen zu stiften, kann man sich selber erst entfalten. Es gibt ein wunderschönes Wort von Martin Buber: «Ich werdend, spreche ich Du». Die Selbstwertgefühle können nur entwickelt werden durch die Sozialfähigkeit, durch die Hinwendung zum Du. Das Ich bildet sich am Du. «Eine intakte Umwelt, eine sinnvolle Arbeit und gesunde Arbeitsbedingungen, Gesundheitswissen und Zugang zu Gesundheitsversorgung sind ebenso nötig wie eine lebenswerte Gegenwart und die begründete Hoffnung auf eine lebenswerte Zukunft». Es bedeutet für die Pädagogik gewaltige Aufgaben, diese Werte so zu vermitteln, dass sie nicht in einem isolierten, weltfremden Ghetto gepredigt werden, sondern dass sie authentisch sind. Wir müssen auch an der Tatsache arbeiten, dass die Welt, in die die Kinder hineingeboren werden und auch geboren werden *wollen*, sich so gestalten kann, dass die Kinder sich gesund entfalten können. Das beinhaltet auch eine Zivilisationsaufgabe; wir können uns nicht damit abfinden, dass wir eine total kinderfeindliche Welt haben und deswegen auch therapeutisch unterrichten müssen. Viel von dem, was die heutigen Kinder an Problemen bringen, ist Abbild und Vorwurf unserer Gesellschaft, und insofern muss auch eine Gesellschaftsverwandlung mit dem pädagogischen und auch therapeutischen Impuls einhergehen.

Literatur

Gardner, H. (1994). *Abschied vom IQ – Die Rahmentheorie der multiplen Intelligenz.* Stuttgart: Klett-Cotta.

Leber, St. (Hrsg.) (1996). *Die Pädagogik der Waldorfschule und ihre Grundlagen* (4. Aufl.). Darmstadt: Wiss. Buchgesellschaft.

Rolff, H.G. & Zimmermann, P. (1991). *Kindheit im Wandel* (2. Aufl.). Weinheim/Basel: Beltz.

Steiner, R. (1987). *Die Erziehung des Kindes vom Gesichtspunkt der Geisteswissenschaft.* Dornach: Rudolf Steiner-Verlag.

Steiner, R. (1986). *Die Methodik des Lehrens und die Lebensbedingungen des Erziehens (GA 308),* (5. Aufl.). Dornach: Rudolf Steiner-Verlag.

Steiner, R. (1919/1920). *Die pädagogische Grundlage und Zielsetzung der Waldorfschule. Einzelausgabe.* Dornach: Rudolf Steiner-Verlag.

Struck, P. (1996). *Die Kunst der Erziehung.* Darmstadt: Wiss. Buchgesellschaft.

von Bonin, D. et al. (2001). Wirkungen der Therapeutischen Sprachgestaltung auf Herzfrequenz-Variabilität und Befinden. *Forschende Komplementärmedizin und Klassische Naturheilkunde,* Jg. 8 (Nr. 3), S. 144-160.

Weber, E.W., Spychiger, M. & Patry, J.-L. (1993). *Musik macht Schule.* Essen: Blaue Eule Verlag.

Hans G. Schlack

«Das Kind als Akteur seiner Entwicklung» – Welche Art von Therapie passt zu diesem Konzept?

Einleitung

Das Thema dieses Beitrags greift den Titel eines Buches auf, das 1988 von Kautter, Klein, Laupheimer und Wiegand, Hochschullehrern des Fachbereichs Sonderpädagogik der Pädagogischen Hochschule Reutlingen-Ludwigsburg, publiziert wurde. Darin wurde über die Ergebnisse einer fünfjährigen Arbeit in dem Projekt «Frühförderung entwicklungsverzögerter und entwicklungsgefährdeter Kinder» berichtet und über die dabei erkannte Notwendigkeit der Revision vieler tradierter und fast für selbstverständlich gehaltener pädagogischer Grundsätze, dass nämlich
- die erwachsenen Fachleute am besten wüssten, was für die Kinder gut ist,
- die Kinder «gezielt gefördert» werden müssten,
- das Ergebnis der Entwicklungsförderung entscheidend von der pädagogischen und psychologischen Kunstfertigkeit und vom Engagement der Fachleute abhinge
- und somit die Fachleute letztlich die Akteure der kindlichen Entwicklung seien.

Diesen Grundsätzen wurde das Konzept der Selbstgestaltung der Entwicklung durch das Kind entgegen gehalten: Das Kind sei selbst der entscheidende Akteur seiner Entwicklung. Fraglos könne diese Selbstgestaltung durch pädagogische Interventionen unterstützt, aber auch durch manche gut gemeinten und engagierten Massnahmen unversehens behindert werden.

Betrachtet man nun die Konzepte für die Behandlung behinderter Kinder auf *medizinischem* Gebiet und den Wandel dieser Konzepte, so kann man erstaunliche Parallelitäten zu den Entwicklungen auf pädagogischem Gebiet feststellen: Die ursprünglichen medizinischen Konzepte waren stark von der Vorstellung geprägt, dass spezielle Behandlungsmethoden einen direkten «therapeutischen» (d.h. kurativen, heilenden) Einfluss auf die Reorganisation des noch unreifen kindlichen Nervensystems hätten. Nicht von ungefähr stand der medizinische Therapie-Begriff Pate:

In der Medizin versteht man unter «Therapie»
- das Angehen einer definierten Gesundheitsstörung
- mit einer adäquaten Methode
- und einem konkreten Ziel
- in einem begrenzten Zeitrahmen
- unter Berücksichtigung von unerwünschten Nebenwirkungen.

Im Gegensatz zu dem ergebnisoffenen Begriff der Förderung ist also der Therapiebegriff in der Medizin auf ein definiertes Ergebnis orientiert. Das hat in der kurativen Medizin durchaus einen strukturierenden Sinn, ist aber bei einem so komplexen Geschehen wie der Einflussnahme auf die Entwicklung von Kindern irreführend (im wörtlichen Sinne). Deshalb setzte in den 80er-Jahren auch im medizinischen Bereich ein Umdenken ein, zumal die Erfolge einer so konzipierten Entwicklungstherapie hinter den Erwartungen und Versprechungen deutlich zurückblieben und die ursprünglichen Arbeitshypothesen durch die Fortschritte der Neurowissenschaften in Frage gestellt wurden.

Inzwischen herrscht auch in der Medizin weithin Einverständnis darüber, dass das Nervensystem des Kindes nicht einfach durch passiv erfahrene Stimulation beeinflusst werden kann, sondern nur durch aktive Bewältigung von Entwicklungsaufgaben. Therapiemethoden werden nicht ohne aktives Zutun des Kindes wirksam (wie etwa ein eingeflösstes Medikament), sondern nur über die Unterstützung, Erleichterung und Bekräftigung der Eigenaktivität des Kindes. Unter «Eigenaktivität» wird die spontane Freude am Erkunden, Lernen und Handeln verstanden, die primär jedem Kind eigen ist. Diese primäre Motivation wird allerdings oft zu wenig unterstützt, sogar durch vermeintlich fachmännisches Besserwissen nicht selten verschüttet oder auch – vor allem bei neurologisch geschädigten oder sonst wie beeinträchtigten Kindern – in den vorhandenen Ansätzen gar nicht wahrgenommen. Grundsätzlich hat sich aber auch in der Medizin die Erkenntnis durchgesetzt, dass das Kind selbst der Akteur seiner Entwicklung ist, und somit zeigt sich nicht nur eine Parallelität, sondern sogar eine Konvergenz der pädagogischen und der medizinischen Konzepte.

Im Folgenden soll die theoretische und empirische Begründung der Arbeitshypothese von der zentralen Bedeutung der Eigenaktivität in der Entwicklung des Kindes dargestellt und daraus die Konsequenzen für die Praxis der Frühförderung und Behandlung entwicklungsgestörter Kinder abgeleitet werden.

Die biologische Bedeutung der Eigenaktivität

Bereits ab der 8. Schwangerschaftswoche sind bei dem ungeborenen Kind *spontane* Bewegungen nachweisbar. Diese motorische Aktivität ist eindeutig spontaner Natur und nicht etwa eine reflexartige Antwort auf externe Reize, von denen das Kind im intrauterinen Milieu weitgehend abgeschirmt ist. Diese primäre Aktivität ist nicht nur Ausdruck der organischen Hirnentwicklung, vielmehr wirkt sie auch anregend auf die Hirnentwicklung zurück; Struktur und Funktion des Nervensystems beeinflussen sich also gegenseitig.

In der nachgeburtlichen Entwicklung beruhen die funktionellen Fortschritte in den motorischen, kognitiven, sprachlichen und kommunikativen Fähigkeiten auf der Wechselwirkung zwischen der genetisch gesteuerten Organdifferenzierung einerseits und der aktiven Inanspruchnahme des dadurch verfügbaren Potenzials in der Auseinandersetzung mit der Umwelt andererseits. Wie in Abbildung 1 dargestellt wird, spielt die Eigenaktivität in diesem Prozess eine zentrale Rolle.

Abb. 1: Bedingungen der funktionellen Entwicklung des Kindes

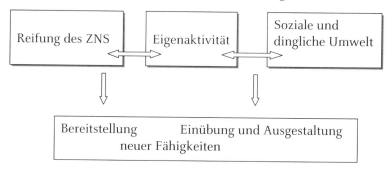

Hierbei handelt es sich offenbar um ein allgemeingültiges biologisches Prinzip; auf empirische Belege für diese Annahme und auf ihre praktische Relevanz im Hinblick auf die aktuelle Zunahme bestimmter Entwicklungsstörungen wird unten noch eingegangen. Die Vorstellungen über das Zusammenwirken von Organismus, Eigenaktivität und Umwelt bei der menschlichen Entwicklung sind aber nicht neu: In einem Artikel von Baltes und Lindenberger in der Frankfurter Allgemeinen Zeitung («Geist im Alter», FAZ vom 23.10.04) wurde auf den Philosophen Johann Nicolaus Tetens hingewiesen. Er benannte in seinem 1777 erschienenen Werk «Philosophische Versuche über die Natur der menschlichen Entwicklung» drei Einflussgrössen: die körperliche Entwicklung, die «Selbstthätigkeit» des Einzelnen sowie «externe Mittel und deren Verbesserung» (= Umwelt). Man kann diese Vorstellungen heute als neurobiologisch bestätigt ansehen.

Eigenaktivität als psychophysisches Grundbedürfnis von Kindern

Die tschechischen Forscher Langmeier und Matejcek (1977) haben in ihrem bereits klassisch zu nennenden Werk über die frühkindliche Deprivation auf der Grundlage empirischer Daten vier psychische Grundbedürfnisse in der frühen Kindheit formuliert, von denen je zwei in einer polaren Beziehung zu einander stehen:

Bindung und Sicherheit ←→ Autonomie und Eigenaktivität

Berechenbarkeit und feste Regeln ←→ Abwechslung und neue Reize

In welcher Beziehung und Wechselwirkung das erste «Faktorenpaar», also Bindung und Eigenaktivität, zu einander steht, ist aus der klinischen Bindungsforschung (und übrigens auch aus der vergleichenden Verhaltensforschung bei sozial lebenden Tieren) bekannt: Aktives Erkundungs- und Lernverhalten setzt eine «sichere Basis» voraus, und umgekehrt werden diese Aktivitäten blockiert, solange die Aktivitäten und Energien des Kindes dafür in Anspruch genommen werden, sich der Bindung versichern zu müssen (Abbildung 2).

Abb. 2: Verhältnis von Bindungs- und Explorationsverhalten des Kindes

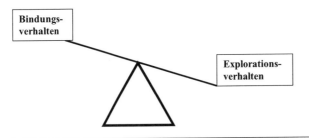

Bindungs- und Explorationsverhalten des Kindes stehen zueinander in einer reziproken Beziehung: Bei aktiviertem Bindungsverhalten (z.B. bei Angst, Sicherungsbedürfnis) wird das Explorationsverhalten blockiert; dadurch besteht eine enge Beziehung zwischen emotionaler und kognitiver Entwicklung.

Ein stichhaltiger empirischer Beleg für die Bedeutung der Eigenaktivität ergibt sich aus der Metaanalyse von Entwicklungsstudien, in denen untersucht wurde, ob und in welcher Weise der Fortschritt in der funktionellen Entwicklung (Motorik, Sprache, Kognition) von definierten Merkmalen der Mutter-Kind-Interaktion abhängt. Als «Outcome-Kritierien» dienten die Ergebnisse standardisierter Entwicklungstests, die Kriterien der Mutter-Kind-Interaktion konnten in Kategorien zusammengefasst werden. Die Befunde sind in der folgenden Tabelle dargestellt.

Tab.: Auswirkung mütterlicher Verhaltensmuster auf die Entwicklung des Kindes. Auswertung von 20 Studien (6 über gesunde, nicht risikobelastete Kinder, 6 über Frühgeborene, 8 über Kinder mit verschiedenartigen Behinderungen; Schlack, 1989)

Günstige Wirkung	Ungünstige Wirkung
* Responsivität	* Direktivität
* Emotionale und sprachliche Vestärkung	* Autoritäre Kontrolle
* Angebot geeigneten Spielzeugs	* Überstimulation

Das Gemeinsame dieser Faktoren-Gruppen ist ihre Auswirkung auf die Eigenaktivität der Kinder. Positiv wirken alle Interaktionsweisen, welche die Eigenaktivität fördern: emotionales Interesse, prompte und regelmässige sprachliche Rückmeldungen, altersangemessenes und interaktives Spielzeug und vor allem Responsivität. Darunter versteht man ein Verhalten der Bezugsperson, welches dem Kind die Initiative zur Kontaktnahme mit Personen und Dingen überlässt, aber auf diese Initiativen verlässlich reagiert mit Bestätigung und erforderlichen Falls auch Korrekturen. Negativ wirken demgegenüber alle Verhaltensweisen der erwachsenen Bezugsperson, die das Kind in eine passive Rolle bringen; das kann durch einen Mangel an Anregung ebenso geschehen wie durch ein Übermass an Stimulation. Irgendwelche speziellen Interventionen (z.B. Therapien) fanden bei allen diesen Studien nicht statt.

Besonders sei darauf hingewiesen, dass diese Befunde völlig gleichsinnig sind, unabhängig davon, ob sich die Untersuchungen auf normal entwickelte Kinder, auf Kinder mit biologischen Risiken (Frühgeborene) oder auf Kinder mit Behinderungen wie Blindheit, Schwerhörigkeit, Down-Syndrom oder zerebrale Bewegungsstörungen bezogen. Diese Gleichsinnigkeit ist ein weiteres Argument für die Annahme, dass es sich bei der Bedeutung der Eigenaktivität um ein allgemeingültiges Prinzip handelt. Seit der Publikation der erwähnten Metaanalyse (Schlack, 1989) sind weitere Studien erschienen, welche diese Aussage bestätigen.

Eigenmotiviertes Explorieren und Lernen, das sich am deutlichsten im kindlichen Spiel beobachten lässt, ist die Voraussetzung für Erfolgserlebnisse, die ihrerseits die Grundlage für anhaltende Lernfreude und für den Aufbau von Selbstwert sind. Offenbar bleibt bei vielen Kindern dieses Grundbedürfnis aus mancherlei Gründen so lange unbefriedigt, bis die Kinder die Lust am Lernen verlieren und sich zunehmend an der Bequemlichkeit passiven Reizkonsums erfreuen. Viele der sog. «neuen Kinderkrankheiten» hängen damit ursächlich zusammen, z.B. Aufmerksamkeits- und Konzentrationsstörungen, motorische Ungeschicklichkeit, Sprachentwicklungsverzögerungen, «Null-Bock»-Haltungen, Übergewicht bis zur Fettleibigkeit und anderes mehr (Schlack, 2004).

Die offensichtliche Abhängigkeit dieser häufigen und in der Häufigkeit zunehmenden Entwicklungsprobleme von weit verbreiteten Lebensgewohnheiten und Zivilisationserscheinungen macht deutlich, dass professionelle (pädagogische oder ärztliche) Massnahmen zu Gunsten der Entwicklung des Kindes nur von begrenzter Wirkung sind, wenn es nicht gelingt, Einfluss auf das Lebensumfeld des Kindes zu nehmen.

Folgerungen für Konzeption und Praxis von Interventionen

Aus der Erkenntnis, dass die Eigenaktivität tatsächlich eine entscheidende Triebfeder der kindlichen Entwicklung ist, ergeben sich konkrete Konsequenzen für das professionelle Handeln. Die Bedeutung der Eigenaktivität anzuerkennen, bedeutet ja nicht, auf einen aktiven Anteil der Fachleute an der Entwicklungsförderung risikobelasteter oder behinderter Kinder zu verzichten. Vielmehr kommt es darauf an, die Selbstgestaltungskräfte des Kindes zu unterstützen. Dabei erscheint es – sowohl nach der theoriegestützten Arbeitshypothese als auch nach konkreter Praxiserfahrung – empfehlenswert, die folgenden Grundgedanken zu berücksichtigen:

Selbstbestimmung des Kindes

Es widerspricht sicherlich vielen tradierten Vorstellungen, einem Kind – zumal einem behinderten – die Kompetenz zuzutrauen, die seiner Auseinandersetzung mit der Umwelt und damit seiner Entwicklung dienenden Aktivitäten selbst am besten auswählen zu können. Allzu sehr fühlen sich Eltern und Fachleute angesichts von Entwicklungsdefiziten herausgefordert, für das Kind aktiv zu werden und die Vorgaben zu machen. Diese Vorgaben sehen häufig so aus, dass versucht wird, mit dem Kind Funktionen zu trainieren, die es noch nicht beherrscht, aber nach seinem aktuellen Entwicklungsprofil und einem zu Grunde gelegten Konzept der Normalentwicklung als nächste erreichen sollte. Es ist sicher schwierig, mit einem solchen Vorgehen die Motivation des Kindes zu wecken, da das Kind in jeder Behandlungssituation systematisch mit der Diskrepanz zwischen den Anforderungen und Erwartungen einerseits und dem aktuellen Vermögen andererseits konfrontiert wird. Mit der Motivation schwindet auch die Eigenaktivität.

Selbstbestimmung des Kindes in der Entwicklungsförderung bedeutet, dass Fachleute und Eltern das spontane Tun des Kindes (z.B. im Spiel) als Auskunft über den augenblicklichen Stand seines Umweltverständnisses und über sein aktuelles Handlungsrepertoire und Interesse verstehen sollten. Deshalb ist es lohnend, solche Initiativen des Kindes bei allen Förderangeboten aufzugreifen, weil andernfalls die Aussichten, das Kind zum motivierten Weitermachen anzuregen, nicht gut stehen. Wenn sich ein Kind dagegen verweigert, stellt sich die Aufgabe des Einfühlens: Was könnte das Kind in dieser gut gemeinten Situation empfinden, wie verarbeitet es ein bestimmtes Reizangebot, welche Bedürfnisse drückt es mit seinem Verhalten aus? Man sollte immer davon ausgehen, dass jedes «besondere» Verhalten für das Kind einen subjektiven Sinn hat.

Diese Grundsätze haben sich nicht nur bei der Behandlung entwicklungsgestörter und behinderter Kinder bewährt, sondern auch bei der Entwicklungsbegleitung der so genannten «normalen» Kinder. Ein Überblick über die entwicklungspsychologische Forschung des letzten halben Jahrhunderts (Scarr, 1992) macht deutlich, dass jedes Kind auf der Grundlage seiner genetischen Ausstattung von Geburt an selbst Einfluss auf seine Entwicklung nimmt, indem es aus seiner sozialen und dinglichen Lebenswelt *selektiv* die Eindrücke und Erfahrungen entnimmt, die seinen Anlagen, Fähigkeiten und Interessen entsprechen. Die subjektive Interpretation dieser Erfahrungen ist weitgehend genetisch bestimmt, und dieser genetische Einfluss manifestiert sich im Laufe der Entwicklung immer stärker.

Es ist also keineswegs so, dass ein Kind durch Erziehung und Frühförderung beliebig geformt und gewissermassen wie ein leerer Container durch entsprechende Angebote aufgefüllt werden könnte. Vielmehr ist jedes Kind mit einem immanenten Entwicklungsantrieb ausgestattet, den es auf die ihm gemässe und selektive Art umsetzt. Dies geschieht in weitgehender

Selbstregulation, sofern die emotionalen Grundbedürfnisse erfüllt und die entwicklungsspezifischen Erfahrungsmöglichkeiten nicht vorenthalten werden (Largo, 1999).

Das emotionale Gleichgewicht der Familie

Die Umgangsweisen, die nachweislich die Eigenaktivität des Kindes und damit seine Entwicklung fördern – vor allem also Responsivität, emotionale Zuwendung und geeignete Spielanregung – können nur unter der Voraussetzung gedeihen, dass das soziale Umfeld des Kindes (üblicherweise seine Familie) emotional im Gleichgewicht ist. Gefährdet wird das emotionale Gleichgewicht durch viele Faktoren: Enttäuschung der Eltern über das Kind und seine Entwicklungsprobleme, Erschöpfung, Depressivität und viele weit verbreitete Belastungen wie materielle Not, Arbeitslosigkeit, chronische Krankheit, fehlende soziale Kontakte. Nicht selten können auch gut gemeinte therapeutische Interventionen das emotionale Gleichgewicht gefährden: wenn z.B. Eltern mit Behandlungsaufträgen «versorgt» werden ohne Berücksichtigung ihrer eigenen Befindlichkeit, oder wenn sie sich von Fachleuten eher kritisiert als unterstützt und verstanden fühlen.

Förderung der Eigenaktivität des Kindes ist daher nicht möglich ohne gleichzeitige Fürsorge für seine «soziale Ökologie». Alle fachlichen Interventionen müssen auf dieses wichtige, aber störungsanfällige System Bedacht nehmen, und die Wirksamkeit der Massnahmen hängt davon ab, ob sie das System stabilisieren oder aber aus dem Gleichgewicht bringen. In vielen Fällen ist dem Entwicklungsfortschritt des Kindes am besten gedient, wenn sich die Interventionen zum grösseren Teil an die Eltern richten. Das bedeutet nicht, dass etwa alle Eltern behinderter Kinder einer Psychotherapie bedürften. Wohl aber müssen alle Fachleute sich immer bewusst sein, dass sie, ob gewollt oder nicht, mit jeder Intervention auf dieses System Einfluss nehmen.

Therapeutische Methoden und therapeutische Beziehung

Eingangs wurde schon erwähnt, dass die so schöne und optimistische Vorstellung, das kindliche Gehirn könne durch bestimmte therapeutische Methoden gewissermassen neu programmiert werden, weder theoretisch plausibel noch empirisch belegt ist. Die Effekte entwicklungsfördernder Massnahmen folgen keiner einfachen Ursache-Wirkung-Beziehung, und sie können auch nicht spezifischen Wirkungen der einen oder anderen Behandlungsmethode zugeschrieben werden.

Diese Einsicht führt einen Methodenstreit, wie er z.B. im Bereich der Krankengymnastik jahrzehntelang zwischen Bobath und Vojta herrschte, ad absurdum. Jede Therapiemethode muss danach beurteilt werden, ob und wie weit sie die Eigenaktivität, Motivation und Befindlichkeit des Kindes fördert oder stört. Im Fokus steht aus heutiger Sicht weniger die Therapiemethode als vielmehr die therapeutische Beziehung: ein System, in welches das Kind, die Therapeutin bzw. der Therapeut und die Eltern einbezogen sind. Es ist schliesslich nicht zu erwarten, dass ein Kind therapeutische Anregungen unabhängig davon annimmt, von wem und unter welchen Umständen sie ihm angeboten werden. Von der Wichtigkeit der therapeutischen Beziehung zu sprechen, ist heutzutage schon fast ein Gemeinplatz. Die Umsetzung in die Praxis ist aber nicht leicht. Sie setzt spezifische Fortbildung, Supervision und vor allem Selbsterfahrung voraus. Wer sich z.B. als Therapeutin bzw. Therapeut als «Macher» versteht, wird Schwierigkeiten mit dem Praktizieren von Responsivität haben, auch wenn sie bzw. er dieses Prinzip theoretisch gut heisst.

Das Kind als Ganzes sehen

Mit der Forderung, das Kind als Ganzes zu sehen, ist man schon auf dem Weg zum nächsten Gemeinplatz. Wer würde sich heute noch der Forderung verschliessen, das entwicklungsgestörte Kind nicht nur als Träger von Defiziten, sondern in seiner Gesamtheit zu sehen und in einem fachübergreifenden Handlungskonzept körperliche, emotionale und soziale Dimensionen angemessen und ganzheitlich zu berücksichtigen!

Das Postulat «Das Kind als Ganzes sehen» hat aber noch einen zweiten, etwas verborgenen Wortsinn: Man soll das Kind nicht nur als leiblich-seelische Einheit sehen, sondern auch als ein «ganz», das heisst: *heil* gebliebenes, unversehrtes Individuum, als welches es oft in der Vorstellung der Eltern lebt, auch wenn es von Geburt an in seiner Entwicklung stark eingeschränkt ist.

Dieses Nebeneinander von Wunschbild und Realbild wird m.E. eindrucksvoll sinnfällig in dem Logo der Kasseler Documenta IX (Abbildung 3, S. 48). Dieses Logo zeigt einen schwarzen, gekrümmten Schwan, der sich in seinem Spiegelbild blütenweiss und stolz aufgerichtet darstellt. Das Kind in diesem Sinne *auch* als etwas Unversehrtes und Ganzes zu sehen, hat nichts mit Verdrängung oder Verleugnung einer Behinderung zu tun. Vielmehr ist es wichtig, beide Bilder – wie auf der Abbildung – neben einander zu haben und sie gleichzeitig gelten zu lassen.

Abb. 3: Logo der Kasseler Documenta IX

Das ist eine wesentliche Voraussetzung dafür, dass Eltern eine Behinderung ihres Kindes akzeptieren können, und die Akzeptanz ist ihrerseits entscheidend dafür, ob man den essentiellen Bedürfnissen des Kindes mit den Förder- und Behandlungsangeboten gerecht wird. Es ist eine hohe Kunst, Eltern auf diesem Weg in der richtigen Weise zu begleiten, und diese Kunst erfordert grosses Einfühlungsvermögen in die aktuelle Situation der Eltern und ihren lebensgeschichtlichen Hindergrund.

Ein Handlungskonzept, welches die Eigenaktivität und Selbstgestaltung in das Zentrum aller Bemühungen bei der Entwicklungsförderung von Kindern stellt, ist also bei näherem Hinsehen eine durchaus komplizierte und differenzierte Sache. Das Ziel kann gleichermassen aus medizinischen wie aus pädagogischen Ausgangspositionen erreicht werden, und es ist dann unerheblich, ob man den Weg dorthin «Therapie» oder «Frühförderung» nennt.

Literatur

Baltes, P.B. & Lindenberger, U. (2004). Geist im Alter. *Frankfurter Allgemeine Zeitung*, 23.10.2004 (S. 37).

Kautter, H. et al. (1988). *Das Kind als Akteur seiner Entwicklung*. Heidelberg: Edition Schindele.

Langmeier, J. & Matejcek, Z. (1977). *Psychische Deprivation im Kindesalter*. München/Wien/Baltimore: Urban & Schwarzenberg.

Largo, R.H. (1999). *Kinderjahre*. München/Zürich: Piper.

Scarr, S. (1992). Developmental theories for the 1990s: Development and individual differences. *Child Development*, Jg. 63, S. 1-19.

Schlack, H.G. (1989). Psychosoziale Einflüsse auf die Entwicklung. In D. Karch et al. (Hrsg.), *Normale und gestörte Entwicklung* (S. 41-49). Berlin/Heidelberg/New York: Springer.

Schlack, H.G. (1989). Wie spezifisch wirken «Therapie» und «Milieu» auf die Entwicklung behinderter Kinder? In D. Karch et al. (Hrsg.), *Normale und gestörte Entwicklung* (S. 127-133). Berlin/Heidelberg/New York: Springer.

Schlack, H.G. (2004). Neue Morbidität im Kindesalter – Aufgaben für die Sozialpädiatrie. *Kinderärztliche Praxis*, Jg. 75, S. 292-299.

Maximilian Buchka
Heilpädagogische Förderung
Ein integraler und spezieller Handlungsansatz der Heilerziehung
im Kontext von Erziehung, Therapie, Pflege und Beratung

1. Einführende Gedanken

Die heilerzieherische Alltagsarbeit besteht aus fünf Handlungsaufgaben: Erziehung, Therapie, Pflege, Beratung und Förderung. Dabei stellt die Förderung als integraler heilpädagogischer Handlungsansatz eine «Aufgaben-Schnittmenge» bzw. «Querschnittsaufgabe» für die Anteile von Erziehung, Therapie, Pflege und Beratung dar. Integral heisst in diesem Zusammenhang, dass im Handlungsansatz «Förderung» einerseits Arbeitsansätze der Erziehung, Therapie, Pflege und Beratung integriert sind, zum anderen, dass in ihr die ganze Bandbreite von Massnahmen medizinischer Art bis hin zu den rein sachlichen zur Anwendung kommt. Durch diese integrale Funktion wird sie zu einer «besonderen Förderung» (Bach, 1999, S. 2) innerhalb des heilerzieherischen Aufgabenspektrums.

In diesem Beitrag soll es darum gehen, die verschiedenen Handlungsaufgaben der Erziehung, Therapie, Pflege, Beratung und Förderung zu beschreiben und sie in das ihnen allen gemeinsame Handlungskonzept der Heilerziehung zu integrieren, und zwar unter besonderer Berücksichtigung der verschiedenen Handlungsformen der Förderung für behinderte, in ihrer Entwicklung gestörte und gefährdete Kinder und Jugendliche.

2. Erziehung, Therapie, Pflege, Beratung und Förderung im Kontext der Heilerziehung: Versuch einer Begriffsklärung

Wir wollen eine Begriffsklärung versuchen, die wegen der Fülle der Bedeutungsinhalte aller Begriffe nur eine erste Orientierung sein kann.

2.1 Erziehung

Bei der Bestimmung des Begriffs «Erziehung» können verschiedene Wege eingeschlagen werden:

Zuordnung zu Theorierichtungen
Zuerst ist es möglich, den Begriff «Erziehung» aus der jeweiligen Theorierichtung der Erziehungswissenschaft zu bestimmen und damit zu folgenden Unterscheidungen der Erziehungsbegriffe zu kommen:
- normativer (transzendental-kritischer) Erziehungsbegriff;
- hermeneutischer (geisteswissenschaftlich-kritischer) Erziehungsbegriff;
- empirischer (rational-kritischer) Erziehungsbegriff;
- emanzipatorischer (gesellschaftskritischer) Erziehungsbegriff.

Alle diese Hauptformen haben weitere Unterformen, die wie hier unberücksichtigt lassen wollen.

Zuordnung zu Metaphern über Erziehung
Man kann aber auch von Bildern von Erziehung ausgehen, die in Analogien zur Pflanzen- und Tierwelt oder in Parallelität zum politischen Geschäft von Fürsten und Herrschern sich herausgebildet haben, wie:
- Erziehung als Aufziehen oder Wachsen lassen;
- Erziehung als Führung und Regierung;
- Erziehung als Anpassung oder Veränderung;
- Erziehung als Lebenshilfe (vgl. Kron, 1996, S. 195).

Zuordnung zu Modellvorstellungen von Erziehung
Letztlich könnte auch eine Begriffsbestimmung über die vier geläufigsten Modellvorstellungen von Erziehung versucht werden, wie es Kron (vgl. 1996, S. 213-262) vorgeschlagen hat, z.B.:
- Erziehung als funktionale (indirekte) oder intentionale (direkte) Einwirkung;
- Erziehung als pädagogisches Beziehungsverhältnis;

- Erziehung als Verhaltensänderung;
- Erziehung als symbolische Interaktion.

Wir schliessen uns dieser Zuordnungsweise an, wollen aber mit Retter (1997) die verschiedenen Modellvorstellungen von Erziehung auf drei reduzieren, nämlich:
- Erziehung als personales Verhältnis;
- Erziehung als interaktionales Verhältnis;
- Erziehung als gesellschaftsbestimmtes Verhältnis.

Neben dem Zuordnungskriterium von Erziehung zu einer Handlungstheorie kommt auch der Erziehungsdefinition eine erkenntnisleitende Stellung zu. Hier schliessen wir uns ebenfalls an diejenige von Retter (1997, S. 213) an und definieren Erziehung als «ein Verhältnis von erfahrenen Menschen zu weniger erfahrenen (jüngeren) Menschen als Hinführung des/der Jüngeren zur Selbständigkeit». Diese Definition beinhaltet folgende Merkmale:
a) «Erziehung setzt immer einen zwischenmenschlichen Bezug voraus, ist ein Verhältnis von Menschen zu Menschen (...);
b) Erziehung ist zwischenmenschliche Einwirkung (soziale Interaktion, soziales Handeln) (...);
c) verbunden mit den Zielen, die Heranwachsenden als selbständige, verantwortlich und kompetent handelnde Persönlichkeiten im öffentlichen (gesellschaftlichen) und privaten (familiären) Leben in Erscheinung treten zu lassen» (Retter, 1997, S. 213);
d) Hauptziel der Erziehung ist Mündigkeit (Ritzel, 1973) mit den zwei Aspekten, die Retter (1997, S. 213) beschreibt als «Selbständigkeit (Autonomie) und Selbstverantwortlichkeit (das ist das Einstehen-Können für eigenes Handeln unter dem Gesichtspunkt seiner Folgen für andere)»;
e) Zur Realisierung von Erziehungszielen wird ein Handeln vorausgesetzt, «das von entsprechenden pädagogischen Absichten geleitet ist. In der Regel korrespondiert diese Absicht mit einem gesellschaftlichen oder von einer bestimmten Institution gegebenen Auftrag» (Retter, 1997, S. 213).

Der Erziehungsbegriff wird nicht nur durch den zwischenmenschlichen Bezug bestimmt, sondern auch durch eine im sozialen Umgang zu Tage tretende Gefällesituation als Generationsgefälle oder als Wissens- und Erfahrungsgefälle im Sinne eines Mündigkeitsgefälles. «In der Erziehungssituation tritt auch immer ein Wechselwirkungsverhältnis auf. Auf Grund der sozialen Gefällesituation ist dieser soziale Bezug durch eine Fülle variierender Korrespondenzformen (Erwartungen, Bestätigungen, Rückkopplungen) gekennzeichnet und besitzt eine eigentümliche Dynamik» (Retter, 1997, S. 214).

In der von Retter gegebenen Grundsatzdefinition sind demnach drei verschiedene Grundperspektiven von Erziehung enthalten, die wie folgt umschrieben werden können:

2.1.1 Grundperspektive: Erziehung als personales Verhältnis

Das personale Erziehungsverständnis ist auf die idealtypische Beziehung zweier Personen ausgerichtet, auf die des Edukanden (den zu erziehenden Menschen) und auf die des Educators (den erziehenden Menschen). Dazu führt Rett (1997, S. 214) aus: «Jede erzieherische Einwirkung kann – als personales Verhältnis betrachtet – sinnvoller Weise nur unter der Voraussetzung einer grundsätzlich wechselseitigen Akzeptanz geschehen. Ist diese Akzeptanz – das wechselseitige Vertrauensverhältnis – nicht gegeben oder wird es beeinträchtigt, ist mit erheblichen Konflikten, der Gefährdung erzieherischer Zielvorstellungen sowie mit problematischen Auswirkungen auf den Edukanden zu rechnen.

Die erste Grundperspektive ‹Erziehung als personales Verhältnis› ist demnach gekennzeichnet durch
- einen sozialen Bezug, der wechselseitige Akzeptanz einschliesst;
- eine Gefällesituation zwischen Erzieher und Edukand, die in einer Alters-, Erfahrungs- und/oder Kompetenzdifferenz zum Ausdruck kommt;
- einen Handlungsauftrag (bzw. eine Handlungsabsicht), verbunden mit einer wertbezogenen Zielvorstellung» (S. 215).

Für diese Grundposition gilt die Erziehungsdefinition von Herman Nohl (1988, S. 169): Erziehung ist das «leidenschaftliche Verhältnis eines reiferen Menschen zu einem werdenden Menschen, und zwar um seiner selbst willen, dass er zu seinem Leben und seiner Form komme». Diese Grundposition wird von Wurzbacher (1968) als Personalisation beschrieben.

2.1.2 Grundperspektive: Erziehung als interaktionales Verhältnis

Unter dieser Grundperspektive wird die Erzieher-Edukand-Beziehung erweitert. Diese Beziehung besteht als pädagogische Urbeziehung in Reinform nur in der frühen Kindheit. Schon sehr bald nehmen weitere Bezugspersonen sozialen bzw. erzieherischen Einfluss auf das Kind. Damit wird Erziehung zum interaktionalen Verhältnis als «Bestandteil sozialer Interaktionen innerhalb einer Gruppe bzw. innerhalb eines aus mehreren Personen bestehenden sozialen Systems» (Retter, 1997, S. 215). Für diese Grundposition gilt die Erziehungsdefinition des Ehepaares Anne-Marie und Reinhard Tausch: Unter Erziehung ist «ein Geschehen zwischen zwei oder mehreren Personen zu verstehen, eine soziale Interaktion von Menschen mit einem charakteristischen, fundamentalen Ziel, Änderungen des Verhaltens und Erlebens von Individuen zu bewirken» (zit. nach Rett, 1997, S. 215). Diese Grundposition wird von Wurzbacher (1968) auch als Sozialisation bezeichnet.

2.1.3 Grundposition: Erziehung als gesellschaftsbestimmtes Verhältnis

Die gesellschaftsbestimmte Sichtweise von Erziehung wurde von Wilhelm Dilthey Anfang des vorigen Jahrhunderts begründet, der Erziehung als eine Funktion der Gesellschaft verstand. Dilthey geht davon aus, dass sich die Gesellschaft ständig um neue Generationsmitglieder erweitert und dass sie deshalb von der Erziehung verlangt, dass sie diesen ihre gegenwärtigen Gesellschaftsnormen zu vermitteln habe. Weiterhin verlangt sie von der Erziehung, dass die neuen Gesellschaftsmitglieder bis zu dem «Punkte entwickelt werden, an welchem sie die Personen der gegenwärtigen Generation ersetzen können» (Dilthey, zit. nach Retter, 1997, S. 216f.). Die gesellschaftliche Funktion der Erziehung kommt für Dilthey dadurch zum Ausdruck, dass sie in der Gesellschaft stattfindet und durch die gesellschaftliche Entwicklung stark beeinflusst wird, z.B. durch elterliche Erziehungspraktiken, Bildungspolitik, gesellschaftliche Werte und Normen etc. Die Erziehung als gesellschaftsbestimmtes Verhältnis wird deshalb von Dilthey verstanden als die Erhaltung und Weitergabe von gesellschaftlichen Werten, Normen und Traditionen. Das bezeichnet Wurzbacher (1968) als «Enkulturation».

Retter (1997, S. 218) zieht das Fazit: «Diese drei Sichtweisen von Erziehung, die nach dem Kriterium der Enge bzw. Weite des sozialen Bezugsfeldes angeordnet sind, lassen eine Zuordnung der meisten Erziehungsdefinitionen zu» und geben auch schon die Zielrichtungen der Erziehung an, die Wurzbacher (1968) als Personalisation, Sozialisation und Enkulturation kennzeichnet. Letztlich können die drei Grundperspektiven von Erziehung auch den Hauptströmungen der Erziehungswissenschaft (Brenner) zugeordnet werden:

- Erziehung als personales Verhältnis (Personalisation) gehört schwerpunktmässig zur geisteswissenschaftlichen Pädagogik;
- Erziehung als interaktionales Verhältnis (Sozialisation) zählt schwerpunktmässig zur kritisch-rationalistischen Pädagogik, und die
- Erziehung als gesellschaftsbestimmtes Verhältnis (Enkulturation) wird schwerpunktmässig der kritisch-emanzipatorischen Pädagogik zugerechnet.

2.2 Therapie

Der Begriff Therapie stammt ursprünglich aus der medizinischen Nomenklatur. Medizinisch betrachtet ist Therapie die Behandlung von Krankheiten einschliesslich des entsprechenden Massnahmenkonzeptes. Ausgangslage für eine Therapie ist immer eine irgendwie geartete Krankheit. Je nachdem, wie man Krankheit oder Gesundheit versteht, hat Therapie eine je andere Inhaltsbedeutung. «Versteht man Krankheit als Abweichung von irgendeiner Norm, so hat Therapie die Aufgabe, den Kranken wieder zur Normalität, zur Gesundheit zurückzuführen. Betrachtet man dagegen Krankheit als eine Variante menschlichen Seins, so liegt das Ziel der Therapie darin, das Leben des Betroffenen so angenehm wie möglich zu machen» (Jeltsch-Schudel, 1992, S. 665).

Therapeutische Verfahren werden zunehmend auch von der Heilpädagogik mit in ihre Konzepte aufgenommen, so dass schon von einer Therapeutisierung der Heilpädagogik gesprochen wird. Die Faszination, die die Therapie auf die Heilpädagogik ausübt, hängt nach Heitger (vgl. 1984, S. 68f.) auch damit zusammen, dass therapeutische Handlungsmodelle sehr oft mit Erfolg abgeschlossen werden, während heilerzieherischen Massnahmen dieser Erfolg oft nicht beschieden ist. Problematisch wird das Verhältnis von Erziehung und Therapie an der Stelle, wo man meint, auf den Erziehungsbegriff zugunsten des Therapiebegriffs verzichten zu können. So fehlt es nicht an Versuchen, durch die Frage von Gemeinsamkeiten und Differenzen zwischen Erziehung und Therapie den Eigencharakter der beiden hervorzuheben und sie voneinander abzugrenzen. Hier hat Kobi (1993, S. 344f.) eine eindrucksvolle Synopse zum Vergleich von Therapie und Erziehung vorgelegt, die weithin Beachtung und Zustimmung gefunden hat und eine gute Einsicht in das Problem vermitteln kann (siehe Abbildung 1, S. 57).

Abb. 1: Schematische Gegenüberstellung von Therapie und Erziehung (vgl. Kobi, 1993, S. 344f.)

Therapie ist	Erziehung ist
indikativ, d.h. sie beruht auf einer jeweils speziellen Indikation. Therapiebedürftigkeit hat Krankheit/Leiden zur Voraussetzung.	**imperativ,** d.h. sie ist aus der Seinssituation des Menschen heraus gefordert (aus biologischen, psychologischen, gesellschaftlichen Gründen). Erziehung kennt keine Frage der speziellen Indikation; Nicht-Erziehung wäre gleichbedeutend mit Verwahrlosung.
additiv, d.h. sie hat den Charakter von etwas Zusätzlichem, Aufgesetztem, Aussergewöhnlichen, weil der Mensch grundsätzlich nicht therapiebedürftig ist.	**immanent,** d.h. sie ist im Menschen durch seine Erziehungsbedürftigkeit begründet.
sanitär, d.h. sie ist vom Ziel her auf Gesundheit ausgerichtet.	**edukativ,** d.h. sie ist in ihrer Zielsetzung auf Erzogenheit/Gebildetheit ausgerichtet.
restaurativ, d.h. es geht ihr um Her- oder Wiederherstellung eines im naturhaften Sinne normalen Status.	**innovativ,** d.h. es geht ihr um die Verwirklichung einer über den naturhaften Seins-Status hinausführenden Perspektive.
kausal, d.h. sie ist durch ihre Diagnostik an der Aufdeckung von Behinderungs-, Störungs- oder Gefährdungsursachen interessiert.	**final-prospektiv,** d.h. sie ist hinsichtlich der Diagnostik an der Aufdeckung von Förderungs-, Erziehungs- und Bildungsmöglichkeiten interessiert.
reparativ, d.h. sie bemüht sich um die Ausschaltung der zur objektivierbaren Krankheit und zum subjektiv empfundenen Leiden führenden Ursachen.	**emanzipatorisch,** d.h. sie ist bemüht um die Herausführung des Kindes aus dem Bannbezirk der Behinderungs-, Störungs- oder Gefährdungsfaktoren.
objektiv, d.h. sie ist Anwendungsfeld für das Objektive, z.B. das Organ-System, das ausserhalb der direkten subjektiven Einflussmöglichkeiten durch die Person liegt.	**subjektiv,** d.h. sie ist am Subjektstatus und an den Interaktionssystemen des Menschen interessiert, die von der Person beeinflussbar sind.
medial, d.h. sie wird appliziert über z.B. apparative, chemische, mechanische Mittel.	**personal,** d.h. in ihr treten die «Mittel» hinter dem «Medium» und der personalen Vermittlung bedeutungsmässig in den Hintergrund.

sporadisch, d.h. sie ist zeitlich beschränkt und tritt nur vorübergehend in die Lebensvollzüge ein.	**kontinuierlich,** d.h. sie ist immerwährend, zeitlich nicht ausgesetzt und geht allmählich von der Fremd- in die Selbsterziehung- bzw. -bildung über.
partikulär, d.h. ist auf bestimmte Störungsherde gerichtet.	**ganzheitlich,** d.h. sie hat den Menschen umfassend auf sämtlichen Fähigkeitsbereichen anzusprechen.
funktional, d.h. der Therapeut hat gegenüber dem Patienten eine bestimmte Funktion wahrzunehmen, die keine personale Kommunikation unabdingbar zur Voraussetzung hat oder auf eine solche abzielt.	**interaktional,** d.h. Kind und Erzieher agieren in ihr notwendigerweise in dichter, wechselseitiger Subjektivität auf einer gemeinsam herzustellenden Kommunikationsebene.

Durch die Gegenüberstellung wird deutlich, dass Therapie und Erziehung sich auf ähnliche Lebens- und Problemfelder richten, dabei aber einen je anderen Zugang und Lösungsweg einschlagen, aber auch eine andere Struktur haben. So hebt besonders Bach (vgl. 1980, S. 13f.; 1999, S. 117ff.) hervor, dass Therapie immer mit einer Aufgabenverengung zusammenhängt, während die Erziehung es mit einer Aufgabenkomplexität zu tun hat. Weiterhin ist es ein Strukturkriterium der Therapie, dass sie sich durch eine Methodenspezialisierung bzw. eine Methodendominanz auszeichnet, während die Erziehung sich um Methodenpluralität bemüht. Bei aller Unterschiedlichkeit kann man trotzdem gewisse gemeinsame Bewegungen aufeinander zu feststellen. Schiedeck (1985, S. 193) meint sogar, dass es «zwei komplementäre Tendenzen» gibt, «die als Pädagogisierung von Therapie und Therapeutisierung von Pädagogik beschrieben werden können». Trotz manchen Ähnlichkeiten verweist Heitger (1984, S. 73) darauf, «dass beide Disziplinen es mit einem Menschen zu tun haben. Beide verstehen sich in der Absicht, dem Menschen zu helfen. Therapie ist auf Gesundheit und Pädagogik auf Bildung gerichtet. Gesundheit bezieht sich auf den ganzen Menschen, wenn auch unter dem besonderen Aspekt seiner Leiblichkeit. Bildung will geradezu die integrale Einheit des Menschen, ist bezogen auf Person als Bedingung der Einheit und Ordnung des Menschseins als Menschwerdung des Menschen. Therapie und Pädagogik definieren sich als Hilfen gegenüber dem Menschen unter verschiedenen Aspekten. Das stiftet den Unterschied der Paradigmata bei gleichzeitiger Notwendigkeit der Kooperation».

Wenn Heilpädagogik Therapien mit in ihr Methodenangebot aufnehmen will, so muss sie die Formen und Intentionen ihrer Grundformen beachten. Kobi (1993) unterscheidet in diesem Zusammenhang zwischen mittelbaren, unmittelbaren und funktionellen Therapien:
- Mittelbare Therapien richten sich auf objektivierbare Formen bzw. Anteile einer definierten Irregularität menschlichen Verhaltens oder Erscheinungsbildes in Form einer Gefährdung, Störung oder Behinderung (vgl. S. 346).
- Unmittelbare Therapien sind dadurch gekennzeichnet, dass der Therapeut bzw. die Therapeutin unmittelbar Einfluss auf die Person des Patienten oder der Patientin nimmt und nicht auf die Störung als solche. Das Übel wird in seiner subjektiven Bedeutungshaltigkeit, als subjektivierungsbedürftiges Leiden, aufgefasst (vgl. S. 346).
- Funktionelle Therapien nehmen im Kontext der beiden oben genannten Therapien «insofern eine Mittenstellung ein, als sie einerseits organ- oder funktionsgerichtet sind, ihr Erfolg andererseits von der subjektiven Einstellung und Mitarbeit und nicht zuletzt von der Lernwilligkeit und -fähigkeit des Patienten abhängig ist» (S. 346).

Neben diesen strukturellen Formen der Therapien sind im Hinblick auf die Kooperation von Therapie und Erziehung auch konzeptionelle Aspekte wichtig, die in Anlehnung an Fischer (1985) beschrieben werden können als:
- *Das additive Konzept*

(Heil-) Pädagogische und therapeutische Aufgaben sind nach bestimmten Zeit-, Raum- und Personalplänen so verteilt, dass jeder Bereich seinen Platz im Gesamtkonzept bekommt.
- *Das integrative Konzept*

Im integrativen Konzept wird die notwendige Therapie entweder innerhalb der sonstigen Bildungsmassnahmen (z.B. im Kindergarten oder Schulunterricht) eingebunden oder mit zusätzlichen Therapieeinheiten verbunden.
- *Das induktive Konzept*

Kobi (vgl. 1985, S. 233f.) nennt ein Konzept «induktiv», wenn der Therapeut oder die Erzieherin in einem jeweils dominanten Feld (z.B. im Therapieinstitut oder einer heilpädagogischen Einrichtung) als Berater oder Instruktorin des Partners auftritt. Der Berater kann aber auch zusätzlich noch als Handlungsakteur auftreten, um das Angebot des Kollegen fachlich zu stützen, zu sichern oder zu ergänzen.
- *Das kooperative Konzept*

In diesem Konzept wirken Therapeutin und Erzieher kooperativ zusammen. Sie sprechen ihre jeweiligen Handlungsstrategien ab und treten gemeinsam

(als Handlungsteam) auf oder nacheinander, mit ihrer jeweiligen Schwerpunktsetzung.
- *Das epochale Konzept*

Dieses Konzept wird gekennzeichnet durch ein System von Blöcken oder Epochen, in denen therapeutische Massnahmen sich mit pädagogischen abwechseln.

Abschliessend stellt Fischer (vgl. 1985, S. 252) fest, dass die Zusammenarbeit der einzelnen Bereiche immer abhängig ist von den Interaktions- und Kommunikationsmöglichkeiten der miteinander kooperierenden Professionen als auch von den zu therapierenden bzw. zu erziehenden Menschen selbst.

2.3 Pflege

Die Pflege wurde von der Pädagogik schon immer als eine ihrer praktischen Grundformen angesehen. Viele Aufgaben des Erziehers und der Erzieherin wurden deshalb mit dem Bild des Gärtners verglichen, der die jungen «Pflänzchen» zu giessen, Rankhilfen und Wachstumsschnitte zu geben habe, damit sie von selbst auf Grund ihrer eigenen Entwicklungskräfte sich entfalten können – gemäss dem Ausspruch von Maria Montessori, dass das Kind der Baumeister seiner selbst sei (vgl. 2002, S. 71-79). Die Pflege wurde deshalb mit in die pädagogische Trias aufgenommen. Sie wird von Dolch (vgl. 1965, S. 108) differenziert in:
- Diätetik (für die pädagogische Pflege der leiblichen Bedürfnisse),
- Hodegetik (für die pädagogische Führung seelischer und sittliche Bedürfnisse) und
- Didaktik (für die pädagogische Fremd- und Selbstbildung).

Für viele Klassiker der Pädagogik trifft zu, dass sie eine ganzheitliche Sicht von Pflege im Kontext von Körper, Seele und Geist haben. So hat schon Vinzenz Eduard Milde (1777-1853) in seinem «Lehrbuch der allgemeinen Erziehungskunde» von 1811 darauf hingewiesen, dass die pädagogische Pflege die naturgegebenen Anlagen weckt und erhält und das entfernt, was die Anlagen schwächen, zerstören oder in eine zweckwidrige Richtung bringen könnte. Er nennt diese pädagogische Pflege auch Diätetik, deren der Mensch besonders in den ersten Lebensjahren bedarf, weil einerseits seine Selbsttätigkeitskräfte noch zu schwach sind, andererseits die Anlagen nach Grad und Beschaffenheit bei jedem Individuum unterschiedlich beschaffen sind und deshalb einer individuellen Diätetik bedürfen. Aus diesen Einsichten bestimmt Milde den Gegenstand der Diätetik, der pädagogischen Pflege also, als «das Erhalten der Anlagen und das Unterlassen und Verhindern schädlicher Einwirkungen» (1965, S. 153). Deshalb, so Milde, stellt die Kenntnis der Diätetik «ein unentbehrliches Erfordernis zu dem Amte eines Erziehers oder Lehrers» (S. 47) dar.

In unserer Zeit hat sich Klaus Mollenhauer mit der Kultivierung der erzieherischen Pflege in zweierlei Hinsichten beschäftigt.
- «Zunächst geschieht sie als Interesse am Heranwachsenden, bzw. in dessen eigenem, recht verstandenen Interesse. Sie ist die Ermöglichung und Förderung dessen, was sich im Kinde und Jugendlichen zeigt als deren eigene Anlage, Begabung oder Neigung, als deren Bedürfnisse, deren Individualität, als das, was ihnen ‹Spass macht›, ihnen Freude bringt und den Moment zu einem glücklich erfüllten macht. (...)
- Die erzieherische Pflege – und das ist die zweite Hinsicht – ist aber nicht nur die Pflege des subjektiven Glückes, sondern auch, mit diesem zugleich, die Pflege von Formen, Tätigkeiten und Inhalten, also das, was mit dem Wort Kultivierung im engeren Sinne gemeint ist» (Mollenhauer, 2001, S. 109f.).

In Anlehnung an Starck (vgl. 1977, S. 42) sind die pädagogischen Mittel der Diätetik als körperliche, seelische und geistige Entwicklungshilfen zu verstehen, die zur bestmöglichen Erhaltung des zu Erziehenden eingesetzt werden und die zum Ziel haben, die in ihm liegenden Möglichkeiten und Anlagen zu fördern. Für die verschiedenen diätetischen Mittel hat Oswald (1973) eine Formengliederung vorgelegt (siehe Abbildung 2, S. 62).

In der Heilpädagogik wird heute die pädagogische Pflege oder Diätetik als ein Grundmoment der Heilerziehung angesehen (vgl. Buchka, 1999). Ihr Ziel ist «das Wohl des ganzen Menschen mit seinem körperlichen und physischen Befinden sowie seinem Leben als soziales Wesen» (Thesing, 1992, S. 37). Die heilpädagogische Pflege hat heute nicht nur die körperlichen, seelischen und geistigen Anlagen des Kindes im Blick, sondern auch seine sozial-ökologische Umwelt. Hier pflegt, gewährleistet und gestaltet die Diätetik die räumlichen und sozialen Rahmenbedingungen so, dass die Entwicklung des zu Erziehenden gelingen kann. In Verbindung mit der körperlichen Versorgung, z.B. des Säuglings und Kleinkindes bzw. des schwerstbehinderten Menschen spricht man heute auch von Förderpflege (Trogisch & Trogisch, 1977). Sie meint alle «Aktivitäten im täglichen Leben, die geeignet sind, schwerstbehinderte, oft bettlägerige Menschen im weitesten Sinn zu aktivieren. Auf der Basis von einfachen, in die Pflege integrierten Anregungen, soll der Erlebnishorizont des Kindes oder Jugendlichen systematisch erweitert werden» (Fröhlich, 1991, S. 59). Förderpflege hat nach Speck (vgl. 2003, S. 332f.) den Anspruch, eine persönlichkeitsfördernde Pflege zu sein, d.h. in ihr wird der Mensch in seinem Personsein angesprochen, geachtet und angeregt, um seine volle Individualität und Persönlichkeit entfalten zu können.

Zusammenfassend können wir festhalten, dass Erziehung zwar verschiedene Aufgaben hat, aber immer in der ganzheitlichen Perspektive zu sehen ist. Sie kann nicht in Einzelaufgaben aufgelöst werden, wie es Henz (1967, S. 28) vorschlägt, der die Gesamtaufgabe der Erziehung aufteilt, indem durch die «Pflege der Bios, durch die Bildung der Logos, durch die Führung das Ethos» (S. 28) eingelöst werden kann. Die Eingrenzung der Diätetik oder Pflege nur auf den Leib bzw. die körperliche Pflege wurde schon mit der ganzheitlichen Erziehungstheorie von Milde überwunden, und wir sollten heute nicht mehr dahinter zurückfallen, dass der Diätetik in der Erziehung und Heilerziehung eine bedeutende Aufgabe zukommt.

Abb. 2: Diätetische Mittel der pädagogischen Pflege (Oswald, 1973)

Diätetische Mittel unterstützender Art
für die Lebensimpulse
z.B. mittels Anregung, Erweckung, Ansprache, Herausforderung, Geborgenheit u.a.m.
für die Lebensbedingungen
z.B. mittels pädagogischer Hilfen zur Nahrungsaufnahme, zum Schlafen und Ausruhen, zur sozialen Kontaktaufnahme u.a.m.
für das Gefühlsleben
z.B. mittels emotionaler Erlebnisse und Erfahrungen, Eindrücke und Ausdrucksmöglichkeiten sowie pädagogischer Weckungshilfen für ästhetische und religiöse Qualitäten u.a.m.
für das geistige Leben
z.B. mittels pädagogischer Entfaltungshilfen zur Sprachbildung und -gestaltung, zur Raum- und Zeiteinteilung, zum Spiel- und Phantasievermögen sowie zur Gedächtnisleistung und -vorstellung u.a.m.

2.4 Beratung

Die Beratung richtet sich auf den «Kommunikationsvorgang zwischen Berater und Klient, in dem der Berater bestrebt ist, die Probleme des Klienten zu verstehen und ihm Anregungen und Hilfen zur Selbsthilfe zu vermitteln. Die Beratung schliesst die Diagnose, Beschaffung von Informationen, Gesprächsführung zur Sicherung des Verständnisses, die Ermutigung und den Ratschlag ein. Der Berater weist auf Gesichtspunkte hin, die für eine Problemlösung wesentlich sind, hilft bei der Definition der Problemlage und orientiert aus seinem Wissen über die zu erwartenden Folgen verschiedener Lösungsmöglichkeiten» (Seidenstücker, 1980, S. 41).

In der heilpädagogischen Praxis kommen verschiedene Beratungsmethoden zur Anwendung. Geissler & Hege (1999) nennen folgende einschlägige Methoden:
- die klassischen psychoanalytischen Konzepte,
- die nicht-direkten (klienten-orientierten) Konzepte,
- die kommunikationstheoretisch-orientierten Konzepte und
- die gruppendynamischen Konzepte (z.B. Sensitivity-, Encounter-, Organisationstraining, Themenzentrierte Interaktion).

Wir selbst (Buchka, 2003a, S. 295-298) haben folgende Beratungskonzepte beschrieben, die man sehr häufig in der heilpädagogischen Praxis antrifft:
- Verhaltenstherapeutische Beratungskonzepte
- Klientenzentrierte Beratungskonzepte
- Psychoanalytische Beratungskonzepte
- Realitätsorientierte Beratungskonzepte.

Neben diesen mehr psychologisch angelegten Beratungskonzepten muss auch auf die sog. «pädagogische Beratung» (Mollenhauer, 2001, S. 114) hingewiesen werden, zumal diese der pädagogischen Förderung sehr nahe steht.

Die Beratung ist heute nicht nur ein methodisch wie wissenschaftlich gesichertes Instrument der Heilerziehung, sondern darüber hinaus auch ein durchgehendes Moment aller Aufgaben der Erziehung, Therapie, Pflege und Förderung.

2.5 Förderung

Das Grundwort «fördern» heisst etymologisch betrachtet «vorwärts bringen» und in der sprachverwandtschaftlichen Form des «befördern» soviel wie «voranbringen, helfen, transportieren» (vgl. Kluge, 1995, S. 90, S. 279). Fördern wird im heutigen Sprachgebrauch nicht nur im obigen Sinn des Vorwärts-Bringens oder Voranbringens verwendet, sondern auch für etwas «zu Tage bringen, nach oben bringen» (als Begriff im Bergbau gebräuchlich). Fördern kann auch Unterstützung bedeuten (z.b. in Form des BAFöG/ Bundesausbildungsförderungsgesetzes) oder Entwicklung meinen (z.b. als politisch-ökonomische Entwicklungsförderung).

Im heilpädagogischen Raum ist der Begriff und sind die Aufgaben der Förderung durch das Gutachten der Bildungskommission des Deutschen Bildungsrates «Zur pädagogischen Förderung behinderter und von Behinderung bedrohter Kinder und Jugendlicher» im Jahre 1973 zuerst umrissen worden. Darin wird besonders auf die Frühförderung, die schulische Förderung und die Freizeitförderung hingewiesen. Die Empfehlung orientiert sich «an dem Ziel, die Behinderten und die von Behinderung bedrohten Kinder und Jugendlichen bestmöglich zu fördern, ihnen abgestuft in den normalen Einrichtungen einen Platz einzuräumen und ihnen so als vollberechtigten Mitgliedern unserer Gesellschaft zu begegnen» (Deutscher Bildungsrat, 1974, S. 12). Für Speck setzte sich der Leitbegriff der Förderung in heil- und sonderpädagogischen Aufgabenbereichen immer mehr durch und taucht heute vermehrt in Wortverbindungen auf wie: «Förderzentrum, Förderbedürfnisse, Fördermöglichkeiten, Förderdiagnostik, Fördermassnahmen, Förderangebote, Förderschwerpunkte, Förderungsnotwendigkeiten, Förderort (als Förderschule; M.B.), Förderplanung und Förderformen» (2003, S. 328). Förderung, wie sie sich heute im heilpädagogischen Raum darstellt, beinhaltet nach Speck (2003, S. 329) mehrere Dimensionen:
- «Zum einen handelt es sich um das Erkennen des individuellen Gefüges von Lernen, Behinderung und Chancen,
- dann um das Eröffnen sozialer Beziehungen zwischen Behinderten untereinander und zwischen Behinderten und Nichtbehinderten,
- um das Schaffen von Lernsituationen, damit die eigenen Leistungsmöglichkeiten und dadurch das Selbstvertrauen und das Selbstwertgefühl gestärkt werden können, und
- schliesslich sind es begleitende spezifische Hilfen in Formen individuell veränderter Lehrpläne mit den erforderlichen Freiräumen und Entscheidungskompetenzen für die Lehrer/innen,

- dazu behinderungsspezifische technische (apparative) Hilfen, wie Medien,
- aber auch fachgerechte Pflege und
- behinderungs- und bedürfnisgerechte baulich-räumliche Voraussetzungen.»

Pädagogische Förderung könnte dabei entweder das Leitkonzept für alle heilpädagogischen Aufgaben der Erziehung, Therapie und Pflege sein (vgl. Gröschke, 1997, S. 268f.) oder als Bestandteil der speziellen Erziehung angesehen werden (vgl. Speck (2003, S. 326f.). Wir selbst sehen Förderung als Teilkonzept der Heilerziehung an; zugleich hat Förderung auch die Funktion, erzieherische, therapeutische, pflegerische und beraterische Methoden und Mittel zu integrieren.

2.6 Heilerziehung

Heilerziehung ist immer dann erforderlich, wenn wir es mit einer besonders erschwerten Ausgangslage für Erziehung zu tun haben und uns durch sie einen «heilenden» Einfluss erhoffen (Löwisch, 1969; Wilkens, 2000). Der Begriff der Heilerziehung wird sehr häufig als die praktische Seite der Heilpädagogik angesehen. So bezeichnet Kobi (1977, S. 6) die Heilpädagogik als «den theoretisch-wissenschaftlichen, Heilerziehung den praktisch-methodischen Aspekt jenes Spezialgebietes der Pädagogik (Erziehungswissenschaft), auf welchem wir es mit gestörten, beeinträchtigten oder gefährdeten Erziehungsverhältnissen zu tun haben. Was im Einzelfall als Beeinträchtigung gilt, ist von sozialen und individuellen Normvorstellungen abhängig». Neben den strukturellen Einteilungen finden sich auch Aussagen zu Aufgaben und Methoden sowie zur systematischen Einordnung der Heilerziehung. So ist für Speck Heilerziehung eine Form «spezieller Erziehung». Sie folgt zwar einerseits den Grundgesetzen, die für jegliche Erziehung gelten; «das Spezielle an ihr ist lediglich ein besonderer Aspekt, unter den Erziehung tritt, wenn auf Grund einer Funktionseinschränkung oder einer Entwicklungsstörung, d.h. wegen bestimmter Erziehungs- und Lernprobleme, spezielle Erziehungserfordernisse gegeben oder angezeigt sind» (Speck, 2003, S. 324).

Zusammenfassend können wir festhalten, dass Erziehung die Aufgabe hat, den zu Erziehenden zur Mündigkeit (Ritzel, 1973) zu führen und ihn dabei zu begleiten, dass er seine Persönlichkeit ausbildet, sich in die Sozialstruktur der Familie, Gruppen und Gesellschaft zu integrieren lernt, um ei-

nerseits seine Rolle auszufüllen und andererseits die Sozialstruktur weiter zu entwickeln. Letztlich ist Heilerziehung eine Erziehungsmassnahme subsidiärer Hilfe. Damit meint Buchkremer (1995), dass sie sich an gefährdete, gestörte oder behinderte Kinder und Jugendlicher richtet, die ohne diese spezielle heilerzieherische Hilfe nicht das Ziel der Mündigkeit (Ritzel, 1973) erreichen können. Auch für die sozialen Kontexte dieser Kinder und Jugendlichen, Eltern, Familien, Schulen, Berufsausbildungsstätten usw., die durch sie des Öfteren vor schwierigen Erziehungs- und Ausbildungsproblemen stehen, stellt die Heilerziehung eine subsidiäre Hilfe dar, damit die Zusatz- oder Folgeerscheinungen von Gefährdungen, Störungen oder Behinderungen weniger gehäuft auftreten oder gar vermieden werden können. Für Kinder und Jugendliche mit diesen Beeinträchtigungen kommt die Regelerziehung oft nicht in Betracht. Als subsidiäre (aushilfsweise) Erziehungshilfe bietet sich die Heilerziehung als Spezialerziehung für diesen Adressatenkreis an mit ihren über die Regelerziehung hinaus erweiterten Handlungsansätzen der Therapie, Pflege, Beratung und Förderung. Die Heilerziehung selbst konkretisiert sich insbesondere durch
- ihre Handlungsprinzipien (Bach, 1995, S. 66f.; 1999, S. 112ff.; Haeberlin, 1996, S. 340-350; Speck, 1999, S. 256-267) und
- ihre speziellen Ziele und Werte (Bach, 1999, S. 64-84; 2001, S. 69-78; Bleidick, 1984, S. 395-423; Kobi, 1993, S. 301-340; Speck, 2003, S. 362-385),
- abstrahiert in den Richtzielen der Heilerziehung: Personalisation, Sozialisation und Enkulturation (vgl. Bleidick, 1984, S. 419).

Aus systematischer Sicht ist die Heilerziehung das allumfassende Handlungskonzept, gleichsam das Dach für die Teilaufgaben der Erziehung, Therapie, Pflege, Beratung und Förderung für Kinder und Jugendliche mit Behinderungen, Störungen und Gefährdungen. Während Gröschke (vgl. 1997, S. 268f.) in diesem Zusammenhang nicht die Heilerziehung, sondern die Förderung als Oberbegriff für alle heilpädagogischen, therapeutischen, unterrichtlichen und pflegerischen Massnahmen und Aktivitäten ansieht, bevorzugen wir den pädagogischen Oberbegriff der Heilerziehung für die genannten Teilaufgaben im heilpädagogischen Alltag. Die Förderung hat dabei für uns aber eine besondere Stellung. Sie ist nicht nur eine Handlungsaufgabe neben anderen heilpädagogischen Handlungsansätzen, sondern in ihr werden diese integriert und als heilpädagogische Förderung besonders wirksam. Von diesem erkenntnistheoretischen Hintergrund ausgehend, kommen wir zu folgender Systematik (siehe Abbildung 3, S. 67).

Abb. 3: Bereiche der Heilerziehung

HEILERZIEHUNG (HEILPÄDAGOGIK)
Erziehung   Therapie   Pflege   Beratung
Förderung

Durch diese Grafik soll ausgedrückt werden, dass die Heilerziehung das systematische Dach für Erziehung, Therapie, Pflege, Beratung und Förderung darstellt. Mit der herausgehobenen Position der Förderung soll diese als eine Querschnittaufgabe der Heilerziehung kenntlich gemacht werden. Sie hat aber nicht nur eine integrale Funktion gegenüber den anderen Ansätzen in der Heilerziehung, sondern zugleich auch spezielle Handlungsaufgaben im Rahmen der Heilerziehung.

3. Grundlagen zur heilpädagogischen Förderung als integrales und spezielles Handlungskonzept der Heilerziehung

3.1 Zur Theorie der heilpädagogischen Förderung

Förderung als Handlungsansatz für Menschen mit Behinderungen, Störungen und Gefährdungen setzen wir bei Kindern und Jugendlichen als auch bei Erwachsenen und Senioren ein. Wir sprechen dann von einer heilpädagogischen Förderung, wenn durch sie von aussen, gleichsam als fremd gesteuerte Bildung und Erziehung, in den Prozess des Aufbaus und Ausgestaltung einer Persönlichkeit lenkend eingegriffen wird. Von einer sozialagogischen oder rehabilitativen Förderung sprechen wir, wenn sie vom erwachsenen oder älteren Menschen mit Behinderungen, Störungen oder Gefährdungen als eigen gesteuerte Aktivität verwendet oder durch professionelle Dienstleistende als begleitende Massnahme angeboten wird (vgl. Buchka, 2003b). Wir wollen uns aber an dieser Stelle auf die heilpädagogische Förderung beschränken.

3.2 Zum heilpädagogischen Förderbegriff

Heilpädagogische Förderung im Leitkonzept der Heilerziehung greift die Handlungsaufgaben der Erziehung, Therapie, Pflege und Beratung auf und bindet sie in integraler Form in eine wertorientierte Beeinflussung von Menschen ein, die Phänomene der Gefährdung, Störung oder Behinderung zeigen, um mit ihrer Hilfe «durch Eröffnen, Ingangbringen bzw. Steuern, Verstärken oder Korrigieren von Entwicklungs- bzw. Lernprozessen bestimmte Erlebens- und Verhaltensdispositionen, d.h. auf Dauer wirksame Bereitschaften zu vermitteln – durch mehr oder minder bewusste, direkte oder indirekte, auf Mitwirkung der Betroffenen angewiesenen Massnahmen» (Bach, 1999, S. 59) sowie durch direkte oder indirekte Beeinflussung ihrer sozialen Netze und/oder ökologischen Räume. Neben der integralen Funktion, bei der die heilpädagogische Förderung sich durch die Aufnahme und Umwandlung von Aufgaben und Methoden der Erziehung, Therapie, Pflege und Beratung definiert, gibt es auch spezielle Förderziele und Förderaufgaben. Speziell ist die heilpädagogische Förderung immer dann, wenn sie mit originären Massnahmen individueller Lern-, Entwicklungs-, Alltagsbewältigungs-, Bildungs- oder Gesundheitshilfe den gefährdeten, in ihrer Entwicklung gestörten oder behinderten Kindern oder Jugendlichen so zur Seite steht, dass sie ihre Ressourcen entdecken lernen und sie bei ihrer Ressourcennutzung begleitet.

3.3 Zum Adressatenkreis der heilpädagogischen Förderung

Zum Adressatenkreis gehören Menschen, die behindert oder von Behinderung bedroht sind, sowie ihre sozial-kulturellen und ökologischen Umfelder. Nach dem Gutachten des Deutschen Bildungsrates (1974, S. 32f.) sind davon betroffen «Kinder, Jugendliche und Erwachsene, die in ihrem Lernen, im sozialen Verhalten, in der sprachlichen Kommunikation oder in den psychomotorischen Fähigkeiten so weit beeinträchtigt sind, dass ihre Teilhabe am Leben der Gesellschaft wesentlich erschwert ist. Deshalb bedürfen sie besonderer pädagogischer Förderung. (...) Behinderungen werden auf zwei Ebenen wirksam,
- einmal als unmittelbare Lebenserschwerung für den Behinderten selbst,
- zum anderen als Erschwerung sozialer Interaktionen und sozialer Eingliederung im öffentlichen Leben, in den Bildungsinstitutionen, in der Arbeits-

welt und im Zusammenleben der Familie (und anderen sozialen Gruppen; M.B.)».[1]

Die Behinderungen können gemäss dem Deutschen Bildungsrat ihren Ausgang nehmen in Beeinträchtigungen des Sehens, des Hörens, der Sprache, der Stütz- und Bewegungsfunktionen, der Intelligenz, der Emotionalität sowie in bestimmten chronischen Krankheiten. Oft treten diese Beeinträchtigungen auch als Mehrfachbehinderung oder als Folgebehinderung auf (vgl. Deutscher Bildungsrat, 1974, S. 32).

Die aufgezählten Phänomene der Behinderung, Störung oder Gefährdung hat Bach in verschiedenen Veröffentlichungen in unterschiedliche Strukturdarstellungen gebracht (vgl. 1985, S. 6-11; 1995, S. 5-52; 1999, S. 34-45). Seine Gliederung der Phänomene, zusammengefasst im Leitbegriff Beeinträchtigung, findet weitgehende Zustimmung (z.B. Speck, 2003, S. 192ff; Ilse, 1995, S. 87f.), auch wenn kritisch auf Überschneidungen und die oft mangelnde Trennschärfe zwischen den Phänomenen hingewiesen wird (vgl. Speck, 2003, S. 193). Nach der Systematik von Bach gibt es folgende Beeinträchtigungen des Menschen:

- *Behinderungen*

sind Beeinträchtigungen, «die als umfänglich und schwer und längerfristig eingeschätzt werden. (...) Bei Behinderungen lassen sich schwerste Grade abheben, um extreme Bedarfslagen z.B. hinsichtlich der Pflege, besonderer Ausstattung, Installation usw. und spezieller pädagogischer Konzepte anzuzeigen. Sog. untere Grenzen, d.h. Ausschliessung etwa mit dem Terminus ‹Bildungsunfähigkeit› sind jedoch in keinem Fall zu ziehen» (Bach, 1999, S. 37f.).

- *Störungen*

«sind in Abhebung von Behinderungen als Beeinträchtigungen zu verstehen, die als partiell oder weniger schwer oder kurzfristig eingeschätzt werden. (...) Störungen können langfristige Beeinträchtigungen sein, die jedoch weniger umfänglich und schwer sind; Störungen können schwere Beeinträchtigungen sein, die jedoch weniger umfänglich sind und nur auf kurze Zeit bestehen; Störungen können umfängliche Beeinträchtigungen sein, die jedoch nur von geringer Schwere und Dauer sind» (Bach, 1999, S. 38).

---

1 Auf das aktuelle Klassifikationssystem der Weltgesundheitsorganisation (WHO) sei hier nur hingewiesen: Die «International Classification of Functioning, Disability and Health» (Internationale Klassifikation der Funktionsfähigkeit, Behinderung und Gesundheit) trägt der Einsicht Rechnung, dass Behinderungen stets vor einem bio-psycho-sozialen Hintergrund gesehen werden müssen (siehe Deutsches Institut für Medizinische Dokumentation und Information (DIMDI), 2004).

- *Gefährdungen*

«liegen vor, wenn Unregelhaftigkeiten bezüglich der individualen Disposition, der Umfeldbedingungen und der Umfeldanforderrungen in einem Ausmass bestehen, dass mit der Entstehung von Störungen bzw. Behinderungen zu rechnen ist, wenn nicht vermehrte Aufmerksamkeits- und Unterstützungsangebote gemacht werden. (...) Gefährdungen beruhen zumeist auf einer Kopplung verschiedener erschwerender Faktoren. Art und Wirksamkeitsdauer bestimmen das Gewicht der Gefährdung» (Bach, 1999, S. 42).

Für die verschiedenen Beeinträchtigungsgruppen hat Bach jeweils auch einen spezifischen heilpädagogischen Handlungsansatz aufgestellt (siehe Abbildung 4).

Abb. 4: Gegenstandsbereich der Sonderpädagogik (Bach, 1995, S. 11)

Beeinträchtigungen		
Behinderungen	**Störungen**	**Gefährdungen**
Sondererziehung	Fördererziehung	Vorsorgeerziehung
Sonderpädagogik (im Säuglings-, Kleinkind-, Jugend- u. Erwachsenenalter)		

Die Zuordnung der Fördererziehung als Hilfeangebot für Störungen scheint uns zu eng gefasst zu sein. Wir sehen hingegen die heilpädagogische Förderung als eine Form der Hilfe für alle Beeinträchtigungsphänomene an (vgl. Abb. 3).

4. Ausgewählte Handlungsansätze heil- und sonderpädagogischer Förderung

Die Handlungsformen der heil- und sonderpädagogischen Förderung werden in der Fachliteratur unterschiedlich systematisiert, u.a. als:
- Konzept der heilpädagogischen Entwicklungsförderung (Fröhlich, 1998; Gröschke, 1979)
- Konzept der sonderpädagogischen Fördererziehung (Bach, 1995)
- Konzept der anthroposophisch-heilpädagogischen Entwicklungsförderung (Buchka, 2004)

4.1 Handlungsansatz der heilpädagogischen Entwicklungsförderung

Dieser wurde von Fröhlich (1998) als heilpädagogische Förderung von schwerstbehinderten Schülern und Schülerinnen eingeführt. Für die verschiedenen komplexen Entwicklungsbereiche gibt es keine hierarchische Ordnung; vielmehr besteht eine Gleichzeitigkeit, Gleichwirklichkeit und Gleichgewichtigkeit der Bereiche Wahrnehmung, Sozialerfahrung, Gefühle, Körpererfahrung, Bewegung, Kognition und Kommunikation. Ähnliche Entwicklungsbereiche beschreibt auch Kobi (vgl. Schramm, 1988, S. 79-82).

Die Münsteraner Heilpädagogen Gröschke und Köhn haben den Handlungsansatz der Förderung von Fröhlich und andere Föderansätze zu einem Konzept der ausserschulischen heilpädagogischen Entwicklungsförderung umstrukturiert. Zur Entwicklung gehören für Gröschke (vgl. 1997, S. 217) sowohl *biologische* oder psychophysische Phänomene der Reifungs-, Wachstums- und organischen Um- und Abbauprozesse als auch Veränderungsprozesse der *psychischen* Dimensionen der Person, wie sie durch lebensweltlich-alltägliche Erfahrungen *intentional* oder durch lebensweltlich-alltägliche Erfahrungen *funktional* entstehen (Hervorhebungen im Original). In Anlehnung an die Entwicklungspsychologin Schenk-Danziger, die Entwicklung als integrierenden Prozess unter der Beteilung genetischer, soziokultureller und innerseelisch-dynamischer Faktoren beschrieben hat, definiert Köhn (1998, S. 30) Entwicklung «als einen multifaktoriellen, komplexen, fortschreitenden Prozess von Wechselwirkungen, in dem sich der Mensch mehr und mehr der Welt, der Mitmenschen und sich selbst bewusst wird und sich zu einer Persönlichkeit entwickelt, die ihrerseits auf diese Entwicklung Einfluss nimmt». Gröschke geht in der heilpädagogischen Entwicklungsförderung vom organismisch-konstruktiven Entwicklungsmodell

Abb. 5: Aufgabenschwerpunkte und Dimensionen des Leitkonzepts Förderung (Gröschke, 1997, S. 277)

Aufgabenschwerpunkte und Dimensionen des Leitkonzepts Förderung sind:
- **Lebenslaufbezogene Aufgaben:**
Frühförderung, Kindergarten- und Vorschulerziehung, schulische Förderung, berufliche Bildung, Erwachsenenbildung;
- **Lebensortbezogene Aufgaben:**
organisations- und institutionsbezogene Aufgaben in Tages- oder Vollzeitheimen, klinischen Einrichtungen, Beratungsstellen, Werkstätten und Rehabilitationseinrichtungen, Freizeiteinrichtungen, Schulen und Familien;
- **Methodenbezogene Aufgaben:**
Erziehung (Persönlichkeitsbildung und Sozialerziehung), Beurteilung (Diagnostik, Bewertung, Zuordnung), Unterricht (in Schule durch Lehrpersonen), Therapie, Beratung, Pflege;
- **Ziel- und zweckbezogene Aufgaben:**
Prävention, Rehabilitation, Normalisation, Integration;
- **Sozialökologische Aufgaben:**
Elternarbeit (Kooperation), Teamarbeit (interdisziplinäre Kooperation), Öffentlichkeitsarbeit, Reflexion von Berufsrolle und beruflichem Selbstverständnis

---

aus; danach ist Entwicklung «ein *lebenslanger* Prozess der Persönlichkeitsänderung durch *Handeln, Erfahrungsverarbeitung* und *Lernen* (...) Zentrum und Initiator dieses Prozesses ist das Selbst (die Person), das bestrebt ist, bei allem inneren und äusseren Wandel die Vorgänge als sinn- und bedeutungshaltig zu erleben, um so seine Identität zu entwickeln und zu wahren» (1997, S. 221; Hervorhebungen im Original). Ausgangsbegriff für eine heilpädagogische Entwicklungsförderung ist für Gröschke (vgl. 1997, S. 270) die «psychophysische Entwicklungsbeeinträchtigung» (Speck), aus der sich «spezielle Erziehungsbedürfnisse» und ein «besonderer Erziehungsbedarf» ableiten lassen. Dabei greift die heilpädagogische Entwicklungsförderung beeinflussend in das Entwicklungsgeschehen ein, «damit sich die desynchronisierten Prozesse wieder *selbst regulieren* können und die betroffene Person zu dem ihr möglichen Mass an Selbstbestimmung und an Selbstgestaltung finden kann» (Gröschke, 1997, S. 270: Hervorhebungen im Original). Dadurch kann die heilpädagogische Entwicklungsförderung verstanden werden als «spezifische, kürzere oder (lebens-)lang andauernde Unterstützung und Hilfe für die menschliche Entwicklung im Beeinträchtigt- und Behindertsein» (Köhn, 1998, S. 50). Die Aufgaben der heilpädagogischen Entwicklungsförderung (vgl. Gröschke, 1997, S. 277; Köhn, 1998, S. 43f.) sind in Abbildung 5 (S. 72) aufgelistet.

Die sozial-ökologischen Rahmenbedingungen der heilpädagogischen Entwicklungsförderung werden von den verschiedenen Systemen bestimmt. Köhn (vgl. 1998, S. 66ff.) beschreibt sie, in Anlehnung an Bronfenbrenner (1989), mit
- Lebensbereich des Mikrosystems,
- Lebensbereich des Mesosystems,
- Lebensbereich des Exosystems und mit
- Lebensbereich des Makrosystems.

Im Rahmen der ausserschulischen heilpädagogischen Entwicklungsförderung, unter dem Leitphänomen Entwicklung, haben sich für Gröschke in Orientierung auf die Grundphänomene Leiblichkeit, Bewegung, Spielen, Lernen, Sprachlichkeit und Tätigkeit «methodische Schwerpunkte und Ansätze komplexer Handlungskonzepte herauskristallisiert» (1997, S. 277), die er in die folgende Systematik gebracht hat (siehe Abbildung 6).

Abb. 6: Systematik heilpädagogischer Entwicklungsförderkonzepte (Gröschke, 1997, S. 278)

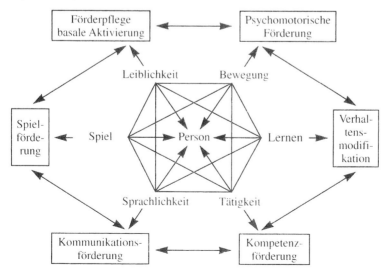

4.2 Konzept der sonderpädagogischen Fördererziehung

Dieses Handlungskonzept wurde von Bach (1995; 1999) in den letzten 30 Jahren als Fördererziehung für Störungen menschlichen Verhaltens entwickelt, weiter verbessert und mit spezifischen Methoden ausgestattet.

4.2.1 Aufgaben der Fördererziehung

Bach (vgl. 1995, S. 43) umreisst zuerst die Aufgaben der Fördererziehung. Zu ihnen gehört die Beeinflussung
- der bewirkenden bzw. verstärkenden Umwelt- und Erziehungsfaktoren und Umwelt- und Erziehungsreaktionen von Störungen,
- der beteiligten Erziehungskräfte,
- der persönlichen und sachlichen (einschl. der sozial-kulturellen) Umwelt sowie
- der öffentlichen Einstellungen zu Menschen mit Störungen.

Die Fördererziehung bildet für Bach ein «Überschneidungsfeld zwischen medizinischem und pädagogischem Aufgabenbereich» (S. 43).

4.2.2 Ziele der Fördererziehung

«Allgemeines Ziel der Fördererziehung ist, die vorliegenden Störungen so weitgehend und rasch als möglich zu beheben bzw. entsprechende Hilfen bei nicht korrigierbaren Beeinträchtigungen anzubieten, um optimale Personalisation und Sozialisation zu gewährleisten» (Bach, 1995, S. 43).

4.2.3 Adressaten der Fördererziehung

Die Ansatzpunkte für eine Fördererziehung ergeben sich für Bach (1995) durch die Hauptarten von Störungen, die er als Lücken, Fehler und Unsicherheiten beschreibt. Von den Hauptarten der Störungen können Personen in allen Lebensphasen betroffen werden, und deshalb ist die Förderziehung für alle Altersstufen erforderlich.

4.2.4 Methoden der Fördererziehung

Von den Hauptarten der Störungen ausgehend, nennt Bach (1995) folgende Methoden der Fördererziehung: Ergänzung bei vorhandenen Lücken, Berichtigung bei vorliegenden Fehlern und Unterstützung bei vorliegenden Unsicherheiten. Methoden der Fördererziehung dazu sind: «Beratung, Bestätigung, Training, emotionale Bekräftigung in den betreffenden Bereichen» (S. 43). Sie werden durch Methoden der Integration ergänzt und erweitert, damit Kinder und Jugendliche mit und ohne Störung miteinander lernen und leben.

4.2.5 Massnahmen der Fördererziehung

Form und Dauer der Fördererziehung richten sich nach Art, Umfang, Schwere und Dauer der vorliegenden Störung. Je umfänglicher und schwerer eine Störung ist, desto komplexer sind auch die Massnahmen der Fördererziehung. Um die soziale Integration – trotz der Fördererziehung – anstreben zu können bzw. sie nicht zu gefährden, ist die Fördererziehung möglichst als Begleitung von allgemeinen Erziehungsmassnahmen in allgemeinen Einrichtungen der Erziehung und Bildung durchzuführen.

4.2.6 Hauptformen der Fördererziehung

Als Hauptformen der Fördererziehung beschreibt Bach die Prävention, Substitution, Kompensation, Subvention sowie die Beratung (vgl. 1995, S. 29ff.; 1999, S. 93-98).

- *Prävention*

Sie richtet sich auf die Verbesserung äusserer Lebensbedingungen und dient zur Vermeidung und Korrektur von Benachteiligungen mit dem Ziel der Verhinderung von Schäden oder Verringerung von Belastungen. (vgl. Bach, 1999, S. 96f.).

- *Substitution*

Sie ist «die zentrale Handlungsform zu weitmöglicher Behebung vorliegender Schäden der Erlebens- und Verhaltensdisposition eines Menschen, d.h. die Förderung beeinträchtigter Bereiche bzw. weitmögliche Aktivierung verbliebener Funktionsreste» (Bach, 1999, S. 93).

- *Kompensation*

Die Kompensation mit ihren ersetzenden Methoden im Erziehungsprozess ist gekennzeichnet «durch Erschliessung und Benutzung von Funktionsreserven, die im regelhaften Lernprozess kaum beansprucht werden (z.B. Fussschreiben bei Menschen ohne Funktionskraft ihrer Hände; M.B.)» (Bach, 1995, S. 29). Die Methoden der Handlungsform Kompensation sind bei langfristigen Ausfällen oder Beeinträchtigungen wichtig, damit die betroffene Person zu einer optimalen Persönlichkeitsentfaltung und sozialen Eingliederung findet.

- *Subvention*

Wenn absehbar ist, dass sich durch die «Handlungsformen der Substitution, der Kompensation und der Prävention die bestehende Diskrepanz zwischen individualer Disposition und Umfeldanforderung nicht in hinreichendem Masse verringern lässt, ist an Subvention im Sinne der Korrektur der Erwartungen und Anforderungen des Umfeldes zu denken» (Bach, 1999, S. 101), z.B. «durch erleichternde Erziehungsbedingungen und verringerte Anforderungen» (S. 30).

- *Beratung*

Die Partnerinnen und Partner einer Beratung im Förderprozess können Eltern sein oder Geschwister, Verwandte, Ehepartner/Lebenspartner, professionelle Helferinnen und Helfer, Behörden und Verwaltungen sowie Mitglieder der Gesellschaft (z.B. im Rahmen der Öffentlichkeitsarbeit). Die Formen der Beratung streuen in den Formen von Erteilung einer Auskunft, über die Sachinformation, das Ratgeben bis hin zur psychotherapeutischen Beratung als Behandlung.

Diese verschiedenen Anlässe, Formen und Methoden der sonderpädagogischen Förderung werden in der Abbildung 7 (S. 77) zusammengefasst und visualisiert.

Abb. 7: Sonderpädagogische Fördererziehung (vgl. Bach, 1995, S. 44)

Störungen in Formen als
Lücken   Fehler   Unsicherheiten
Störungsformen werden abzubauen versucht durch
Ergänzung   Berichtigung   Unterstützung
Handlungsansätze der Fördererziehung
Prävention   Substitution   Kompensation   Subvention   Beratung
Handlungsmethoden der Fördererziehung
Beratung   Bestätigung   Training   Emotionale   Bekräftigung

4.3 Konzept der anthroposophisch-heilpädagogischen Entwicklungsförderung

4.3.1 Zu den Begriffen und Aufgaben in der anthroposophisch-heilpädagogischen Entwicklungsförderung

Die anthroposophisch-heilpädagogische Entwicklungsförderung ist ein komplexes Aufgabenfeld. Sie hat einerseits ihre Grundlagen in der anthroposophischen Menschenkunde von Rudolf Steiner (1982; 2003a) und stützt sich andererseits auf das profunde Erfahrungswissen professioneller Kräfte in heilpädagogischen Einrichtungen für Kinder und Jugendliche mit Behinderung bzw. Seelenpflege-bedürftigkeit, ein Begriff, den Rudolf Steiner für diesen Personenkreis vorgeschlagen hat. Die anthroposophisch-heilpädagogische Entwicklungsförderung hat unterschiedliche Reichweiten der Umfänglichkeit, Zeitlichkeit, Intensität und Intentionalität. Dem Oberbegriff der Entwicklungsförderung werden folgende Unterbegriffe zugeordnet:

- *Entwicklungsbegleitung*

Die anthroposophische Menschenkunde geht von der Annahme aus, dass im Menschen Entwicklungskräfte vorhanden sind, die ihn zu Entwicklungsprozessen befähigen. Deshalb ist im Regelfall nur eine Entwicklungsbegleitung erforderlich, um

– einerseits den jungen Menschen vor schädigenden Einflüssen aus der Mit- und Umwelt zu schützen und

– andererseits die in ihm liegenden Selbstentwicklungskräfte lebendig und produktiv zu erhalten, damit er sich mit den leiblichen, seelischen und geistigen Anforderungen seiner jeweiligen Entwicklungsperioden erfolgreich auseinandersetzen kann.

Die Entwicklungsbegleitung hat nur assistierenden, beobachtenden und nicht gestaltenden Charakter. Sie geht aber sofort in eine der nachfolgenden Methoden der Entwicklungsförderung über, wenn für die Entwicklung des jungen Menschen deutliche Hemmnisse und Störungen auftreten.

- *Entwicklungsunterstützung*

Wenn Kinder und Jugendliche durch äussere Einflüsse oder durch die Schwäche der eigenen Entwicklungskräfte in ihrer leiblichen, seelischen oder geistigen Entfaltung bedroht sind, aber noch genügend eigene Entwicklungspotentiale für eine angemessene Entwicklung haben, benötigen sie eine geplante heilpädagogische Entwicklungsunterstützung.

Sie zielt

– einerseits auf die Selbstentwicklungskräfte im jungen Menschen und will die sich entfaltenden Wesensglieder leiblicher, seelischer und geistiger Art sowie die Ich-Kräfte durch körper-, seelen- und verstandesbezogene Förderübungen und Förderpflege anregen und unterstützen;

– andererseits auf eine Einflussnahme auf drohende oder schädigende Einflüsse aus der Mit- und Umwelt des jungen Menschen, und zwar dahingehend, dass sie für den betroffenen Menschen entwicklungsunterstützend wirken können.

Die Entwicklungsunterstützung ist aber ein zu schwaches Steuerungsinstrument für den Fall, dass die Entwicklungskräfte des Kindes bzw. Jugendlichen und seine Entwicklungsbedingungen so schwer beeinträchtigt sind, dass eine angemessene Entwicklung nicht gewährleistet werden kann. In solchen Fällen von schweren Entwicklungsstörungen ist Entwicklungstherapie erforderlich.

- *Entwicklungstherapie*

Kinder und Jugendliche, die in ihrer Personalisation, Sozialisation und Enkulturation so stark behindert, gestört und gefährdet sind, dass sie auf Grund dieser Entwicklungsstörung diese Entwicklungsziele ohne professionelle Hilfe nicht erreichen können, bedürfen der Entwicklungstherapie. Die anthroposophische Menschenkunde geht davon aus, dass die Ich-Organisation des Menschen trotz körperlicher, seelischer oder geistiger Anwendungsmängel nicht beeinträchtigt ist. Diese Ich-Organisation ist letztlich dafür verantwortlich, dass sich einerseits entwicklungsbiographisch die einzelnen menschlichen Wesensglieder in ihren Teilbereichen entfalten und ausgestalten können und dass andererseits durch sie die einzelnen Wesensglieder mit ihren Teilbereichen in einem Reiz-Reaktions-Verbund stehen. Eine Entwicklungsstörung erklärt sich in diesem Zusammenhang damit, dass die Ich-Kräfte in Körper, Seele und Geist sich nicht genügend zur Geltung bringen können oder dass durch fehlerhafte innere und äussere Reizrezeptoren keine Informationen zur Ich-Organisation gelangen und diese deshalb dem jungen Menschen keine Entwicklungskräfte bereitstellen kann. Von diesem anthroposophischen Erklärungsmodell für die Entwicklungsstörung als Ausdruck eines eingeschränkten oder unzulässigen Entwicklungspotentials mit der gestörten Auswirkung auf seine Anwendungsgebiete geht die anthroposophische Entwicklungstherapie aus.

Sie versucht, je nach Ursachenanlass für die Entwicklungsstörungen, therapeutischen Einfluss zu nehmen auf die einzelnen Wesensglieder des Menschen, wie sie Rudolf Steiner (2003a) beschrieben hat, als:

1) Physischer Körper oder Leib (mit seiner festen und flüssigen Konsistenz),

2) Lebensleib oder Ätherleib (als Organisationsstruktur für die Prozesse des Wachstums, der Fortpflanzung und Veränderung),

3) Seelenleib oder Astralleib (als Träger der Sinnesorgane),

4) Empfindungsleib (als Sitz für die Aussen- wie Innenweltempfindungen),

5) Verstandesseele oder das Denken (als Organ, um Klarheit über sich selbst und die sittlichen Hintergründe menschlichen Lebens – als das Gute – sowie über die Natur und Kultur – als das Wahre – zu erhalten),

6) Bewusstseinsseele (als Sitz des «Ich», mit dem der Mensch die Kraft hat, Leib und Seele zu beherrschen als auch durch Intuition in die Welt des Geistigen einzudringen oder von ihm durchdrungen zu werden),

7) Geistselbst (in dem das Geistige auf das menschliche «Ich» trifft und mit der Bewusstseinsseele eine feste Einheit bildet, in dem durch Intuition die transzendentale Wahrheit und das entsprechende Gute aufscheint),

8) Lebensgeist (der die Aufgabe hat, die Geistesnahrung aus der geistigen Welt aufzunehmen und mit Geistmensch oder Lebensgeist eine Einheit bildet),

9) Geistmensch (der in einer Geisthülle lebt und durch den Lebensgeist beständig aufgebaut wird und die Aufgabe hat, die Kräfte der äusseren Geisteswelt tätig werden zu lassen).

Nach dem Verständnis der anthroposophischen Entwicklungstherapie ist es nicht zulässig, nur ausgefallene, eingeschränkte oder isolierte Teilfunktionen des Menschen (z.B. Seh-, Hör-, Bewegungs-, Kognitions-, Affektivitäts-, Sozial- oder Sprachfähigkeiten usw.) zu fördern; sie müssen vielmehr immer ganzheitlich mit allen ihnen zugrunde liegenden Teilbereichen oder Schichten (Körper, Seele, Geist) angegangen werden, weil die verschiedenen Wesensglieder eng zusammenwirken und aufeinander angewiesen sind. Dadurch kommt es zwangsläufig zu vielfältigen Überschneidungen und Gegenwirkungen, auf die in der Entwicklungstherapie besonders geachtet wird (vgl. Steiner, 2003b, S. 40).

4.3.2 Heilpädagogische Impulse zur Stärkung der Entwicklungskräfte von Kindern und Jugendlichen mit Behinderung (Seelenpflege-bedürftigkeit)

Ausgehend von der anthroposophischen Menschenkunde mit der von Rudolf Steiner (2003a) vermittelten Schichtstruktur der menschlichen Wesensglieder und seiner Darstellung der Entwicklungsphasen in einem 7-Jahre-Rhythmus (Jahrsiebte), lassen sich sehr gut heilpädagogische Impulse für die Entwicklungsförderung von behinderten Kindern und Jugendlichen ableiten, die Rudolf Steiner selbst als «unvollständige Entwicklung» (1967, S. 9) gekennzeichnet hat. Für sie hat er ein differenziertes System von diätetischen, pflegerischen, erzieherischen, unterrichtlichen und therapeutischen Hilfen angegeben. Daraus ist im Verlauf der nachfolgenden Ausgestaltung seiner Ideen ein anerkanntes anthroposophisches Theorie-Praxis-Modell der Heilpädagogik und Sozialtherapie (Sozialagogik) entwickelt worden. Aus der Fülle dieser heilpädagogischen Impulse sind uns die nachfolgenden wichtig, weil sie sich auf die Entwicklungsjahrsiebte beziehen:

- *Heilpädagogische Impulse zur Stärkung des physischen Körpers (Leibes) und des Lebens- (Äther-) Leibes*

Da es hier um die physische Seite des menschlichen Körpers geht, der durch die Lebensbildekräfte «lebendig» erhalten wird, sind vor allem diätetische Unterstützungen erforderlich. Zu diesen zählen u.a.
- die Stärkung des Herz-Kreislauf-Atmungssystems,
- die Zuführung entsprechender Nahrung und Getränke zur Anregung und zur verbesserten Funktionsfähigkeit des Stoffwechsel-Gliedmassen-Systems einschliesslich,
- der geregelten Ausscheidungsfunktionen.

Darüber hinaus müssen ökologisch-hygienische Massnahmen durchgeführt werden, wie
- Zufügung sauerstoffreicher Luft,
- Zugang von Licht und Wärme,
- ausreichender Schlaf und
- regelmässige Bewegung usw.

Die diätetischen und ökologisch-hygienischen Massnahmen werden von Steiner (vgl. 2003b) besonders für die ersten beiden Jahrsiebte als bedeutsam angesehen.

- *Heilpädagogische Impulse zur Stärkung des Seelen- (Astral-) Leibes*

Im zweiten Jahrsiebt helfen heilerzieherische Impulse, diesen Leib auszugestalten. Die Entwicklungsförderung leitet dazu an, Sinneseindrücke präziser und differenzierter zu machen und sie durch Empfindungen zu deuten bzw. umzugestalten. Aber nicht nur die Empfindungen, die von der physischen Welt her erzeugt werden, sind Gegenstand der Entwicklungsförderung, sondern auch solche Empfindungen, die aus der Seele des Menschen direkt aufsteigen und zu bewältigen sind, wie Angst, Freude, Trauer, Abscheu, Lust usw. In diesem Jahrsiebt werden auch schon die ersten Kräfte des Denkens mit einbezogen, die aus der Verstandesseele dem Seelen- (Astral-) Leib zuwachsen.

- *Heilpädagogische Impulse zur Stärkung des Ich-Systems (Ich-Leib)*

Im dritten Jahrsiebt, ab der Pubertät, unterstützt die Heilerziehung die vollständige «Geburt» des Ich-Leibes (Ich-Systems). So werden beispielsweise durch den heilpädagogischen Unterricht die Verstandeskräfte durch das erwachende «Ich» geschult, die dann zur Verbesserung der vollen Funktionsfähigkeit des Seelen- (Astral-) Leibes mit einfliessen können. Des Weiteren wird die Verstandesseele selbst voll ausgebildet. Durch Intuitionsübungen wird sie über Bewusstseinsseele und Geistselbst mit der Geistwelt verbunden. Besonders die ewigen Werte der Wahrheit und des sittlich Guten werden dem jungen Menschen durch Bildung und Selbstbildung in der Heilerziehung zugänglich gemacht.

- *Heilpädagogische Impulse zur Selbstbildung des Geistkörpers*
Ab dem vierten Jahrsiebt, vom 21. Lebensjahr an, ist auch der Mensch mit Behinderung (Seelenpflege-bedürftigkeit), im Rahmen seiner individuellen Möglichkeiten, durch die bisherigen Heilerziehungsleistungen befähigt worden, seine weitere individuelle Entwicklung selbst in die Hand zu nehmen. Er wendet sich jetzt selbständig oder mittels der Entwicklungsbegleitung sowohl dem Geistigen in sich zu als auch der ausserhalb seines Körpers und seinem «Ich» existierenden geistigen Welt, um die ewigen Werte der Wahrheit und des sittlich Guten anzustreben. Diese selbständige Leistung wird von Steiner Selbsterziehung oder auch Selbstbildung genannt. Mit Erreichen dieser Stufe ist der Erziehungs- und Bildungsprozesses abgeschlossen.

4.3.3 Zur Struktur der anthroposophisch-heilpädagogischen Entwicklungsförderung

Wir sind an anderer Stelle (vgl. Buchka, 2004, S. 139-166) schon einmal ausführlich auf die Strukturaspekte einer anthroposophisch-heilpädagogische Entwicklungsförderung eingegangen. Deshalb wollen wir, mit Hinweis auf die vorangestellte Literaturquelle, an dieser Stelle nur noch einmal ihre wichtigsten Strategieschritte erläutern:

1. Strategieschritt: Entwicklungsdiagnostik
Auf dieser Ebene werden die Lebenswelten des Kindes und Jugendlichen mit Behinderung (Seelenpflege-bedürftigkeit) erhoben und analysiert mittels phänomenologischer, hermeneutischer oder empirischer Verstehensprozesse oder Erhebungsverfahren. Ziel ist es, alle Bedingungsfaktoren herauszufinden, die in der Person des behinderten (seelenpflege-bedürftigen) Kindes/Jugendlichen begründet sind oder die von seinen Mikro-, Meso-, Exo- und Makrosystemen ausgehen und dabei negative oder positive Auswirkungen auf seinen Entwicklungsprozess haben.

2. Strategieschritt: Didaktische Analyse und Zielbestimmung
Entwicklung findet statt und wird angeregt durch die psycho-sozialen Tätigkeiten: Bewegung, Sprache, Spiel, Sinneswahrnehmung, Kreativaktionen, Naturerkundung, Arbeitsvollzüge und Sozialaktivitäten. Diese psycho-sozialen Aktivitäten werden durch eine «vorbereite Umgebung» (Montessori, 2002, S. 47-61) oder durch ein «freies Angebot» (z.B. in den freien Kindergärten) angeregt und ermöglicht. Diese Entwicklungsräume für die psycho-sozialen Tätigkeiten können innerhalb oder ausserhalb eines umbauten Raumes angeboten werden (z.B. im Gruppenraum oder auf dem Freispielgelände eines Kindergartens). Die didaktische Analyse und die aus ihr abzuleitenden Zielbestimmungen richten sich auf diese vorgenannten psycho-sozialen Aufgaben, die dem behinderten (seelenpflege-bedürftigen) Kind/Jugendlichen in den verschiedenen Entwicklungsräumen gestellt werden oder die von ihnen aufgesucht werden. Zum Abschluss der didaktischen Analyse werden die erwarteten Qualifikationen (Kompetenzen) und die Ergebnisse möglicher Bildungsprozesse festgehalten und dienen zur weiteren methodischen Ausgestaltung des Bildungsvorhabens/Projektes.

3. Strategieschritt: Zuordnung der seelischen Tätigkeiten zu Zielbestimmungen und Handlungsschwerpunkten
Dies ist ein spezifisch anthroposophisch orientierter Strategieschritt. In die Entwicklungsförderung werden die Seelenvorgänge des Denkens, Fühlens und Wollens mit einbezogen, zumal oft in diesen Bereichen bei behinderten (seelenpflege-bedürftigen) Kindern/Jugendlichen Entwicklungsstörungen auftreten. Die positive Entwicklung des Denkens, Fühlens und Wollens ist u.a. daran gebunden, dass sie durch vielfältige seelische Tätigkeiten, oft verbunden mit künstlerischen Medien, durch die Entwicklungsförderung angeregt werden. Weiterhin werden die seelischen Tätigkeiten des Denkens, Fühlens und Wollens mit Wesensgliedern verbunden, in dem Sinne, dass sie in den «Geburtsphasen», in denen der physische Leib, der Ätherleib, der Astralleib und der Ich-Leib «geboren» werden, besonders angeregt und zur Ausgestaltung gebracht werden.

4. Strategieschritt: Anwendung der didaktischen Prinzipien
Die allgemeine heilpädagogische Entwicklungsförderung kennt, wie w.o. dargestellt, verschiedene Prinzipien der Entwicklungsförderung. Zu ihnen kommen in der anthroposophisch-heilpädagogischen Entwicklungsförderung noch drei weitere spezifische hinzu (vgl. Grimm, 1991). «Die Aufgabe der heilpädagogischen Hüllenbildung setzt dort an, wo die Umgebung des

behinderten Kindes einer Gestaltung durch Strukturierung bedarf, um den
... Gleichgewichtsprozess durch äussere Hilfen zu unterstützen und damit
zugleich die Fähigkeit der Gleichgewichtsbildung als eines innerpsychischen
Vorgangs zunehmender Autonomie anzuregen» (Grimm, 1995, S. 89). Durch
das Prinzip der heilpädagogischen Entwicklungsprozessgestaltung (heilpädagogischen Haltung) werden die seelischen Tätigkeiten des behinderten
(seelenpflege-bedürftigen) Kindes/Jugendlichen mit denen des Heilpädagogen bzw. der Heilpädagogin und mit seiner/ihrer heilpädagogischen Haltung
aufeinander bezogen und miteinander abgestimmt. Durch das Prinzip der
Entwicklungsgemässheit (heilpädagogischen Handlung) wird gewährleistet,
dass die Lernanforderungen an die behinderten (seelenpflege-bedürftigen)
Kinder/Jugendlichen ihrem Entwicklungsstand angepasst sind und das an-
zustrebende nächste Entwicklungsziel in einer «überschaubaren Handlungs-
situation» (Speck, 1999, S. 265) gestellt werden kann.

5. Strategieschritt: Durchführung der Entwicklungsförderung
In diesem Strategieschritt konkretisiert sich die Entwicklungsförderung
durch praktisches Lernen des behinderten (seelenpflege-bedürftigen)
Kindes/Jugendlichen und durch geplantes Anleiten oder zurückhaltendes
Begleiten seitens des Heilpädagogen bzw. der Heilpädagogin. Didaktisch-
methodische Leitlinie ist dabei immer die Intention, die Entwicklung des
behinderten (seelenpflege-bedürftigen) Kindes/Jugendlichen positiv anzuregen und sie in Ausrichtung auf die Leitziele Personalisation, Sozialisation
und Enkulturation offen zu halten.

6. Strategieschritt: Evaluation der Entwicklungsergebnisse
Die Evaluation kann als Prozessevaluation erfolgen, d.h. dass schon während der Entwicklungsförderung unterstützend, anregend oder korrigie-
rend auf die seelischen Tätigkeiten des behinderten (seelenpflege-bedürftigen) Kindes/Jugendlichen Einfluss genommen wird, immer in Verantwortung und Respekt vor dem Wohl und dem Sein des Kindes. Evaluation ist
aber auch als Produktevaluation möglich, d.h. dass erst am Ende einer Massnahme positive und negative Ergebnisse der Entwicklungsförderung ermittelt werden. Von beiden Evaluationsergebnissen her sind dann nachfolgende
Massnahmen und Prozesse der Entwicklungsförderung zu planen.

4.3.4 Zusammenfassende Überlegungen zur anthroposophisch-heilpädagogischen Entwicklungsförderung

Sie ist, neben der heilpädagogischen Entwicklungsförderung (Fröhlich; Gröschke) und der sonderpädagogischen Förderung (Bach), das dritte einschlägige Handlungskonzept. Dazu haben wir an anderer Stelle folgendes ausgeführt (Buchka, 2004, S. 160f.):

Die anthroposophisch-heilpädagogische Entwicklungsförderung «bezieht die relevanten Entwicklungsbereiche Soziales, Sprache, Sinne (Wahrnehmung), Kreativität, Bewegung, Arbeit und Spiel mit ein. Die Förderbereiche der Entwicklung sind in das heilpädagogische Bezugsverhältnis zwischen dem/der Heilpädagogen/in und dem behinderten (seelenpflege-bedürftigen) Kind/Jugendlichen eingebettet. Durch den heilpädagogischen Bezug wird auch das verantwortliche Handeln des/der Heilpädagogen/in legitimiert. Die anthroposophisch-heilpädagogische Entwicklungsförderung wird getragen von den Prinzipien der heilpädagogischen Entwicklungsraumgestaltung, Entwicklungsprozessgestaltung und Entwicklungsgemässheit. Sie bezieht sich bei ihren Handlungszielen und -aufgaben einerseits auf die Erfordernisse, die die jeweiligen Entwicklungsphasen an den jungen Menschen stellen, zum anderen auch auf die seelischen Tätigkeiten des Denkens, Fühlens und Wollens. Das Konzept der anthroposophisch-heilpädagogischen Entwicklungsförderung ist darüber hinaus lebensweltorientiert, um den Alltagsbezug nicht zu verlieren. Lebenswelt ist dabei für sie der «Lebensraum, in dem sich die Erziehung und Sozialisation abspielen, und der damit auch alle Kommunikationen eines Menschen bestimmt und umfasst» (Baake, 1976, S. 31). Dadurch bezieht sich die anthroposophisch-heilpädagogische Entwicklungsförderung immer auf die Erfahrungs- und Handlungsräume in den Lebenswelten der behinderten (seelenpflege-bedürftigen) Kinder/Jugendlichen, die für sie nicht nur biografisch-situativen Charakter haben, sondern auch als psycho-soziale Aktionsräume auf der Mikro-, Meso-, Exo- und Makrosystemebene (Bronfenbrenner, 1989) erlebt werden als wichtige Erkundungs-, Entfaltungs- und Erprobungsfelder ihrer Entwicklung.»

Literatur

Baake, D. (1976). Kommunikation und Handeln. In W. Popp (Hrsg.), *Kommunikative Didaktik. Soziale Dimension des didaktischen Feldes* (S. 23-54). Weinheim/Basel: Beltz.

Bach, H. (1980). Erziehung und Therapie: Grundfragen und Abgrenzungsprobleme. In K.-H. Holtz (Hrsg.), *Sonderpädagogik und Therapie* (S. 9-19). Rheinstetten: Schindele.

Bach, H. (1985). Grundbegriffe der Behindertenpädagogik. In U. Bleidick (Hrsg.), *Theorie der Behindertenpädagogik. Handbuch der Sonderpädagogik, Band 1* (S. 3-24). Berlin: Marhold.

Bach, H. (1995). Allgemeine Sonderpädagogik. In H. Bach (Hrsg.), *Sonderpädagogik im Grundriss* (15. Aufl.), (S. 5-78). Berlin: Marhold.

Bach, H. (1999). *Grundlagen der Sonderpädagogik*. Bern/Stuttgart/Wien: Haupt.

Bach, H. (2001). *Pädagogik bei mentaler Beeinträchtigung – sogenannter geistiger Behinderung*. Bern/Stuttgart/Wien: Haupt.

Bleidick, U. (1984). *Pädagogik der Behinderten: Grundzüge einer Theorie der Erziehung behinderter Kinder und Jugendlicher* (5. Aufl.). Berlin: Marhold.

Bronfenbrenner, U. (1989). *Die Ökologie der menschlichen Entwicklung: Natürliche und geplante Experimente*. Frankfurt/Main: Fischer.

Buchkremer, H.-J. (1995). *Handbuch Sozialpädagogik. Dimensionen sozialer und gesellschaftlicher Entwicklung durch Erziehung* (2. Aufl.). Darmstadt: Wissenschaftliche Buchgesellschaft.

Buchka, M. (1999). Diätetische Mittel in der Praktischen (Heil-) Pädagogik: eine Besinnung auf vergessene Grundlagen aus der Geschichte der (Heil-) Pädagogik mit Blick auf die kognitive Entwicklung. In G. Kaschubowski (Hrsg.), *Zur Frage der Wirksamkeit in der heilpädagogischen Arbeit* (S. 65-78). Luzern: Edition SZH/SPC.

Buchka, M. (2003a). Konzepte sozialpädagogischer Praxis. In E. Badry, M. Buchka & R. Knapp (Hrsg.), *Pädagogik. Grundlagen und sozialpädagogische Arbeitsfelder* (4. Aufl.), (S. 271-306). München/Unterschleissheim: Luchterhand.

Buchka, M. (2003b). *Ältere Menschen mit geistiger Behinderung: Bildung, Begleitung, Sozialtherapie*. München/Basel: Reinhardt.

Buchka, M. (2004). Anthroposophisch-heilpädagogische Entwicklungsdidaktik: Theoretische Grundlagen und didaktische Handlungsaspekte. In H. Egli (Hrsg.), *Entwicklungsräume: Zukunftsaspekte für das Leben mit Kindern mit Behinderungen* (S. 139-166). Luzern: Edition SZH/CSPS.

Deutscher Bildungsrat (Hrsg.). (1974). *Empfehlungen der Bildungskommission: Zur pädagogischen Förderung behinderter und von Behinderung bedrohter Kinder und Jugendlicher.* Stuttgart: Klett.

Deutsches Institut für Medizinische Dokumentation und Information (DIMDI). (Hrsg.). (2004). *ICF: Internationale Klassifikation der Funktionsfähigkeit, Behinderung und Gesundheit (Stand: Oktober 2004).* Köln: DIMDI.

Dolch, J. (1965). *Grundbegriffe der pädagogischen Fachsprache* (8. Aufl.). München: Ehrenwirth.

Fischer, R. (1985). Therapeuten und Heilpädagogen – Partner oder Konkurrenten? *Heilpädagogische Rundschau,* Jg. 7., S. 249-252.

Fröhlich, A. (1998). *Basale Stimulation. Das Konzept.* Düsseldorf: Selbstbestimmtes Leben.

Geissler, K.A. & Hege, M. (1999). *Konzepte sozialpädagogischen Handelns* (9. Aufl.). München/Wien/Baltimore: Urban & Schwarzenberg.

Grimm, R. (1991). Über drei Gesten heilpädagogischer Arbeit: Aspekte eines differenzierten Wirkens des Heil- und Sonderpädagogen. In S. Görres & H. Hansen (Hrsg.), *Psychotherapie bei Menschen mit geistiger Behinderung: Eine Einführung für Heil- und Sonderpädagogen, Eltern und Erzieher* (S. 27-48). Bad Heilbrunn/Obb.: Klinkhardt.

Grimm, R. (1995). *Perspektiven der Therapeutischen Gemeinschaft in der Heilpädagogik: Ein Ort gemeinsamer Entwicklung.* Bad Heilbrunn/Obb.: Klinkhardt.

Gröschke, D. (1997). *Praxiskonzepte der Heilpädagogik: Versuch einer Systematisierung und Grundlegung* (2. Aufl.). München/Basel: Reinhardt.

Haeberlin, U. (1996). *Heilpädagogik als wertgeleitete Wissenschaft: Ein propädeutisches Einführungsbuch in Grundfragen einer Pädagogik für Benachteiligte und Ausgegrenzte.* Bern/Stuttgart/Wien: Haupt.

Heitger, M. (1984). Zum Verhältnis von Pädagogik und Therapie aus Sicht der Pädagogik. In M. Heitger & W. Spiel (Hrsg.), *Interdisziplinäre Aspekte der Sonder- und Heilpädagogik* (S. 64-80). Troisdorf: Reinhardt.

Henz, H. (1967). *Lehrbuch der Systematischen Pädagogik: Allgemeine und differenzielle Erziehungswissenschaft. Einführung in die pädagogischen Forschungsmethoden* (2. Aufl.). Freiburg/Basel/Wien: Herder.

Ilse, P. (1995). *Einführung in die Pädagogik mit Sonderpädagogik: Ein Studienbuch für Berufe im Gesundheitswesen* (2. Aufl.). Troisdorf: Bildungsverlag EINS: Stam.

Jeltsch-Schudel, B. (1992). Therapie. In G. Dupuis & G. Kerkhoff (Hrsg.), *Enzyklopädie der Sonderpädagogik, der Heilpädagogik und ihrer Nachbargebiete* (S. 665f.). Berlin: Edition Marhold.

Kluge, F. (1995). *Etymologisches Wörterbuch der deutschen Sprache*. Bearbeitet von E. Seebold (23. Aufl.). Berlin/New York: de Gruyter.

Kobi, E.E. (1977). *Heilpädagogik im Abriss* (3. Aufl.). München/Basel: Reinhardt.

Kobi, E.E. (1985). Therapie und Erziehung: Ein chronischer Beziehungskonflikt. *Schweizerische Heilpädagogische Rundschau*, Jg. 7. Jg., S. 227-234.

Kobi, E.E. (1993). *Grundfragen der Heilpädagogik: Eine Einführung in heilpädagogisches Denken* (5., bearb. u. erg. Aufl.). Bern/Stuttgart/Wien: Haupt.

Köhn, W. (1998). *Heilpädagogische Erziehungshilfe und Entwicklungsförderung (HpE): Ein Handlungskonzept*. Heidelberg: Edition Schindele, C. Winter.

Kron, F.W. (1996). *Grundwissen Pädagogik* (5. Aufl.). München/Basel: Reinhardt.

Löwisch, D.-J. (1969). *Pädagogisches Heilen: Versuch einer erziehungsphilosophischen Grundlegung der Heilpädagogik*. München: Kösel.

Milde, V.E. (1811; 1965). *Lehrbuch der allgemeinen Erziehungskunde* (Nachdruck der 1. Aufl. von 1811). Paderborn: Schöning.

Mollenhauer, K. (2001). *Einführung in die Sozialpädagogik. Probleme und Begriffe der Jugendhilfe*. Nachwort von C.W. Müller (10. Aufl.). Weinheim/Basel: Beltz.

Montessori, M. (2002). *10 Grundsätze des Erziehens*. Hrsg. von I. Becker-Textor. Freiburg/Basel/Wien: Herder.

Nohl, H. (1988). *Die pädagogische Bewegung in Deutschland und ihre Theorie* (10. Aufl.). Frankfurt/M.: Klostermann.

Oswald, P. (1973). *Erziehungsmittel: Werkzeuge der Manipulation oder Hilfen zur Emanzipation?* Ratingen/Kastellaun/Düsseldorf: Henn.

Retter, H. (1997). *Grundrichtungen pädagogischen Denkens: Eine erziehungswissenschaftliche Einführung*. Bad Heilbrunn/Obb.: Klinkhardt.

Ritzel, W. (1973). *Pädagogik als praktische Wissenschaft: Von der Intentionalität zur Mündigkeit*. Heidelberg: Quelle & Meyer.

Schiedeck, J. (1985). *Von der Fürsorge zur Sozialtherapie: Zum Verhältnis von Sozialpädagogik und Therapie*. Dissertation an der Päd. Hochschule Kiel.

Schramm, K.-H. (1988). *Einführung in die Heilpädagogik*. Troisdorf: Bildungsverlag EINS: Stam.

Seidenstücker, E. (1980). Beratung. In A. Schwendtke (Hrsg.), *Wörterbuch der Sozialarbeit und Sozialpädagogik* (S. 41f.), (2. Aufl.). Heidelberg: Quelle & Meyer.

Speck, O. (1999). *Menschen mit geistiger Behinderung und ihre Erziehung: Ein heilpädagogisches Lehrbuch* (9. Aufl.). München/Basel: Reinhardt.

Speck, O. (2003). *System Heilpädagogik: Eine ökologisch reflexive Grundlegung* (5. Aufl.). München/Basel: Reinhardt.

Starck, W. (1977). *Grundfragen der Erziehung: Ein Grundriss der Allgemeinen Pädagogik.* Hamburg: Büchner.

Steiner, R. (1967). *Heilpädagogischer Kurs: Zwölf Vorträge.* Dornach: Rudolf Steiner Verlag.

Steiner, R. (1982). *Allgemeine Menschenkunde als Grundlage der Pädagogik: Erster Teil: Menschenkunde und Erziehungskunst* (21.-35. Tsd.). Dornach: Rudolf Steiner Verlag.

Steiner, R. (2003a). *Das Wesen des Menschen.* Dornach: Rudolf Steiner Verlag.

Steiner, R. (2003b). *Die Erziehung des Kindes.* Dornach: Rudolf Steiner Verlag.

Thesing, T. (1992). *Heilerziehungspflege: Ein Lehrbuch zur Berufskunde.* Freiburg/Br.: Lambertus.

Trogisch, J. & Trogisch, U. (1977). Sind Förderungsunfähige «nur» Pflegefälle? *Zeitschrift Ärztliche Fortbildung, Nr. 1*, S. 720-722.

Wilkens, R. (2000). *Heilen und Heilung im Spiegel einer heilenden Pädagogik.* Frankfurt/M.: Haag + Herchen.

Wurzbacher, G. (1968). Sozialisation – Enkulturation – Personalisation. In G. Wurzbacher (Hrsg.), *Der Mensch als soziales und personales Wesen* (S. 1-34), (2. Aufl.). Stuttgart: Enke.

Angelika Gäch

Von der Leiberfahrung zur Lernfähigkeit
Bericht über eine Arbeitsgruppe

> «Der Sitz der Seele ist da,
> wo sich Innenwelt und Aussenwelt berühren.
> Wo sie sich durchdringen,
> ist er in jedem Punkte der Durchdringung.»
> *Novalis*

Einleitung

Durch die Entwicklungsschritte von Gehen, Sprechen, Denken lernt das Kind eine differenzierte Beziehung zur Welt aufzubauen. Dabei greifen die eigene Tätigkeit des Kindes und die dabei erworbenen Sinneserfahrungen Stufe für Stufe ineinander. Gestützt wird dieser Lernprozess durch die Nachahmung, d.h. die Fähigkeit des Kindes, mit den Eindrücken seines Leibes und der Umgebung mitzuschwingen, sie bis in die feinsten Fasern seines Wesens nachzuerleben und diese Erlebnisse als Vorbild, als Struktur des eigenen Tuns aufzugreifen und vielfach zu verwandeln (Steiner, 1907 und Affolter, 1987). Dabei ist die Lernintensität der ersten drei Lebensjahre nach Rudolf Steiner nur zu verstehen durch die noch grosse Nähe des kleinen Kindes zur Engelwelt (Steiner, 1911).

Das Grundprinzip der Waldorfpädagogik, über das eigene Tun die innere Beziehung zu einer Sache zu gewinnen und dadurch zum gedanklichen Verstehen zu kommen, der Lernweg vom Willen über das Fühlen zum Denken also ist gelebte Realität der frühen Kindheit. Dabei werden alle Erfahrungen zunächst am eigenen Leib gewonnen und dann über ihn hinaus auf die Welt übertragen.

Methodische Bemerkung

Das Angebot in der Arbeitsgruppe sollte neben dem methodischen inhaltlichen Gang vor allem auch eigene Erfahrungen vermitteln. In diesem Bericht wird versucht, die im Zusammenhang damit durchgeführten Übungssequenzen möglichst erlebnisnah zu schildern.

Leiberfahrung als individuelle Erlebnisrealität

Kretzschmers Forschungen in der Mitte des 20. Jahrhunderts sind nur ein Markstein in der viel älteren und immer wieder aktuellen Frage, inwieweit die leibliche Konstitution und das seelische Erleben und damit auch seine individuelle Eigenart parallel gehen. Für die Heilpädagogik hat Rudolf Steiner dazu eine grundlegende Konzeption entwickelt, indem er auf das konstitutionell zu starke Abgegrenztsein hingewiesen hat und auf sein Gegenteil, das er als «seelisches Wundsein» charakterisiert (Steiner, 1924). Im Zusammenhang mit der hier verfolgten Thematik möge eine Abbildung (unten) aus Norbert Glas' (1981) Schrift «Gang und Haltung des Menschen» die hier möglichen Erlebnisgegensätze deutlich machen.

Abb. 1: *Leiberfahrung als Erlebnisrealität (Glas, 1981, S. 38 und 66)*

Selbstverständlich sind diese Erlebnisse am eigenen Leib zunächst tief unbewusst und müssen für die Verwendung im fachlichen Zusammenhang sorgfältig weitergebildet werden. Für die Schulung der Fähigkeit zu einer heilpädagogischen konstitutionellen Diagnose ist einerseits ein gutes Beobachten und Verstehen der tatsächlichen konstitutionellen Details erforderlich (Steiner, 1924; 1. Vortrag, Absatz 4) und andererseits die Entwicklung der Empathiefähigkeit (Steiner, 1924; 2. Vortrag, Absatz 24). Hierzu kann eine Vorübung hilfreich sein, bei der jede und jeder Teilnehmende versucht, sich in ein Gefäss eigener Wahl, jedoch insgesamt von möglichst verschiedener Form, Grösse und Material hineinzuversetzen und das dabei entstehende Körpergefühl zu erleben. Die Teilnehmerinnen und Teilnehmer der Arbeitsgruppe kamen hierbei zu der Erfahrung, dass es «normal ist, verschieden zu sein», d.h. ganz verschiedene Präferenzen und Wahrnehmungen zu entwickeln (Übungssequenz des B. Lievegoed-Instituts Hamburg).

Qualität der leibbildenden Kräfte – Gestaltbildung verstehen

Die ursprünglichste Form von Gestaltbildung durch organisches Wachstum findet sich im Pflanzenreich. Jochen Bockemühl hat im Rahmen seiner langjährigen Tätigkeit als Leiter der naturwissenschaftlichen Sektion am Goetheanum Materialien zum Studium der Entstehung, vollen Ausgestaltung und anschliessenden Rückbildung der Blattformen an einzelnen Pflanzen entwickelt (Bockemühl, 1980, vgl. Abbildung 2). Am Beispiel der Blattmetamorphose der Milchdiestel konnten die Kursteilnehmer und -teilnehmerinnen nachvollziehen, dass diese durch mehrere einander widerstrebende und sich gegenseitig durchdringende Wachstumsimpulse entsteht.

Abb. 2: Formverwandlungen in der Blattfolge einer Milchdiestel (aus Bockemühl, 1980, S. 14)

Die Reihenfolge der Blattbildung geht von der unteren Mitte aus nach links: man sieht, dass sich zunächst die Blattspreite entwickelt, diese dann von aussen eingekerbt wird und schliesslich ab dem 13. Blatt eine zusätzliche Ausbreitung vom Grund des Stängels ausgeht. Das erste und letzte Blatt sind fast gleich gross, aber von charakteristisch verschiedener Gestalt. Die Verwandlungen der Blattgestalt weisen deutlich darauf hin, dass polare Kräfte vom Blattgrund und von der Peripherie her wirken.

Entsprechend muss bei der Gestalt des Menschen mit der Rundung des Schädels und der Streckung der Gliedmassen von polaren Bildungstendenzen ausgegangen werden, die sich im Rumpf mit Brustkorb und Beckenring durchdringen und deren Grundqualität am reinsten am menschlichen Skelett abzulesen ist. Auch hier half die Anschauung eines menschlichen Skeletts und seiner Entwicklungsveränderungen im Zusammenhang mit Wachstum und Bewegungsentwicklung des Kindes (Kranich, 2003, vgl. Abbildung 3, S. 94).

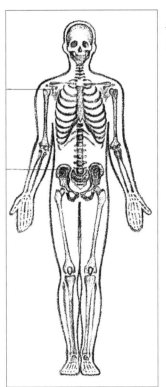

Abb. 3: Skelett des Menschen
(Rohen, 2000, S. 99)

Leiberfahrung über die Sinne

Rudolf Steiner geht in seiner Sinneslehre (v. Arnim, 2000; König, 1995; Lauer, 1953; Steiner, 1916 und 1921) von drei grundlegend qualitativ verschiedenen Wahrnehmungsbereichen aus,
- der Eigenwelt (Leibessinne, wenig bewusst und willensverwandt),
- der Umwelt (Fernsinne, halbbewusst und gefühlstingiert) und
- der Mitwelt (Sozialsinne, bewusst und denkverwandt).

Unsere Betrachtung beschränkt sich auf die Leibessinne, deren Entwicklung unter zwei Gesichtspunkten nachgegangen werden soll, dem der grundlegenden existentiellen Erfahrungsbildung und dem des strukturellen Erfassens und Verstehens.

Tastsinn

Am Tastsinn erlebt und erfährt das Kind schon vorgeburtlich und später nach der Geburt unter neuen Bedingungen erst recht die Grenze zwischen der eigenen Leiblichkeit und der Welt. Darauf gründet sich bei gesunder Entwicklung die Erfahrung der Umgebungskonstanz, der Verlässlichkeit und damit das Urvertrauen als existentielle Erfahrung. Strukturell lernt das Kind dabei zugleich, die räumliche Lage verschiedener Berührungspunkte nach und nach innerlich zu ordnen, d.h. die Raumordnung am eigenen Leib und später in der Begegnung mit der Welt zu verstehen. Es bildet sich die Grundlage der sicheren räumlichen Orientierung.

Mehrere Partnerübungen ergaben verschiedene Erfahrungsaspekte:
- Das gegenseitige Abtasten der seitlichen Körperkontur mit mittlerer, geringerer und kräftiger Druckqualität und der anschliessende Austausch der Erlebnisse ergab die Grunderfahrung, dass die eigene Grenze wohltuend als Bestätigung erlebt wird, dass es darüber hinaus aber sehr individuell ist, welche Berührungsqualität der/die Einzelne bevorzugt, welche Abgrenzungsintensität ihm/ihr also am angenehmsten ist.
- Die Aufgabe, einander im Gegenüberstehen durch Kontakt der Handflächen durch den Raum zu führen und dabei die Berührungsintensität langsam zurückzunehmen, führte zum Erlebnis der Vertrauensbildung über den Tastsinn, das schliesslich noch gesteigert wurde, indem der/die Geführte die Augen schloss.
- Die Rückenberührung des Partners bzw. der Partnerin mit zwei eng zusammengelegten Fingerspitzen wird bis zum Abstand von 0,5 bis 2 cm als einheitlicher Tastpunkt erlebt. Es wurde der Mindestabstand ermittelt, der eine Diskriminierung ermöglicht, und anschliessend verschiedene Symbole und Figuren zum Erkennen auf den Rücken gezeichnet. Das Identifizieren dieser Berührungsmuster erfordert die Fähigkeit, Form und Raumanordnung über den Tastsinn an der Leibesgrenze strukturieren zu können.

Übertragen auf die Lernfähigkeit und Orientierungssicherheit ausserhalb des eigenen Leibes bedeutet dies, aufgrund eines sicheren Körperschemas die Raumesrichtungen verlässlich unterscheiden zu können, sich in den räumlichen Gewohnheitsgegebenheiten des Alltags zurecht zu finden und später beim Erlernen der Buchstaben Ober- und Unterlängen, Rechts- oder Linksorientierung von Zeichen nicht zu verwechseln. Diese Fähigkeit der zutreffenden formalen und räumlichen Zuordnung wird im Kramertest für das fünfte Lebensjahr anhand einfacher Tierabbildungen untersucht (Kramer, 1977, V/3, vgl. Abbildung 4, S. 96).

Abb. 4: Gestalten zusammensetzen

Die Aufgabe besteht darin, acht Abbildungen verschiedener Tierhälften passend zu vier ganzen Tieren zusammen zu fügen. Das erfordert Sicherheit in der Raumanordnung und im Gestalterkennen, die frühkindlich am Leib erworben werden.

Lebenssinn
Auf den Lebenssinn stützt sich die existentielle und strukturelle Begegnung des Kindes mit Zeitabläufen. Das widrige Erlebnis des Säuglings, hungrig, durstig und nass zu sein, äussert sich nach unserem Ermessen zu Recht im Weinen und Schreien, denn es ist ebenso existentiell wie die anschliessende ruhige Wohligkeit des frisch gewickelten und gestillten Kindes. Hieran erfährt das Kind, gesunde Pflege und Entwicklung vorausgesetzt, die Regelhaftigkeit und Verlässlichkeit im Ablauf seiner Befindlichkeit und gewinnt damit auch generell Zuversicht in verlässliche Zeitprozesse, Zukunftszuversicht und Sicherheit im Selbstgefühl. Strukturell lernt es gleichzeitig, dass polare Zustände sich regelhaft und prozessual entwickeln und ineinander verwandeln können, d.h. es lernt den Zeitablauf als Struktur und Ordnung, als Regel wahrzunehmen und zu verstehen.

Von daher wird verständlich, dass laut Steiner (1916 und 1921) der metamorphosierte Lebenssinn die Grundlage des Gedankensinnes bildet. Auch die sieben Lebensprozesse Atmung – Wärmung – Ernährung – Absonderung – Erhaltung – Wachstum – Reproduktion werden in ihren Grundqualitäten zunächst als leibliche Erfahrung erlebt und später in seelischen und geistigen Zusammenhängen verstanden. Übungssequenzen zu dieser Thematik sind schwer zu finden. Das nacherlebende Verfolgen der besprochenen Prozesse führte in der Arbeitsgruppe dennoch zu der Erfahrung, dass das Kind im Erleben der Zeitprozesse lernt, sie strukturell zu verstehen, sich ihnen anzupassen und sie im Alltag zu handhaben. Existentiell kann es dabei mit verlässlicher Begleitung Vertrauen in die Zukunft und die eigenen Fähigkeiten erfahren. Die Fähigkeit, Abläufe und Ereignisfolgen zu verstehen und sinnrichtig einzuordnen, untersucht der Kramertest für Siebenjährige (Kramer, 1977, vgl. Abbildung 5) an vier Abbildungen, die in der richtigen Folge angeordnet werden müssen.

Abb. 5: Die richtige zeitliche Abfolge und den Zusammenhang erkennen

Vier Kärtchen mit je einer Szene sind in die richtige Reihenfolge zu ordnen. Das erfordert ein inneres Verständnis des abgebildeten mehrstufigen Prozesses (Kramer, 1977, VII/7).

Für Achtjährige wird die entsprechende Aufgabe verbal gestaltet (Kramer, 1977, VIII/5):

«Max ist auf einen Baum geklettert und heruntergefallen. Dabei hat er sich ein Bein gebrochen. Er springt rasch nach Hause und sagt es der Mutter. – Was meinst du dazu?»

Für das ältere Kind bedeutet die Orientierungssicherheit in der Zeit nicht nur, die Wochentage zu kennen und die Tageszeiten unterscheiden zu können, sondern Zeitorientierung hat mit der Fähigkeit zu tun, die Zeit in Abläufe zu gliedern, eine Grundvoraussetzung des späteren schulischen Lernens.

Bewegungssinn

Im Bewegungssinn erlebt das Kind die existentielle Erfahrung, bestimmte Dinge selbst tun zu können, und entwickelt dabei Freude, Initiative und Freiheitsgefühl. Strukturell erlebt es den Funktionszusammenhang von eingesetzter eigener Intention, Dynamik, Kraft und deren Ergebnis, d.h. es lernt Funktionszusammenhänge generell erleben und verstehen. In Gestalt des Körperschemas gewinnt es ein Gestalterlebnis des eigenen Leibes. Anschauungsmaterial für die Ausbildung des Körperschemas kann anhand von Kinderzeichnungen (vgl. Abbildung 6) gewonnen werden.

Abb. 6: Kinderzeichnungen

Die Kinderzeichnungen spiegeln das Leiberleben des Kindes, bzw. seine Fähigkeit, den eigenen Leib als Gestalt zu erleben. Die linke Abbildung (Strauss, 1976, S. 56) zeigt in der Zeichnung eines 3;9-jährigen Jungen den Menschen als Kopffüssler, d.h. der Rumpf und die Arme werden noch nicht als eigenständige Teile der Gestalt erlebt. Das rechte Bild (Strauss, 1976, S. 43) dagegen, von einem 4;5-jährigen Jungen zeigt deutlich einen rhythmisch gegliederten Rumpf.

Das Erleben und Erfahren des eigenen Leibes erweitert sich auf das Erleben und Verstehen von Bewegungen ausserhalb seiner selbst (vgl. Abbildung 7, S. 99), eine unverzichtbare Fähigkeit des Kindes in vielen Alltagsablaufen, z.B. dem Strassenverkehr, und natürlich auch Grundlage des schulischen Lernens.

Abb. 7: Bewegungsqualitäten ausserhalb des eigenen Leibes wahrnehmen

 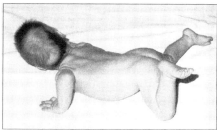

Beim Anblick der beiden acht und neun Monate alten Säuglinge in Bauchlage wird über das Sehen ein starkes Körpereigenerleben angeregt: im Fall des linken Bildes im Sinne von Wohlgefühl in der locker tonisierten Muskulatur und beim rechten Bild als vermehrte Anspannung bis zu leisem Schmerz (Flehmig, 1996; links S. 218, rechts S. 210).

Nicht nur das Erfassen von Bewegungsqualitäten über das Sehen stützt sich auf die frühen Erfahrungen des Eigenbewegungssinnes. Auch die damit erworbene Fähigkeit, Funktionszusammenhänge zu verstehen und zu handhaben, kann später auf das Sinnerfassen von Situationen im Umkreis angewendet werden (vgl. Abbildung 8).

Abb. 8: Sinnerfassen: in Sätzen antworten

Das fünfjährige Kind soll in eigenen Sätzen die Situation beschreiben. Dazu muss es nicht nur die abgebildeten Bewegungsabläufe, sondern auch deren inneren Sinngehalt erfassen (Kramer, 1977, V/10a).

Der gut entwickelte und differenzierte Bewegungssinn, so Rudolf Steiner (1916 und 1921), bildet die Grundlage zum Erfassen von Zusammenhängen, z.B. in Form des Sprach- und Situationsverstehens. Die Metamorphose des Bewegungssinnes zeigt sich als Sprachsinn, als Fähigkeit der Lautdifferenzierung, des Worterkennens und des Sprachverstehens allgemein. Seine solide Entwicklung ist umfassende Grundlage alles späteren Lernens.

Gleichgewichtssinn
Als einziger der vier Leibessinne stützt der Gleichgewichtssinn sich nicht auf überall im Körper verteilte Rezeptoren, sondern auf ein einziges Sinnesorgan, das im Innenohr gelegene Labyrinthorgan. Das Erleben des im dreidimensionalen Raum befindlichen Leibes wird durch den Gleichgewichtssinn zentriert. Leiblich wird dies geübt durch das Krabbeln, den Erwerb des aufrechten Ganges, die Koordination von oben und unten, von rechts und links sowie vorn und hinten. Existentiell stellt sich dabei die Erfahrung der inneren Ruhe, des Sich-als-Geist-Fühlens ein. Strukturell entwickelt sich gleichzeitig die Fähigkeit, Raum- und Zeitbezüge im Überblick zu erfassen, die grundlegende Basis alles späteren Lernens (vgl. Abbildung 9).

Abb. 9: Mengen und Formen im Überblick erfassen

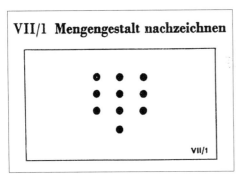
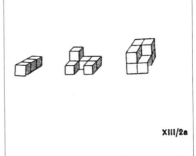

Der am Körpererleben gut entwickelte Gleichgewichtssinn gibt die Grundlage dafür, dass auch die Wahrnehmungen ausserhalb des eigenen Leibes gut zentriert werden können, überschaubare Mengen als solche erkannt und nicht immer wieder abgezählt werden müssen. Die beiden Beispiele, links für das siebenjährige und rechts für das zwölfjährige Kind, untersuchen diese Fähigkeit (Kramer, 1977; links VII/1, rechts XIII/2a).

Aufgrund der Fähigkeit, Eindrücke zu zentrieren, erkennt das Kind auch Unvollkommenheiten und Sinnwidrigkeiten (vgl. Abbildung 10, S. 101).

Abb. 10: Lücken und Sinnwidrigkeiten erkennen

Laut Kramertest soll das sechsjährige Kind in der linken Abbildung bemerken, dass ein Rad am Wagen fehlt, und das zwölfjährige im rechten Bild die Sinnwidrigkeit, dass der Rauch in eine andere Richtung getrieben wird als die zwei Fahnen (Kramer, 1977; VI/ 7 und XII/ 6b).

Zusammenfassung

Anhand der Leibessinne in der frühen Kindheit habe ich aufzuzeigen versucht, dass deren gesunde Entwicklung eine wesentliche Grundlage der späteren Lernfähigkeit ist. Die Lernfähigkeit eines Kindes kann aus vielerlei Gründen beeinträchtigt sein. Ein Aspekt, an den bei der Förderplanung immer gedacht werden muss, ist die Entwicklung der unteren Sinne.

Literatur

Arnim, G. v. (2000). *Bewegung, Sprache, Denkkraft*. Dornach: Verlag am Goetheanum.
Affolter, F. (1987). *Wahrnehmung, Wirklichkeit und Sprache*. Villingen-Schwenningen: Neckar-Verlag.
Bockemühl, J. (1980). *Lebenszusammenhänge erkennen – erleben – gestalten*. Dornach: Naturwissenschaftliche Sektion der Freien Hochschule für Geisteswissenschaft am Goetheanum.
B. Lievegoed-Institut. (1995). Nicht veröffentlichte Übungssequenz aus Fortbildungsprogramm. Hamburg.
Flehmig, I. (1996). *Normale Entwicklung des Säuglings und ihre Abweichungen*. Stuttgart/New York: Thieme.
Glas, N. (1981). *Gang und Haltung des Menschen*. Stuttgart: Mellinger.

König, K. (1995). *Sinnesentwicklung und Leiberfahrung* (4.Aufl.). Stuttgart: Freies Geistesleben.

Kramer, J. (1977). *Kramer-Test, Revision 1972*. Solothurn: Antonius-Verlag.

Kranich, E.-M. (2003). *Der innere Mensch und sein Leib*. Stuttgart: Freies Geistesleben.

Kretschmer, E. (1967). *Körperbau und Charakter* (25. Aufl.). Berlin/Heidelberg: Springer.

Lauer, H.E. (1953). *Die zwölf Sinne des Menschen*. Basel: Novalis.

Rohen, J.W. (2000). *Morphologie des menschlichen Organismus*. Stuttgart: Freies Geistesleben und Urachhaus.

Steiner, R. (1907). *Die Erziehung des Kindes vom Gesichtspunkte der Geisteswissenschaft* (GA 34). O.O.

Steiner, R. (1911). *Die geistige Führung des Menschen und der Menschheit* (GA 15). Berlin: Philosophisch-theosophischer Verlag.

Steiner, R. (1916). *Das Rätsel des Menschen* (GA 170). Dornach: Rudolf Steiner-Verlag.

Steiner, R. (1921). *Menschenwerden, Weltenseele und Weltengeist* (GA 206). Dornach: Rudolf Steiner-Verlag.

Steiner, R. (1924). *Heilpädagogischer Kurs* (GA 317). Dornach: Rudolf Steiner-Verlag.

Strauss, M. (1976). *Von der Zeichensprache des kleinen Kindes*. Stuttgart: Freies Geistesleben.

Der Abdruck der Abbildungen aus dem Kramer-Test erfolgt mit freundlicher Genehmigung der «Projektgruppe Kramerneukonzipierung» in Rorschach/CH. Die Projektgruppe weist darauf hin, dass sie dabei ist, einen neuen, wissenschaftlich anerkannten Entwicklungstest aus den ursprünglichen Kramer-Aufgaben und -ideen zu entwickeln. Voraussichtlich wird dieser Test ca. 2008 im Verlag Huber/Hogrefe erscheinen.

Andreas Fischer
Führen oder Wachsenlassen?
Die Grundfrage aller Erziehung in der Heilpädagogik

Einleitung

Das Dilemma der im Titel erwähnten Fragestellung wird jedem Menschen bewusst, der über den Erziehungsprozess zu reflektieren beginnt. Muss ein Kind geführt, gefördert und gesteuert werden, damit es seinen Weg ins Leben findet, oder ist ein Kind auch Mitgestalter seines eigenen Lebenslaufes, also «Akteur seiner Entwicklung» (Schlack in diesem Buch, S. 39).

Im Laufe der Geschichte wurden verschiedenste Erziehungsstile propagiert, deren Spannweite von repressiven bis hin zu antiautoritären Vorgehensweisen reicht. Die Grundannahme blieb jedoch immer gleich, sie lautete: «Erwachsene müssen Wege finden, um Kinder so aufzuziehen, dass sie lernen, sich wie Menschen aufzuführen» (Juul, 2002, S. 11). Nimmt man aber das Kind als Akteur der eigenen Entwicklung ernst, geht es in der Erziehung letztlich um eine Art Kooperation, das bedeutet, «dass wir eine Form des Dialogs entwickeln müssen, die vielen Erwachsenen nicht gelingt: den ‹gleichwürdigen›, persönlichen Dialog» (Juul, 2002, S. 15).

Schon Buber hielt fest, der Kern des Erzieherischen sei nicht, «dass ein Mensch (Erwachsener) einen Menschen (Kind) führe, fordere, stimuliere oder sich entwickeln lasse, sondern auch, dass der Mensch einem Menschen begegne» (Stinkes & Trost, 2004, S. 105). Es geht also in aller Erziehung um die gemeinsame Gestaltung einer Begegnung, von der beide Seiten – Erziehende und zu Erziehende – profitieren können. «Sie ist ein Vorgang, in deren Kern es darum geht, dass individuelle Menschen sich wahrnehmen, einander an einer bedeutungsvollen Sache begegnen und dabei reifen» (Grimm, 2004, S. 77). Stimmt man diesen Ansichten zu, wird klar, dass Beziehung und Erziehung eng zusammenhängen, einander gegenseitig bedingen.

Die Fragestellung «Führen oder Wachsenlassen» ist in der Heilpädagogik noch viel aktueller, sind die diesbezüglichen Fachleute im Gegensatz zur Regelpädagogik doch viel eher versucht, in die Entwicklung eines Kindes mit Behinderung aktiv und bestimmend einzugreifen. Dies geschieht meist aus guten Motiven und Überlegungen, birgt aber die Gefahr in sich, dass die so genannten Fachleute von ihren Annahmen ausgehen und dabei die vom Kind her kommenden Impulse zur Eigenaktivität übersehen können. Vor allem bei schweren Behinderungen sind diese Impulse zur Eigenaktivität nicht immer einfach zu erkennen, bei genauem und aufmerksamem Beobachten aber fast immer feststellbar, wenn auch oft nur in ganz bescheidenem Umfang.

«Unter ‹Eigenaktivität› wird die spontane Freude am Erkunden, Lernen und Handeln verstanden, die primär jedem Kind eigen ist» (Schlack in diesem Buch, S. 40). Dies zeigt, dass es in einer fördernden Beziehung immer darum gehen muss, abzuspüren, was das Gegenüber als Entwicklungsimpuls braucht, was es selber mit seiner Eigenaktivität kundgibt, und nicht, dass einfach Intentionen umgesetzt werden, die Fachleute aus ihrem theoretischen Hintergrund für entscheidend erachten.

Durch das Eingehen auf das Kind, das Abspüren seiner Bedürfnisse, wird ermöglicht, dass wir dem anderen Menschen begegnen, ihn in seiner Eigenart erkennen, unsere eigenen Intentionen zurückstellen. Denn wenn wir zu stark von unseren Vorstellungen ausgehen, dann «machen wir uns ein Bild vom Kind, seiner Vergangenheit, Gegenwart und Zukunft und in der konkreten Begegnung kommt es ethisch gerade darauf an, sich kein Bild von ihm zu machen, weil wir uns in der Begegnung auf den anderen Menschen als grundsätzlich Unfassbaren beziehen» (Stinkes & Trost, 2004, S. 104).

Wie immer ist das Beharren auf einer der zwei Extrempositionen – nur passives Wachsenlassen oder nur aktives Führen – unfruchtbar, es muss darum gehen, einen Weg zu finden, der einen Ausgleich der Extreme schafft. «In Förderung und Therapie geht es nicht um reine Selbstbestimmung des Kindes, erst recht nicht um überwiegende Fremdbestimmung, sondern um mitmenschliche Zusammenarbeit» (Haupt, zit. nach Bergeest, 2004, S. 25). Es geht also um ein Überwinden von Einseitigkeiten, um das Finden eines Weges; Voraussetzung dazu ist, dass vertieft nach dem menschenkundlichen Hintergrund gefragt wird, auf dem sich der Erziehungsprozess abspielt.

In diesem Beitrag wird der Versuch unternommen, einen Weg aufzuzeigen, wie mit dem oben geschilderten Dilemma so umgegangen werden kann, dass ein echtes Miteinander – wenn auch aus unterschiedlichsten Positionen – möglich wird. Es geht dabei letztlich um das Führen eines Dialoges auf verschiedenen Ebenen – mit dem Kind, mit sich selbst, mit der Umgebung –, um den Versuch, nicht die wahrnehmbare Wirklichkeit zu stark in den Mittelpunkt zu stellen, sondern nach den Kräften zu suchen, die sich hinter dem Phänomen verbergen.

Grundlage bilden – neben dem Miteinbezug von Fachliteratur – die anthroposophische Menschenkunde Rudolf Steiners und Aspekte und Prozesse, wie sie im Qualitätsverfahren «Wege zur Qualität» entwickelt wurden.

1. Allgemeine Gesichtspunkte

Im beruflichen Alltag sind wir durch die betreuten Menschen sehr oft herausgefordert auf eine Situation oder ein Ereignis schnell und adäquat zu reagieren und zu handeln. Meist geschieht die Handlung relativ unbewusst, es bleibt keine Zeit für lange Abwägungen, sondern gefordert ist ein schnelles Eingreifen.

Auf der anderen Seite kann man sich aber auch bewusst entscheiden, abzuwarten, nicht einzugreifen und die Geschehnisse und die Situation innerlich aktiv zu begleiten.

Kobi spricht in seinem Grundlagenwerk zur Heilpädagogik (1993, S. 93) von drei Möglichkeiten: dem Tun, dem Nichts-Tun – ich negiere den Handlungsbedarf – und dem Nicht-Tun – ich begleite ein Geschehen innerlich wach, aber ohne äusserlich einzugreifen.

Im Alltag kann jede der drei Strategien sinnvoll und berechtigt sein, entscheidend ist, ob ich sie den Bedürfnissen des Kindes ablese. Durch den Umstand, dass in der Heilpädagogik das Handeln für den anderen sehr oft im Vordergrund seht, weil ja eine Hilfsbedürftigkeit vorliegt, ist es wichtig, sich in diesem Arbeitsfeld mit der dritten von Kobi erwähnten Möglichkeit, dem Nicht-Tun, näher zu befassen. Denn gerade in der Heilpädagogik kann und darf man betreute Menschen nicht überbehüten und vor allem Ungemach schützen. Auch Kinder und Erwachsene mit Behinderungen brauchen Freiräume und Gestaltungsfelder und die Möglichkeiten, Fehler zu machen und zu lernen, mit Misserfolgen umzugehen.

Ob ein Eingreifen von Seite des Erwachsenen richtig und berechtigt war, ist oft nicht auf den ersten Blick ersichtlich – der äussere «Erfolg» ist kein valables Kriterium –, sondern die Richtigkeit der Handlung kann sich erst in der Nachbereitung zeigen. «Es reicht nicht, dass es etwas ‹wirkt› oder ‹nützt›. Wir müssen untersuchen, warum und wie es nützt. Welches ist der menschliche und zwischenmenschliche Preis, den wir selbst, die Kinder, Klienten, Bürger und Patienten für etwas bezahlen müssen, das so aussieht, als sei es unmittelbar erfolgreich?» (Juul, 2002, S. 61). Hat ein Kind die Anweisungen eines Erwachsenen in eigenes Tun umgesetzt, ist die Handlung wohl erfolgreich, aber fremdbestimmt, vielleicht wurde gerade dadurch verhindert, dass ein Kind durch eigene, vielleicht auch schmerzhafte, Erfahrungen seine Kompetenzen erweitern konnte. Zum Glück hat der Erziehende die Möglichkeit, auf eine Handlung oder Situation zurückzublicken, diese unter bestimmten Aspekten zu reflektieren, dabei die oben erwähnte Folge seiner Anweisung zu erkennen und Schlüsse für zukünftige Handlungsmuster zu ziehen.

So zeigt sich eine Zeitdimension des Handlungsgeschehens in Vorbereitung, Durchführung und Nachbearbeitung, ein Prozess, der sich zwischen zwei Menschen abspielt und vom Erziehenden einen inneren (intrasubjektiv) und äusseren (intersubjektiv) Dialog erfordert. «Weil dem Erzieher nicht ein Objekt oder ein zu objektivierender ‹Sach-verhalt› gegenübersteht, sondern ein Subjekt, muss er ihm – um ihm gerecht zu werden – in und mit seiner Subjektivität begegnen» (Kobi, 1993, S. 423). Die am Anfang des Abschnittes erwähnte Dreiheit der Zeitdimension wird durch eine diese Tatsache mit einbeziehende Evaluation – das bewusste Zurückblicken auf die Handlung und das Reflektieren des eigenen Tuns – zu einer Vierheit erweitert und schafft gleichzeitig die Möglichkeit, auf einer neuen Stufe in den Wahrnehmungsprozess und in eine neue Handlung einzusteigen.

Jede Handlung gründet auf einer Begegnung, jede Begegnung mit einem anderen Menschen ist eine Herausforderung: sie ist oft kein einmaliger Akt, sondern ein Prozess, der lange nachwirkt. Begegnungen bewirken in uns Gefühle der Sympathie oder Antipathie, lösen Empfindungen und Fragen aus, die wir verarbeiten müssen. Durch den Verarbeitungsprozess kommt es zu einer Konfrontation mit dem eigenen Selbst, seinen Schwächen, seinen Empfindlichkeiten und seinem Werteverständnis. Dieser Prozess ist oft schmerzhaft, kann aber bei kompetenter Bewältigung zu Einsichten und Veränderungen führen, die letztlich fruchtbar sind. So ist das Subjektive in der Begegnung, im Dialog mit einem anderen Menschen zugleich Chance und Stolperstein; eine Tatsache, die sich vor allem im heilpädagogischen Handeln deutlich offenbart. «Wo ich als Erzieher objektiv ans Subjektive herangehe, da vergewaltige ich dieses ebenso, wie wenn ich subjektiv irgendwelche Sachverhalte deute. Es gibt nicht nur eine unangemessene und damit störende Subjektivität, sondern auch eine inadäquate Objektivität» (Kobi, 1993, S. 423). Gerade in diesem Spannungsfeld von inadäquater Subjektivität und inadäquater Objektivität offenbart sich die Grundfrage aller Erziehung und Begleitung in den verschiedensten Ebenen und Bereichen. Auch hier ist ein Dialog erforderlich, der Gegensätze nicht negiert oder gegeneinander ausspielt, sondern sie durch bewusstes Miteinbeziehen überwindet.

Neben der Zeitdimension geht es in der erzieherischen Wirksamkeit immer auch um den Dreierschritt Wahrnehmen – Verstehen – Handeln, also um eine Verbindung und Verknüpfung der Wahrnehmung mit der Handlung, eine nicht ganz einfach zu leistende Arbeit.

Rudolf Steiner bezeichnet diesen Dreischritt im dritten Vortrag des Heilpädagogischen Kurses (Steiner, 1985) als Symptomatologie, Diagnose und Therapie. Aus der Wahrnehmung der Situation – zum Beispiel den Stärken und Schwächen eines Kindes – komme ich zu einer Diagnose, dem Versuch eines Verständnisses, und daraus ergibt sich erst das Vorgehen, die therapeutische oder heilpädagogische Handlung. Dabei muss der Handelnde sich bewusst sein, dass er mit seiner Handlung unter Umständen den «Freiraum» seines Gegenübers beschneidet oder einengt, in dessen biographische Entwicklung aktiv eingreift: «... dann handelt es sich vor allen Dingen darum, dass Verantwortlichkeitsgefühl und Gewissenhaftigkeit gefördert werden müssen. Das wird nur gefördert, wenn man weiss, um was es sich handelt» (Steiner, 1985, S. 40).

Im Folgenden soll versucht werden, diesen Aspekten des Handlungsgeschehens nachzuspüren. Ausgangspunkt ist die Zeitdimension von Vorbereitung, Durchführung und Nachbereitung, wobei die einzelnen Schritte auch erweitert und unter verschiedenen Gesichtspunkten dargestellt werden.

2. Vorbereitung der Handlung

Jede Berufstätigkeit braucht eine Ausbildungszeit, die nach einer bestimmten Dauer auf einer bestimmten Stufe abgeschlossen wird. Schliesse ich meine Lehrzeit für einen Beruf ab, wird mit einem Zertifikat, Diplom oder Abschlusszeugnis dokumentiert, dass ich als fähig erachtet werde, eine Tätigkeit eigenverantwortlich auszuüben. Diese Befähigung ist aber nicht der Abschluss meiner Ausbildungszeit, sondern die Basis für weitere Entwicklungen.

Später gewinne ich in der Berufstätigkeit aus zwei Bereichen immer wieder neue Erkenntnisse als Grundlage der beruflichen Fortentwicklung, aus der reflektierten Erfahrung einerseits – ich lerne aus einer vollzogenen Handlung für die Zukunft –, und andererseits kann ich mit einer permanenten Weiterbildung – ich beschäftige mich mit den theoretischen Weiterentwicklungen auf meinem Berufsfeld – mein Fähigkeitspotenzial kontinuierlich steigern.

Betrachte ich mein konkretes berufliches Handeln, so sind zwei Bereiche erlebbar, die mein Tun beeinflussen. Auf der einen Seite versuche ich eigene Ziele und Motive konkret zu verwirklichen, auf der anderen Seite erlebe ich in der Aussenwelt den Anstoss zur konkreten Handlung. Trage ich in mir als Motiv anderen Menschen zu helfen, werde ich in einer konkreten Begegnung mit einem hilfsbedürftigen Menschen anders reagieren, als wenn ich weder ein Motiv in mir trage, noch fähig bin, die Hilfsbedürftigkeit des anderen Menschen wahrzunehmen.

Im Idealfall verbindet sich in einem Leitbild einer Institution die Wahrnehmung eines Bedürfnisses in der Aussenwelt – Menschen, die Hilfe benötigen – mit den Motiven und Leitideen, mit denen die Mitarbeitenden der Institution auf diese Bedürfnisse antworten möchten. Dabei wird deutlich, dass beide Bereiche von der persönlichen Konstitution, aber auch von gesellschaftlichen Bedingungen abhängig sind, denn sowohl die Fülle der Motive und Ziele als auch die Möglichkeit der Wahrnehmung der Aussenwelt können Einschränkungen unterliegen, die das Handeln beeinflussen.

In seiner «Philosophie der Freiheit» beleuchtet Rudolf Steiner Grundfragen im Zusammenhang mit dem menschlichen Handeln. Er geht der Frage nach, unter welchen Bedingungen menschliches Handeln überhaupt entsteht. In diesem Zusammenhang unterscheidet er zwei Bereiche; er spricht von Triebfedern, den «möglichen subjektiven Anlagen, die geeignet sind, bestimmte Vorstellungen und Begriffe zu Motiven zu machen» (Steiner, 1977, S. 119) und den Zielen, als den «möglichen Vorstellungen und Begriffen, die imstande sind, meine charakterologische Anlage so zu beeinflussen, dass sich ein Wollen ergibt» (Steiner, 1977, S. 120).

Zur Illustration verwendet Rudolf Steiner ein Beispiel aus dem Alltag: «Die Vorstellung, in der nächsten halben Stunde einen Spaziergang zu machen, bestimmt das Ziel meines Handelns. Diese Vorstellung wird aber nur dann zum Motiv des Wollens erhoben, wenn sie auf eine geeignete charakterologische Anlage auftrifft, wenn sich durch mein bisheriges Leben in mir die Vorstellungen gebildet haben von der Zweckmässigkeit des Spazierengehens, von dem Wert der Gesundheit, und ferner, wenn sich mit der Vorstellung des Spazierengehens in mir das Gefühl der Lust verbindet» (Steiner, 1977, S. 119).

Es muss folglich in aller Berufsausbildung in der Vorbereitung auf eine konkrete Handlung um eine fruchtbare Verbindung zwischen meinen an der Aussenwelt entwickelten Motiven und Erfahrungen einerseits und anderseits um meine persönlichen Fähigkeiten und Ressourcen gehen. Dies zeigt, wie wichtig es ist, in der Ausbildung von heilpädagogisch tätigen Berufsleuten der Erfahrung und den damit verbundenen Erkenntnisprozessen grosses Gewicht beizumessen.

«Der anthroposophische Ansatz geht von der Erfahrung aus, d.h. er vermittelt nicht primär theoretische Inhalte, die später in der Praxis angewendet werden sollen, sondern integriert Erfahrungs- und Erkenntnislernen zu einer Einheit» (Konferenz für Heilpädagogik und Sozialtherapie, 2001, S. 10). Dabei kommt dem Künstlerischen eine spezielle Bedeutung zu, nicht als Beiwerk oder musische Zugabe, sondern als ein Erfahrungs- und Lernfeld, das stark persönlichkeitsbildend wirkt. Diese Persönlichkeitsbildung gehört zu den basalen Anforderungen einer Berufsbildung, «welche nicht nur auf die Vermittlung von Kenntnissen, Fähigkeiten und Fertigkeiten begrenzt ist, sondern die Persönlichkeitsbildung im Sinne von Verstehen, Empathiefähigkeit, Initiative und Verantwortung, insbesondere aber auch der Bereitschaft und Fähigkeit zur Selbstreflexion und Selbsterziehung einbezieht» (Konferenz für Heilpädagogik und Sozialtherapie, 2001, S. 11).

Dabei geht es letztlich um eine bewusste Durchdringung der beiden Bereiche Persönlichkeitsentwicklung/Selbstwahrnehmung und um Zielsetzung/Fremdwahrnehmung. Die ersteren könnte man als Grundhaltung bezeichnen, die Zielsetzung hat mit der Fähigkeit des Einbeziehens der Umwelt zu tun. «Zusammenfassend lässt sich sagen, dass einerseits die Grundhaltung und andererseits in der Situation die Aufmerksamkeit, das Interesse, die Neugier und das Bewusstsein die ethische Handlung leiten und bestimmen» (Neuhaus, 2002, S. 50).

Rudolf Steiner macht darauf aufmerksam, dass sowohl das Motiv, «der augenblickliche Bestimmungsgrund des Wollens» (Steiner, 1977, S. 118) wie auch die Triebfeder, «der in der menschlichen Organisation unmittelbar bedingte Faktor des Wollens... der bleibende Bestimmungsgrund des Individuums» (ebd.), nicht festgesetzte Grössen, sondern sich entwickelnde Stufen sind. Diese Stufen der Motiv- und Triebfederentwicklung – Rudolf Steiner braucht für das letztere in Anlehnung an Eduard von Hartmann auch den Begriff der charakterologischen Anlage – sind für die Praxis der Heilpädagogik ausserordentlich bedeutsam aus diesem Grunde sollen sie hier kurz skizziert werden.

2.1 Die Motivstufen

Auf der ersten Stufe liegen die Motive, die noch ganz stark mit unserer Persönlichkeit verbunden sind. Unser Tun wird vom Egoismus bestimmt. «Der besondere Inhalt der egoistischen Sittlichkeitsprinzipien wird davon abhängen, welche Vorstellung sich der Mensch von seiner eigenen oder der fremden Glückseligkeit macht» (Steiner, 1977, S. 123). Ich vollbringe eine Handlung, weil mir mein eigenes Wohl wichtig ist oder weil ich mir vom glücklichen Gegenüber einen günstigen Einfluss auf meine Person verspreche. In der Praxis könnte dies bedeuten, dass ich die Mittagsruhe der Kinder verlängere, weil ich meinen Kaffee in aller Ruhe trinken möchte, oder dass ich einem Kind Süssigkeiten zustecke, damit es mir mehr Sympathien entgegenbringt.

Auf der zweiten Stufe handle ich aus Motiven begrifflichen Inhaltes, aus Moralprinzipien, denen ich mich unterwerfe, aus sittlicher Notwendigkeit. «Die Begründung dieser Notwendigkeit überlassen wir dem, der die sittliche Unterwerfung fordert, d.i. der sittlichen Autorität, die wir anerkennen (Familienoberhaupt, Staat, gesellschaftliche Sitte, kirchliche Autorität, göttliche Offenbarung)» (Steiner, 1977, S. 123). Diese Autorität kann durchaus auch die innere Stimme, mein Gewissen sein, ohne dass ich mich dabei selber zu hinterfragen brauche.

Oft sind wir gerade auch in anthroposophischen Einrichtungen in der Gefahr, dass man etwas so macht und so gemacht hat, weil es «anthroposophisch» ist, ohne dass man nach den ursprünglichen Motiven sucht. Die Tendenz besteht, dass Traditionen wie Ablauf von Jahresfesten und Ritualen aufrecht erhalten werden und dabei – wenn sie nicht immer wieder hinterfragt, neu begründet und verändert werden – zu Formen ohne Inhalt, zu Hülsen verkommen.

Auf der dritten Stufe versucht der Mensch selber die Motive seines Handelns zu finden. «Es bedeutet einen sittlichen Fortschritt, wenn der Mensch zum Motiv seines Handelns nicht einfach das Gebot einer äusseren oder der inneren Autorität macht, sondern wenn er den Grund einzusehen bestrebt ist, aus dem irgendeine Maxime des Handelns als Motiv in ihm wirken soll» (Steiner, 1977, S. 124). Doch auch auf dieser Stufe lässt sich der Mensch von persönlichen Vorstellungen leiten, das heisst das Motiv des Tuns orientiert sich immer noch an Bedürfnissen, die verschiedene Menschen unterschiedlich interpretieren.

In der Praxis ist oft erlebbar, dass Uneinigkeit darüber herrschen kann, welche konkreten Schritte zu planen sind, um einem betreuten Menschen eine ihm gemässe Entwicklung zu ermöglichen. Sehr gut begründete Ansichten stehen einander oft diametral gegenüber, einen Konsens zu finden ist nicht einfach.

Als höchste Stufe der Motive bezeichnet Rudolf Steiner die begriffliche Intuition, die sich frei macht von den sittlichen Prinzipien, die noch auf der dritten Stufe wirksam sind. «Wenn aber alle andern Bestimmungsgründe erst an zweite Stelle treten, dann kommt in erster Linie die begriffliche Intuition selbst in Betracht. Damit fallen alle andern Motive weg, und nur der Ideengehalt der Handlung wirkt als Motiv derselben» (Steiner, 1977, S. 125). In der Praxis kann sich das so äussern, dass jemand eine Handlung vollbringt, die von allen als geistesgegenwärtig bezeichnet wird. Dies weist schon in der Benennung darauf hin, dass nicht Erfahrung, Wissen oder eine bestimmte hierarchische Stellung ausschlaggebend waren, sondern das intuitive Erfassen einer Situation als entscheidendes Kriterium erlebt wird; oft können solche Menschen ihr Handeln im Nachhinein nicht rational begründen.

2.2 Die Triebfederstufen

Die charakterologische Anlage, «die Triebfeder der in der menschlichen Organisation unmittelbar bedingte Faktor des Wollens... der bleibende Bestimmungsgrund des Individuums» (Steiner, 1977, S. 118), kann in vier Stufen eingeteilt werden.

Auf einer ersten Stufe reagiert der Mensch unmittelbar auf die Wahrnehmung der Sinne, ohne das Auftreten von Gefühlen oder Begriffen. Es sind aber nicht nur die animalischen Bedürfnisse, die auf diese Weise befriedigt werden, sondern die Art der Reaktion auf eine Wahrnehmung kann auch im Bereich der höheren Sinne beobachtet werden. «Wir lassen auf die Wahrnehmung irgend eines Geschehens in der Aussenwelt, ohne weiter nachzudenken und ohne dass sich uns an die Wahrnehmung ein besonderes Gefühl knüpft, eine Handlung folgen, wie das namentlich im konventionellen Umgange mit Menschen geschieht. Die Triebfeder dieses Handelns bezeichnet man als Takt oder sittlichen Geschmack» (Steiner, 1977, S. 120). Vielleicht häufiger als uns lieb ist, reagieren wir im Alltag auf dieser Stufe. Es sind dabei häufig in der Kindheit selbst erlebte und meist negativ besetzte Erfahrungen, die unser Handeln beeinflussen.

Auf der zweiten Stufe folgt auf die Wahrnehmung nicht unmittelbar eine Tat, sondern das Gefühl wird zur Triebfeder des Handelns. Dies bedingt ein starkes inneres Erleben. «Wenn ich einen hungernden Menschen sehe, so kann mein Mitgefühl mit demselben die Triebfeder meines Handelns bilden» (Steiner, 1977, S. 120). Aus dem Alltag ist bekannt, dass Handlungen, die wir aus Liebe-, Reue- oder Pflichtgefühlen vollbringen, oft kontraproduktiv wirken in dem Sinne, dass sie nicht die wahren Bedürfnisse der Betreuten aufgreifen. Es soll an dieser Stelle nicht gegen Gefühle in der heilpädagogischen Arbeit Stellung bezogen, sondern darauf hingewiesen werden, wie bedeutsam es ist, dass diese vom Denken erfasst und in einem gewissen Sinne verobjektiviert, also von meiner eigenen Befindlichkeit losgelöst werden können.

Auf der dritten Stufe wird das Denken und Vorstellen in die Motivbildung eingebunden. Dabei spielt die Erfahrung eine grosse Rolle, weil an ihr bestimmte Vorstellungen sich bilden und verfestigen können. «Wenn sich bestimmte typische Bilder von Handlungen mit Vorstellungen von gewissen Situationen des Lebens in unserem Bewusstsein so fest verbunden haben, dass wir gegebenen Falles mit Überspringung aller auf Erfahrung sich gründenden Überlegung unmittelbar auf die Wahrnehmung hin ins Wollen übergehen, dann ist dies der Fall» (Steiner, 1977, S. 121). Rudolf Steiner spricht in diesem Zusammenhang von praktischer Erfahrung. Im beruflichen Alltag ist die Erfahrung ein zweischneidiges Schwert; auf der einen Seite ist sie sehr wichtig und oft eine Hilfe im Umgang mit herausfordernden Situationen, auf der anderen Seite kann sie aber auch den Blick auf das Individuelle einer Situation verbauen und verhindert dadurch adäquates Handeln.

Auf der vierten Stufe löst sich das Motiv von der Erfahrung, aber auch vom Wahrnehmungsgehalt einer bestimmten Situation. Rudolf Steiner spricht in diesem Zusammenhang vom reinen Denken: «Es ist klar, dass ein solcher Antrieb nicht mehr im strengen Wortsinne zu dem Gebiete der charakterologischen Anlagen gerechnet werden kann. Denn was hier als Triebfeder wirkt, ist nicht mehr ein bloss Individuelles in mir, sondern der ideelle und folglich allgemeine Inhalt meiner Intuition» (Steiner, 1977, S. 122).

2.3 Zusammenwirken von Motiv und Triebfeder

Es wird deutlich, dass auf der vierten und höchsten Stufe Triebfeder und Motiv zusammenfallen und eine Einheit bilden. Das Tun wird nicht bestimmt durch ein äusseres, normatives Prinzip oder meine individuelle Veranlagung, sondern gründet in einer geistigen Sphäre. «Die Handlung ist also keine schablonenmässige, die nach den Regeln eines Moralcodex ausgeführt wird, und auch keine solche, die der Mensch auf äusseren Anstoss hin automatenhaft vollzieht, sondern eine schlechthin durch ihren idealen Gehalt bestimmte» (Steiner, 1977, S. 125). Das Handeln ist frei von Einflüssen von aussen und innen und kann sich nun ganz am ideellen Gehalt einer Persönlichkeit orientieren; sie wird dadurch eine freie Tat. «Eine Handlung wird als eine freie empfunden, soweit deren Grund aus dem ideellen Teil meines individuellen Wesens hervorgeht; jeder andere Teil einer Handlung, gleichgültig, ob er aus dem Zwang der Natur oder aus der Nötigung einer sittlichen Norm vollzogen wird, wird als unfrei empfunden» (Steiner, 1977, S. 130).

In der Heilpädagogik würde dies bedeuten, dass man sich in seinem Tun nicht nur von Diagnosen, Begriffen oder subjektiven Wahrnehmungen leiten lassen soll, sondern versucht, die Bedürfnisse seines Gegenübers als Orientierungspunkt des Handelns zu fokussieren. In seinem zweiten Buch «Die Kunst Mensch zu sein» schreibt Alexandre Jollien, ein Mann mit einer schweren cerebralen Beeinträchtigung, wie festgelegte Diagnosen die Freiheit der Betroffenen einschränken. «Die geprüfte Bezeichnung des Gebrechens hilft mir nicht weiter, denn sie umfasst zuviel und erklärt zuwenig. Für gewisse Menschen bedeutet eine vorschnelle Diagnose den Verlust der Freiheit. Das Wort ist eine Kette, an die die einzelne Existenz gebunden ist, ein Gefängnis, in das ein Individuum eingeschlossen wird. Der Fachbegriff wiegt schwerer als die Realität, die zu benennen er vorgibt» (Jollien, 2003, S. 35).

In seinen weiteren Ausführungen weist Jollien von seiner Seite gerade auf die oben aufgeführten zwei Bereiche – Fremd- und Selbstwahrnehmung – hin und betont die Wichtigkeit ihrer bewussten Durchdringung und Schulung. «Helfen uns solche Bezeichnungen wirklich dabei, das Geheimnis dingfest zu machen, das jedem Individuum innewohnt? Ich sehe in ihnen vielmehr eine Gefahr. Es geht selbstverständlich nicht darum, sich jeden Urteils zu enthalten, sondern die Verletzungen zu vermeiden, die jemandem durch eine vorschnelle Beurteilung zugefügt werden, sich wenigstens zu zwingen, genauer hinzuschauen, auch einmal einen anderen Blickwinkel einzunehmen ... die eigene Meinung sorgfältig zu prüfen» (Jollien, 2003, S. 36f.).

So kann es in der Heilpädagogik nur darum gehen – aufbauend auf einem inneren und äusseren Dialog – sich an das Wesen des Menschen mit Behinderung heranzutasten, einen Weg zu suchen, ihm in seiner Einzigartigkeit zu begegnen und sein Handeln daran zu orientieren, denn «hinter den Begriffen verbirgt sich ein Wesen, eine reiche, einzigartige, nicht reduzierbare Persönlichkeit, die Gefahr läuft, von einer gewaltigen Schicht von Vorurteilen erdrückt zu werden, die jede schlichte und arglose Annäherung verhindert» (Jollien, 2003, S. 37).

3. Durchführung

Die im Folgenden dargestellten sieben Schritte sind der Versuch, diesen Weg zu skizzieren. Sie stellen kein fest gefügtes und starres System oder eine stur einzuhaltende Methode dar, sondern skizzieren Bewusstseinsprozesse, die im Alltag immer wieder als Hilfestellung erlebt werden können. Es wird deutlich, dass hier Elemente, wie sie im zweiten Abschnitt – Vorbereitung der Handlung – skizziert wurden, in verwandelter Form vor allem in den ersten vier Schritten wieder auftauchen.

Die ersten vier Schritte dienen der Annäherung an das Gegenüber, dem Finden des Motivs, während die letzten vier Schritte – die vierte Stufe ist beiden gemeinsam – das Umsetzen einer Idee in eine konkrete Handlung zum Inhalt hat. Die sieben Stufen können in diesem Sinne auch als Prozess der Förderdiagnose bezeichnet werden, wobei die ersten vier Stufen zur Diagnose – im Sinne Kobis ein unterscheidendes Feststellen, das aber kein abschliessendes Urteil darstellt – führen, während die letzten vier die Grundlage jeglicher Förderung als konkrete Handlung bilden.

Aus den vorangestellten Abschnitten wurde deutlich, dass es beim Handeln immer auch um die Frage der Freiheit geht. Dies betrifft beide Seiten, den Ausübenden, der sich bewusst werden kann, ob er sich von inneren und äusseren Zwängen und Einschränkungen befreien kann, und den Empfangenden einer Handlung, der sich in seiner Freiheit nicht beeinträchtigt fühlen darf.

Natürlich wird der Begriff Freiheit heute sehr willkürlich ausgelegt; oft wird die Freiheit mit Uneingeschränktheit des eigenen Tuns gleichgesetzt. Wenn wir aber das Gegenüber miteinbeziehen, wird deutlich, dass ich im Sinne der vorangestellten Kapitel nie von einer freien Handlung sprechen kann, wenn ich dadurch mein Gegenüber in eine Unfreiheit setze. Es ist letztlich eine Frage der Ethik, ob ich im Moment so handle, wie es der Situation und meinem Gegenüber entspricht. «Diese Ereignisse zeigen sich jedoch nicht einfach so; denn sie zu bemerken oder nicht, hängt von meiner Wachheit, meinem Interesse und meinen Kenntnissen ab. Es braucht den besonderen Blick dazu» (Neuhaus, 2002, S. 33).

In den folgenden sieben Stufen geht es um die Schärfung dieses besonderen Blickes, um die Erfassung des Alltags, «wo die Zeit plötzlich stillesteht, die Aufmerksamkeit sich auf die Situation richtet und die Einzigartigkeit des Ereignisses sich in seiner Vielfalt zeigen kann» (Neuhaus, 2002, S. 33).
Im Zusammenhang mit dem Qualitätsentwicklungsverfahren sind diese Stufen dem Feld Freiheit zugeordnet, wo es um die in diesem Beitrag angeschnittene Grundfrage geht.

3.1 Wahrnehmung

Im ersten Schritt geht es um das Wahrnehmen der Situation, um den offenen und unvoreingenommenen Blick für mein Gegenüber. Man wendet sich dem zu, was ist, nicht dem, was man sich vorstellt. Diese Fähigkeit hat in der Steigerung, wie sie dann im zweiten Schritt beschrieben wird, die Qualität des Staunens, des Öffnens, die wir – vor allem als Erwachsene und Fachleute – bewusst üben müssen.

Das Staunen war und ist der Anfang aller Philosophie. Vielleicht brauchen wir als heilpädagogisch Tätige auch etwas wie eine philosophische Grundstimmung, denn: «Pragmatischer als ihre Kollegen, reduzierten sie ihre Realität nicht auf leere Schemata, auf nichtige Theorien. Sie liessen sich wie Philosophen von der Realität leiten, versuchten uns schlicht und einfach zu verstehen, aber möglichst gut zu verstehen» (Jollien, 2001, S. 87). Alexandre Jollien beschreibt in seinem ersten Buch «Lob der Schwachheit» seine Zeit als Schüler in einem spezialisierten Heim, seine vielfältigen Erfahrungen mit professionellen Helferinnen und Helfern und bezeichnet als guten Pädagogen denjenigen, «der hilft, etwas zu verwirklichen, der fragt, der hinterfragt, der die unter vielfältigen Hindernissen verschütteten Fähigkeiten weckt. Was uneingeschränktes Vertrauen in den Menschen verlangt, aber auch Demut, die erlaubt, den nötigen Abstand zu wahren, den Anderen nicht zu verurteilen, sich bewusst zu werden, dass der Andere immer ein unbeugsames Wesen bleiben wird, das nicht total untergeordnet, analysiert, verstanden werden kann» (Jollien, 2001, S. 87ff.).

Voraussetzung zur Begegnung ist also eine bewusst gesuchte und zu erübende Öffnung gegenüber einem anderen Menschen. «Im bewusst gelenkten Erstaunen eignen wir uns die Fähigkeit an, uns an den Wahrnehmungsvorgang wieder stärker hinzugeben, im Sinneseindruck zu leben und damit vor allem etwas erleben zu lernen, für das wir noch keine Kategorien und Klassifikationen haben» (Grimm, 2002, S. 129).

Diesen unbefangenen Blick auf die Wirklichkeit bezeichnet Rudolf Steiner im Heilpädagogischen Kurs als eine Vorbedingung zur Erkenntnis des inneren Menschen, das Zentralmotiv heilpädagogischer Wirksamkeit. «Denn wenn Sie nur einen Tag durch die Welt gehen und sie genauer anschauen, so ist das schon die Vorbedingung für die Erkenntnis des Inneren des Menschen» (Steiner, 1985, S. 21). «Es handelt sich gar nicht darum, dass man den ganzen Tag gewissermassen auf Auslug steht, sondern dass man sich einen Sinn erwirbt für charakteristische Vorkommnisse» (Steiner, 1985, S. 148).

Gerade das Erkennen des Charakteristischen einer Handlung oder eines Ereignisses stellt ein breites Übungsfeld in der Heilpädagogik dar, denn oft erkennen wir es erst in einer Zusammenschau individueller Wahrnehmungen, wie sie zum Beispiel in Kinderkonferenzen von den verschiedenen Teilnehmenden geschildert werden. Das hat zur Voraussetzung ein waches Hinhören auf den andern, aber auch die Bereitschaft, im Zusammenhang mit einem Kind immer wieder neue Aspekte zu sehen. Diese Haltung ermöglicht uns – im Rahmen zum Beispiel von Standortgesprächen über Kinder, die man schon seit zehn Jahren kennt – Altes, Bekanntes immer wieder neu wahrzunehmen und noch unbekannte Nuancen zu entdecken, in den helfenden Berufen eine ganz entscheidende Fertigkeit.

3.2 Zurückhaltung

Dieser zweite Schritt ist im beruflichen Alltag oft entscheidend; kann ich mich zurücknehmen und auf eine Wahrnehmung nicht sofort mit einem Urteil, einem Begriff oder mit Sympathie und Antipathie reagieren und diese damit verfremden? Denn nicht meine Antwort als Fachperson ist gefragt, sondern die Antwort ergibt sich aus dem Dialog, der Begegnung von Mensch zu Mensch. Diese Zurückhaltung ist eine Frage der Haltung und kann sich in den verschiedensten Ebenen zeigen: im Denken durch das Vermeiden der vorschnellen Interpretation, im Fühlen beim bewussten Umgang mit Sympathie und Antipathie, im Willen durch Nicht-Tun im Sinne Kobis.

«Erziehung bezeichnet nicht eine Tätigkeit, sondern eine Haltung. Diese erzieherische Haltung kann in den verschiedensten Tätigkeiten ihren Ausdruck finden, ebenso im Nicht-Tun (nicht zu verwechseln mit dem Nichts-

Tun). Was ich mit, vor einem oder für ein Kind mache, ist von untergeordneter Bedeutung gegenüber der Art, wie ich einem Kind begegne. Damit finden wir zurück zur alten, aber durch methodische Raffinessen oft überdeckten Wahrheit, dass der Erzieher weniger wirkt durch das, was er tut, als durch das, was er ist» (Kobi, 1993, S. 73). Diese Zurückhaltung fällt Fachpersonen schwer, man fühlt sich gedrängt, sofort eine Antwort zu geben, um zu zeigen, dass man kompetent ist. Gerade das «Nicht-Tun» im Sinne Kobis ist oft am Anfang eines solchen Begegnungsgeschehens die kompetente Haltung, die vorschnelle Lösungen und Handlungen – die nicht den Bedürfnissen der Betreuten entsprechen – verhindern. Hier liegt unserer Ansicht nach auch die Begründung dafür, dass viele Menschen mit körperlichen Behinderungen für die Betreuung und Pflege Laien gegenüber Fachleuten vorziehen.

Jollien benutzt den Begriff der Demut, einer bewusst vollzogenen Zurückhaltung, «die erlaubt, den nötigen Abstand zu wahren, den Anderen nicht zu verurteilen, sich bewusst zu werden, dass der Andere immer ein unbeugsames Wesen bleiben wird, das nicht total untergeordnet, analysiert, verstanden werden kann» (Jollien, 2001, S. 88).

Rudolf Steiner prägt im Heilpädagogischen Kurs den Begriff des Mitleids im Sinne eines objektiven Mitempfindens, einer empathischen Grundhaltung, nicht als Produkt von Sentimentalität und distanzloser Vereinnahmung. Die richtige seelische Haltung gegenüber dem Kind – frei von Antipathie und Sympathie – ist da, wenn «einem eine solche Erscheinung zum objektiven Bild wird, dass man mit einer gewissen Gelassenheit als objektives Bild nimmt und nichts anderes empfindet als Mitleid» (Steiner, 1985, S. 35).

3.3 Verbindung, Verarbeitung

Dieser dritte Schritt ist verbunden mit einer öffnenden Geste: Ich bilde in mir einen Raum, wo das, was mir von Seiten des betreuten Menschen entgegenkommt, seinen Platz hat. Anders ausgedrückt: «Erst wenn der Mitleidende in seinem Mitleid sich so zu dem Leidenden verhält, dass er im strengsten Sinne begreift, dass es seine Sache ist, um die es hier geht, erst wenn er sich so mit dem Leidenden zu identifizieren weiss, dass er, indem er um seine Erklärung kämpft, für sich selber kämpft, aller Gedankenlosigkeit, Weichheit und Feigheit entsagend, erst dann bekommt das Mitleid Bedeutung, erst dann findet es vielleicht Sinn, dass der Mitleidende von dem Leidenden darin verschieden ist, dass er in einer höheren Form leidet» (Kierkegaard, zitiert nach Kobi, 1993, S. 433).

Gerade durch diese intensive Verbindung entsteht aber auch die Gefahr, dass sich die Grenzen verwischen, dass ich mein Gegenüber nicht mehr als eigenständige Individualität, sondern als Teil meiner selbst wahrnehme. In diesem – unkorrekt vollzogenen – Schritt liegt auch die Unsitte verborgen, im Bereich der pflegenden Berufe im Zusammenhang mit den betreuten Menschen von «wir» zu sprechen, eine klare Grenzüberschreitung und Entmündigung meines Gegenübers.

Aber nicht nur diese Art von Grenzüberschreitung ist in der Heilpädagogik zu beobachten; sehr oft kann man erleben, dass sich Betreuende zu intensiv mit den Problemen, Fragen und Herausforderungen von Betreuten verbinden, diese so verinnerlichen, dass sie nicht mehr zwischen eigenen und fremden Problemen unterscheiden können. Dies äussert sich sehr häufig in einem Überengagement, diesen Mitarbeitenden ist kein Einsatz zu viel; sie verzichten gerne auf Freitage und Freistunden, nur um für die Betreuten anwesend zu sein. Diese nur auf den ersten Blick lobenswerte Einstellung erfordert von Seiten der Verantwortlichen der Institutionen grosse Wachheit. Denn diese Art der passiven Grenzüberschreitung, die sehr häufig mit Einschlafproblemen und der Unfähigkeit zu regenerieren verbunden ist, kann von den Betroffenen oft nur mit aussenstehender Hilfe erkannt, bearbeitet und überwunden werden.

Es geht in dieser Stufe darum, sich mit dem Wahrgenommenen zu verbinden und es vorsichtig in eine Beziehung mit dem eigenen Wissen, den erworbenen Kompetenzen, zu setzen.

Oft ist diese dritte Stufe schwer auszuhalten, weil sie belasten kann und mit dem Erleben eines Nullmomentes, einer Art Ohnmacht, verbunden ist. Gerade durch das Aushalten dieses Nullmomentes kann ein Verwandlungsprozess bewirkt werden, der die Öffnung für den vierten – in dieser Stufenfolge zentralen – Schritt ermöglicht.

3.4 Idee, Intuition

Sehr häufig kommen uns – auch in beruflichen Situationen – die besten Ideen in dem Moment, wo wir sie nicht erwarten. Gerade dieser zentrale Punkt wird vom wissenschaftlich geprägten Denken abgelehnt, ist aber für viele Menschen eine Realität. «Intuition gilt als faktisch gegeben, eine wissenschaftliche Beschäftigung damit findet jedoch so gut wie nicht statt» (Nieke, 2000, S. 11).

Im Duden wird Intuition als Eingebung, als ein plötzliches ahnendes Erfassen eines Sachverhaltes oder eines komplizierten Vorganges definiert. Weit verbreitet ist im Volksmund der Satz, dass man, wenn eine schwierige Entscheidung ansteht, den Wunsch äussert, «einmal darüber schlafen zu können.» Das bedeutet real, dass man die Lösung für ein Problem aus einem Bereich – dem Schlaf – erwartet, der sich unserem Bewusstsein entzieht. Im Zusammenhang mit dem therapeutischen Arbeiten hat der Zürcher Kinderpsychiater Lutz formuliert: «Was wir mit dem Begriff Intuition fassen möchten, ist das offene Ohr erhalten bzw. haben für biographische Erscheinungen im Leben... Das wäre für mich das Intuitive, das sogenannte Zufällige, das eben nie zufällig ist, sondern geführt ist» (Lutz, zitiert in Wintsch, 2000, S. 181).

Wenn das Intuitive mit der Biographie eines Menschen zu tun hat, ist es dem Erfassen und Erahnen der Individualität eines anderen Menschen verwandt und wird dadurch zum Leitmotiv meiner therapeutischen Handlung. Real geht es darum, dass ich die Idee für mein Tun nicht aus dem Bauch heraus entwickle, sondern in meinem Gegenüber finde. Dies bedingt aber, dass ich die ersten drei Stufen des geschilderten Prozesses erlebe und unter Umständen auch erleide, denn sonst besteht die Gefahr, dass mir die Idee irgendwie zufällt, vielleicht Produkt meiner Phantasie oder Konstitution ist. Letztlich geht es aber um eine Begegnung mit dem Unsichtbaren, nicht Fassbaren meines Gegenübers. In diesem Zusammenhang sei auch daran erinnert, dass wir beim Grüssen oder Verabschieden eines anderen Menschen im Alltag selbstverständlich und ohne Überlegung eine Macht ins Spiel bringen, mit der wir unter Umständen auch nicht auf eine rational erklärbare Art verbunden sind. Auf der einen Seite das «Grüss Gott», auf der anderen Seite das «Adieu», beides sprachliche Hinweise, dass man im anderen nicht nur das physisch Sichtbare oder in Massen Quantifizierbare erlebt, sondern dem Beginn und dem Abschluss einer Begegnung eine göttliche Macht ins Spiel bringt und dadurch das Ganze erhöht. In diesem Sinne ist vielleicht das Grüssen und Verabschieden eines anderen Menschen ein Hinweis auf diese im vierten Schritt angestrebte tiefste Wesenerkenntnis. Diese ist zwar Ziel, aber schwer zu erreichen, wie auch die eindrücklichen schriftlichen Zeugnisse von Birger Sellin, der sich mit Hilfe der gestützten Kommunikation äussern kann, bestätigen, denn «sie sehen nur meinen autistischen Aussenpanzer, nie mein wirkliches wesen» (Sellin, 1993, S. 174). Diese Wesenserkenntnis erfordert die oft unbequeme Arbeit an sich selbst, öffnet dadurch aber den Raum für Begegnung. «..., der ist nie fertig, für den ist jedes Kind wieder ein neues Problem, ein neues Rätsel. Aber er kommt nur darauf, wenn er nun geführt wird durch die Wesenheit im Kinde, wie er es im einzelnen Fall machen muss. Es ist eine unbequeme Arbeit, aber sie ist die einzig reale» (Steiner, 1985, S. 74).

Diese Wesensbegegnung kann das Innerste meines Gegenübers offenbaren und daraus kann sich die therapeutische Idee ergeben, die ihrerseits nun stufenweise wieder verdichtet und in eine konkrete Handlung umgesetzt werden sollte.

Die folgenden Schritte sollen nun an Hand eines konkreten, bewusst sehr einfach gewählten Beispiels aus einer Betreuungssituation dargestellt und dadurch realer gemacht werden.

In einer Institution wird ein Junge, der sehr grosse Verhaltensauffälligkeiten zeigt, besprochen. Intensiv versuchen die Anwesenden, den grossen Problemen auf den Grund zu kommen und suchen nach den verborgenen Ressourcen des Jungen. Es wird deutlich, dass der Junge – trotz übertriebenem Imponiergehabe – keinerlei Selbstwertgefühl besitzt und sehr verletzlich ist. Man verzichtet aus diesem Grund auf weiterführende erzieherische Schritte – wie Einschränkungen und das Aufstellen von härteren Regeln – zur Disziplinierung des Jungen, sondern setzt sich zum Ziel, das Selbstwertgefühl des Jungen zu stärken.

3.5 Phantasie

Um das oben erwähnte Ziel zu erreichen, treten Ideen auf, die zu Handlungsvorstellungen, mit Bezug auf die konkrete Situation, verdichtet werden müssen. «Konkrete Vorstellungen aus der Summe seiner Ideen heraus produziert der Mensch zunächst durch die Phantasie. Was der freie Geist nötig hat, um seine Ideen zu verwirklichen, um sich durchzusetzen, ist also die moralische Phantasie» (Steiner, 1977, S. 152).

In unserem Praxisbeispiel wird nun die Idee «Selbstwertgefühl steigern» mit Hilfe von Phantasie in konkrete Vorstellungen verwandelt. Es werden Vorschläge gesammelt wie therapeutische, künstlerische oder medizinische Fördermassnahmen, Einzelgespräche, spezielle Veranstaltungen oder Aktivitäten, Ausflüge, Ferien. Es sind hier der Phantasie keinerlei Grenzen gesetzt.

Vergleichbar ist dieser Prozess dem künstlerischen Schaffen; ein Künstler möchte ein Motiv, eine Idee künstlerisch gestalten und sucht nun in einem ersten Schritt alle Möglichkeiten der Umsetzung; denn auch er ist darauf angewiesen, dass er seine Idee bis hinunter in die physische Sichtbarkeit bringen will. In diesem ersten Schritt der Phantasie darf noch keine Einschränkung vorgenommen werden; alles ist noch offen und möglich, damit wirklich am Schluss das geschaffen werden kann, was der Idee am ehesten gerecht wird.

3.6 Technik

Im nächsten Schritt muss sichergestellt werden, dass die zukünftige Handlung die spezifischen Begebenheiten meines Gegenübers berücksichtigt; das heisst, ich muss prüfen, welche durch die Phantasie gefundenen Vorstellungen auch den Intentionen und Möglichkeiten meines Gegenübers entsprechen und dadurch von ihm auch bewältigt werden können. «Diese Fähigkeit ist moralische Technik. Sie ist in dem Sinne lernbar, wie Wissenschaft überhaupt lernbar ist» (Steiner, 1977, S. 153).

Es geht nun darum, die Phantasien auf ihren Bezug zur Realität zu überprüfen. Konkret bedeutet es, diese in eine Beziehung mit dem Jungen zu setzen und abzuspüren, was für ihn sinnvoll und möglich ist. So hat es zum Beispiel keinen Sinn, dem Jungen wöchentlich eine Massage mit wohl duftenden Essenzen zu verschreiben, wenn er eine ausgesprochene Überempfindlichkeit gegenüber Gerüchen hat und mit Erbrechen darauf reagiert. Auch ist es nicht angebracht, mit ihm etwas Spezielles zu unternehmen, wenn er sich dadurch von der Gruppe ausgeschlossen fühlt. So wird die Idee über die Phantasie und die Technik auf die reale Welt heruntergeholt und mündet dann in eine konkrete Handlung. In diesem Feld stellt sich die Frage des realen Könnens, des handwerklichen Aspektes einer Tätigkeit. Nicht nur, dass ich etwas tue hat Bedeutung, sondern wie ich es umsetze ist von grosser Wichtigkeit.

Auch der Künstler wird nun seine Phantasien an der Realität messen, denn es muss konkret werden: Welche Ressourcen stehen zur Verfügung, was kann wie, wo und mit welchen Mitteln umgesetzt werden? Wichtig ist es, dass der Schritt der Phantasie nicht übersprungen wird, denn sonst ist nichts Neues möglich, sondern es gibt nur eine Fortsetzung des Alten, Gewohnten.

Die drei Schritte der Idee, Phantasie und Technik vollziehen wir im Alltag immer wieder mehr oder weniger unbewusst; so zum Beispiel, wenn wir einer Person eine Freude machen und ihr etwas schenken möchten. Man versucht sich in den künftig Beschenkten hineinzudenken, beschäftigt sich innerlich mit seinen Vorlieben und entwickelt dann daraus einen breiten Strauss von Möglichkeiten, deren Realisierbarkeit man dann unter eigenen – was habe ich z.B. für finanzielle Möglichkeiten? – und fremden – kann der Beschenkte das Geschenk in sein Leben integrieren? – ehrlich prüft, bevor man zur Handlung schreitet.

3.7 Handlung

Im Alltag ist immer wieder zu erleben, dass die gleiche Handlung, wenn sie von verschiedenen Menschen ausgeführt wird, unterschiedlichste Wirkungen haben kann. Hier liegt unseres Erachtens gerade das Geheimnis des geschilderten Weges verborgen. Was ein Kollege für ein Kind als Quintessenz des geschilderten Weges tut, ist im Dialog entstanden und an den Bedürfnissen des Kindes abgelesen. Wenn ein anderer die Handlung kopiert, hat das für das betroffene Kind überhaupt keine Relevanz und es wird je nach Person mit Gleichgültigkeit oder Widerstand reagieren.

Erst wenn ich mir sicher bin, dass meine Handlung der Wesenheit, den Bedürfnissen und Möglichkeiten meines Gegenübers entspricht, wird sie eine reale und situationsadäquate Antwort auf das im ersten Schritt wahrgenommene Bedürfnis sein. Nur durch eine Verbindung mit meinem Gegenüber, die nicht an der Oberfläche stehen bleibt, sondern das Wagnis der Tiefe und Verbindlichkeit auf sich nimmt, können Möglichkeiten sich zeigen, die ethisches Handeln erlauben.

Die Handlung baut also primär nicht auf Erfahrung, orientiert sich nicht an dem, was andere in der gleichen Situation gemacht oder Autoritäten befohlen haben. Sie ist einmalig in dem Sinn, dass sie in diesem Moment, in diesem Umfeld und an diesem Ort für mein Gegenüber die richtige Antwort ist auf das, was ich als Frage wahrgenommen habe. Denn es ist jedes Kind «mit einem immanenten Entwicklungsantrieb ausgestattet, den es auf die ihm gemässe und selektive Art umsetzt» (Schlack in diesem Buch, S. 45). Erst wenn ich mich mit dem Entwicklungsantrieb des Kindes in Übereinstimmung weiss, kann ich wahrhaftig die Verantwortung für mein Handeln übernehmen, weil ich auf ein reales Bedürfnis antworte.

4. Das Zurückblicken auf das eigene Tun

Wir haben gesehen, dass die Vorbereitung zu einer Handlung unter verschiedenen Aspekten gestaltet werden kann. Diese Aspekte sind im Kleinen – Vorbereitung auf eine individuelle Handlung – wie auch im Grossen – Ausbildung auf eine Berufsausübung – vorhanden. Auf der einen Seite geht es um eine Erweiterung und Bereicherung des Denkens durch Grundlagenarbeit, Studium der Menschenkunde und Reflexion des inneren Umganges mit Motiven. Auf der anderen Seite spielt die Selbsterkenntnis in Bezug auf das eigene Wahrnehmen, Fühlen und Denken und die Schulung der eigenen Persönlichkeit im Dienste der Aufgabenstellung eine entscheidende Rolle.

«Im Bereich heilpädagogischer und sozialtherapeutischer Berufe wird die Qualität in dem Masse gesteigert, als es den Mitarbeitenden gelingt, aus eigenem schöpferischen Vermögen situationsgerecht zu handeln. Dies verlangt in allen Bereichen nicht nur entsprechende Handlungsfreiräume, sondern gleichzeitig auch das dazu notwendige Können, Wissen und schöpferische Vermögen» (Arbeitsgruppe «Qualität», 1997, Kapitel 3).

In all diesen Bemühungen geht es um eine Verbindung des Erkennens mit dem Handeln, um das bewusste und freie Ergreifen von Motiven und dessen Umsetzung in den Willen mit Blick auf den anderen Menschen. Die Richtung ist nicht nur einseitig vom Erkennen zum Handeln, sondern das Handeln wirkt auch wieder auf das Erkennen zurück.

Hier wird deutlich, dass dies nicht nur für die einzelne Tat, sondern auch für eine ganze Berufsbewegung wie die anthroposophische Heilpädagogik und Sozialtherapie seine Bedeutung hat. «Denken Sie in einer geistigen Bewegung daran, diese geistige Bewegung für das praktische Leben fruchtbar zu machen, dann muss man diese geistige Bewegung als eine lebendige ansehen» (Steiner, 1985, S. 189). Diese Schlussworte des Heilpädagogischen Kurses zeigen, wie wichtig es ist, nicht nur zu handeln, sondern auch sich immer wieder zu bemühen, auf Handlungen und Taten zurückzuschauen und sie unter bestimmten Aspekten zu reflektieren.

Die grundlegende Frage ist, ob ich mich als Handelnder in der Nachbereitung so stark von meinem eigenen Tun lösen kann, wie wenn die Tat von einem anderen ausgeführt worden wäre. Dieser Schritt erscheint auf den ersten Blick einfach, erfordert in Realität aber sehr viel Selbstdisziplin und auch Verzicht. Im Idealfall verbinde ich mich mit meinen Handlungen und bin mit meiner ganzen Person als individueller Mensch damit verbunden. Dies hat etwas ausgesprochen Positives, birgt aber die Gefahr in sich, dass ich die kleinste Kritik an meinem Tun als Angriff auf meine Persönlichkeit interpretiere und dementsprechend reagiere. Erst wenn es mir gelingt, mich vom eigenen Tun zu lösen, kann objektive Distanz entstehen. Dies ist überhaupt erst die Voraussetzung, dass es mir möglich wird, eigenes Tun so zu reflektieren, dass zukünftige Handlungen dadurch fruchtbar beeinflusst werden können.

Im Folgenden werden drei Aspekte des Zurückblickens auf eigene Handlungen dargestellt, wie sie im Zusammenhang mit dem Qualitätsverfahren «Wege zur Qualität» (Arbeitsgruppe «Qualität», 1997) entwickelt und in den durchgeführten Audits in den beteiligten Institutionen konkret umgesetzt und geübt werden.

Es werden drei Fragerichtungen unterschieden:
- Was haben wir konkret getan? Was haben wir durch unsere Handlungen, durch unser Tun bewirkt? (Rückblick)
- Wie haben die Handelnden die Handlungen erlebt? (Rechenschaft)
- Was hat mein Gegenüber an den Handlungen erlebt? Wie beurteilt sie/er diese aus ihrer/seiner Sicht? (Resonanz)

Leitmotiv dieser drei Fragerichtungen ist die Tatsache, dass nicht das, was ich will, meine Handlungen bestimmt, sondern das, was der andere braucht.

4.1 Rückblick

Im Rückblick geht der Blick nach aussen, auf die konkrete Handlung selbst. Die an den Tatsachen ablesbaren Wirkungen von Handlungen und Zusammenhängen werden dargestellt, Beobachtungen charakterisiert und Fragen gestellt. Es besteht Raum für Ergänzungen und konstruktive Kritik.

Folgende Fragen können eine Orientierungshilfe sein: Was hatten wir uns vorgenommen? Woran haben wir gearbeitet? Was waren die Auslöser? Was haben wir damit bewirkt? Welche Tendenzen werden sichtbar? Was hat uns unterstützt, was gehindert?

4.2 Rechenschaft

Bei der Rechenschaft geht der Blick mehr nach innen, zu sich selbst. Es geht dabei nicht um eine Rechtfertigung und Verteidigung des eigenen Tuns, sondern um ein persönliches Reflektieren der durch die Aufgabenerfüllung gewonnenen Erfahrungen, Erkenntnisse und Fragen sowie der zugrunde liegenden Motive und Intentionen. Dadurch wird möglich, dass Aussenstehende und Mitbeteiligte nicht beim Blick auf die Handlung stehen bleiben, sondern mein inneres Ringen, meine Fragen und Sorgen miterleben und dadurch eine Erweiterung ihrer Betrachtungsweise möglich wird.

In der konkreten Durchführung von Rechenschaftsberichten wurde erlebbar, dass die damit verbundene Offenheit direkt vertrauens- und gemeinschaftsbildende Qualitäten beinhaltet.

Folgende Leitfragen können zur Vorbereitung eines persönlichen Rechenschaftsberichtes sinnvoll sein: Was habe ich zur Aufgabenerfüllung beigetragen? Welche Erfahrungen, Erkenntnisse, Fragen habe ich dabei gewonnen? Was hat sich bei mir im Verhältnis zu Aufgabe und Verantwortung verändert? Bin ich sicherer geworden? Was bewirkt die Arbeit an mir? Wurden neue Fähigkeiten sichtbar, sehe ich Entwicklungsbedarf? Welche Intentionen und Motive sind mir in meiner Aufgabe wesentlich?

4.3 Resonanz

Rückblick und Rechenschaft sind Vorbereitungsschritte, um sich der schwierigsten Fragerichtung im Zusammenhang mit dem eigenen Handeln zuzuwenden. In der Resonanz liegt der Fokus beim Handlungsempfänger; was hat meine Handlung bei meinem Gegenüber bewirkt? Ausgangspunkt für das Tun in Heilpädagogik und Sozialtherapie ist ja immer die Bedürftigkeit meines Gegenübers. Darum ist die Frage der Resonanz ausserordentlich zentral. Es kann aber hier nicht um eine blosse Feststellung und Dokumentation der Zufriedenheit meines Gegenübers gehen, denn aus eigener biographischer Erfahrung wissen wir, dass subjektive Zufriedenheit nicht immer übereinstimmt mit objektiven Erfordernissen. Die Resonanz ist auch immer eine Zusammenschau und Integration von Rückblick und Rechenschaft, denn sonst besteht die Gefahr, dass der Handelnde vom Handlungsempfänger bemächtigt wird und die subjektive Zufriedenheit des Gegenübers – die im Extremfall in einem Widerspruch zu seiner biographischen Intention stehen kann – zum alleinigen Kriterium wird.

In der Frage nach der Resonanz geht es wirklich um die zentrale Frage heilpädagogischer Wirksamkeit, ob durch meine Hilfestellung eine individuelle biographische Entwicklung in meinem Gegenüber angeregt und verstärkt werden konnte. Letztlich kann diese Frage nie schlüssig und dokumentierbar beantwortet werden, denn sie ist von verschiedensten Faktoren abhängig und beinhaltet auch rational nicht fassbare Aspekte.

Dies kann man heute schmerzhaft erleben, wenn in der Heilpädagogik ein Ergebnis und Wirksamkeitsnachweis gefordert wird. Es besteht die Gefahr, dass durch die Fokussierung auf nachweisbare Ergebnisse und Fortschritte der Blick auf biographische Entwicklung, die Selbstbestimmung des Kindes und die Wichtigkeit der therapeutischen Beziehung verloren geht. «Allzu sehr fühlen sich Eltern und Fachleute angesichts von Entwicklungsdefiziten herausgefordert, für das Kind aktiv zu werden und die Vorgaben zu machen. Diese Vorgaben sehen häufig so aus, dass versucht wird, mit dem Kind Funktionen zu trainieren, die es noch nicht beherrscht, aber nach seinem aktuellen Entwicklungsprofil und einem zu Grunde gelegten Konzept der Normalentwicklung als nächstes erreichen sollte» (Schlack in diesem Buch, S. 45).

Wichtig ist zu betonen, dass nicht jegliche Frage nach der Wirksamkeit einer Handlung negiert werden soll, sondern es geht um eine Erweiterung des Kontextes, um einen Miteinbezug aller Beteiligten, vor allem desjenigen, der Empfänger meiner Handlung ist. Wie angedeutet ist die Frage nach der Resonanz die schwierigste und zentralste. Ein bewusster Umgang damit lässt uns aber erst die Tiefe und Nachhaltigkeit heilpädagogischer Wirksamkeit erahnen.

5. Ausblick

Mit diesem Beitrag wurde der Versuch unternommen, aus einem ganz spezifischen Blickwinkel, ausgehend von allgemeinen Fragestellungen im Zusammenhang mit Erziehung, sich an Grundfragen im Zusammenhang mit Heilpädagogik und Soziatherapie heranzutasten.

Die Frage der Legitimation des Eingreifens in eine Biographie eines anderen Menschen – wie sie sich in allen helfenden Berufen stellt – wird letztlich nie schlüssig beantwortet werden können. Extrempositionen, wie sie im Titel formuliert wurden, sind keine Hilfe, bieten nur scheinbare Vereinfachungen.

Die Sensibilisierung für die Fragestellungen und Bedürfnisse meines Gegenübers ist im Laufe der letzten Jahre immer intensiver geworden und hat auf Seiten der Fachleute für eine Verunsicherung gesorgt, aus der man sich oft nur schwer lösen kann.

Verunsicherungen bergen aber auch Möglichkeiten der Entwicklung, wenn es gelingt, in Althergebrachtem Neues zu entdecken, nicht den Verlust von Sicherheiten zu beklagen, sondern sich am Gewinn neuer Einsichten zu freuen. «Zum ersten Mal sind wir in der Lage, Möglichkeiten zu sehen, um echte Beziehungen auf der Ebene gleicher Würde zwischen Männern und Frauen und zwischen Erwachsenen und Kindern zu etablieren. In einem so grossen Umfang ist das in der Geschichte der Menschheit bislang nie geschehen, und sowohl wir als auch unsere Kinder und Enkelkinder sind im wahrsten Sinne des Wortes dabei, Neuland zu erobern» (Juul, 2002, S. 14).

Was Juul hier für die Erziehung allgemein beschreibt – er weist auf die Fähigkeit und den Willen des Kindes zur Kooperation im Erziehungsprozess hin –, erfordert aber Offenheit und Respekt für Verschiedenheit «was wiederum heisst, dass wir einen grossen Teil unserer Vorstellungen über generell Richtiges und generell Falsches aufgeben müssen» (Juul, 2002, S. 14).

Vielleicht gerade durch die in der ganzen Gesellschaft beobachtbare Entwicklung wird vieles möglich, indem der Einzelne auf sich allein gestellt ist, sich nicht mehr auf tradierte Werte oder eigene Überzeugungen berufen kann, sondern nur im Pflegen des ehrlichen und voraussetzungslosen Dialoges mit sich und seiner Umgebung Möglichkeiten und Wege zum Lösen von Fragen finden kann.

Literatur

Arbeitsgruppe «Qualität». (1997). *Wege zur Qualität. Innere und äussere Bedingungen qualitativer Arbeit. Arbeitshandbuch für heilpädagogische und sozialtherapeutische Institutionen.* Winterthur: Eigenverlag.
Bergeest, H. (2004). Das Recht des Kindes auf Balance. In H. Sautter, U. Stinkes & R. Trost (Hrsg.), *Beiträge zu einer Pädagogik der Achtung* (S. 25-34). Heidelberg: Universitätsverlag Winter, Edition S.
Grimm, R. (2002). Erstaunen, Mitgefühl, Gewissen. In M. Glöckler (Hrsg.), *Spirituelle Ethik* (S. 121-148). Dornach: Verlag am Goetheanum.
Grimm, R. (2004). Der innere Dialog mit dem Kind. In H. Sautter, U. Stinkes & R. Trost (Hrsg.), *Beiträge zu einer Pädagogik der Achtung* (S. 77-82). Heidelberg: Universitätsverlag Winter, Edition S.
Jollien, A. (2003). *Lob der Schwachheit.* Zürich: Pendo.
Jollien, A. (2003). *Die Kunst Mensch zu sein.* Zürich: Pendo.
Juul, J. (2002). *Das kompetente Kind.* Reinbek bei Hamburg: Rowohlt.

Kobi, Emil E. (1993). *Grundfragen der Heilpädagogik und Heilerziehung* (5., bearb. u. erg. Aufl.). Bern Stuttgart: Haupt.

Konferenz für Heilpädagogik und Sozialtherapie (Hrsg.). (2001). *Handbuch für Ausbildungen in Heilpädagogik und Sozialtherapie. Ein Leonardo-da-Vinci-Programm*. Dornach: Selbstverlag.

Neuhaus, U. (2002). Als es nie recht war... In M. Glöckler (Hrsg.), *Spirituelle Ethik* (S. 33-45). Dornach: Verlag am Goetheanum.

Neuhaus, U. (2002). Nachdenken über Ethik in der konkreten Herausforderung. In M. Glöckler (Hrsg.). *Spirituelle Ethik* (S. 47-66). Dornach: Verlag am Goetheanum.

Nieke, W. (2000). Intuition aus philosophischer und erziehungswissenschaftlicher Sicht. In M. Buchka (Hrsg.), *Intuition als individuelle Erkenntnis- und Handlungsfähigkeit in der Heilpädagogik* (S. 11-23). Luzern: Edition SZH/SPC.

Sellin, B. (1993). *ich will kein inmich mehr sein. Botschaften aus einem autistischen Kerker*. Köln: Kiepenhauer und Witsch.

Steiner, R. (1985). *Heilpädagogischer Kurs* (GA 317). Dornach: Rudolf Steiner Verlag.

Steiner, R. (1977). *Philosophie der Freiheit* (Tb 627). Dornach: Rudolf Steiner Verlag.

Stinkes, U. & Trost, R. (2004). «Das Recht des Kindes auf den heutigen Tag» – Zum Verhältnis von konkreter Begegnung und Planung in der Erziehung von Kindern und Jugendlichen mit geistiger Behinderung. In H. Sautter, U. Stinkes & R. Trost (Hrsg.), *Beiträge zu einer Pädagogik der Achtung* (S. 91-112). Heidelberg: Universitätsverlag Winter, Edition S.

Wintsch, H. (2000). Jakob Lutz und die Intuition. In M. Buchka (Hrsg.), *Intuition als individuelle Erkenntnis- und Handlungsfähigkeit in der Heilpädagogik* (S. 97-106). Luzern: Edition SZH/SPC.

Franziska Schäffer

Zur Integration von Therapien in den Lernort Schule

(hier: Förderschule mit pragmatischen Lernschwerpunkten)

Präambel:
Zur Würde des Menschen in Bezeichnungen und Beschreibungen

- Grundsätzlich gilt es, Menschen bedingungslos als Menschen zu respektieren – hierbei ist jede Einschränkung des Verständnisses von Menschsein ebenso unzulässig wie hieraus folgende utilitaristische Denk- und Handlungsweisen.

Diese Erkenntnis ist keineswegs neu, dennoch muss die diesbezügliche Sichtweise ständig – sowohl in Worten als auch in Taten – im Bewusstsein aller Menschen neu aktiviert werden.
- Erfordern sachorientierte Gründe (Ermittlung des Assistenz-, Dienstleistungs-, Hilfsmittelanspruchs etc.) die konkrete Bezeichnung/Beschreibung von Menschen, so hat sich diese ausschließlich auf die positiven, nachweislich beobachtbaren Merkmale im allgemeinen Persönlichkeitsprofil zu beziehen (z.B. Menschen mit unterstützten Kommunikationssystemen statt «Nichtsprechende» oder: Menschen mit elementarem Lernvermögen statt «Lernbehinderte»).

Können Menschen auf diese Art nicht bezeichnet/beschrieben werden, sind allenfalls noch Definitionen zuzulassen, die die betroffenen Menschen nicht auf das spezifische Merkmal in ihrem Persönlichkeitsprofil reduzieren (z.B. Menschen mit eingeschränktem/fehlendem Hörvermögen statt «Schwerhörige/Gehörlose»).
- Bei beiden hier vorgestellten Vorgehensweisen zur Bezeichnung/Beschreibung von Menschen muss jedoch berücksichtigt werden, dass vorrangig immer ein einzelner Mensch in seiner unverwechselbaren Individualität aus unterschiedlichen Gründen für einen gewissen Zeitraum im Leben eines anderen Menschen eine bestimmte Rolle spielt. Deshalb gilt es, nach der sachbezogenen Bezeichnung jeden Menschen so differenziert wie möglich kennen zu lernen: Hierzu muss eine möglichst langfristige und weitgehend objektivierte, präzise Informations- (von Eltern, Angehörigen, ehemaligen Pädagogen/Pädagoginnen usw.) und Beobachtungsdiagnostik (vom Gutachter oder der

Gutachterin) erstellt werden, die die Bedürfnisse, Interessen und Wünsche eines Menschen feststellt. In diesem Sinn dürfen keinesfalls unbewiesene Vermutungen geäussert werden, sondern ausschliesslich Fakten.

• Schlussendlich soll – wieder einmal – vehement darauf hingewiesen werden, dass die vermeintliche Qualität einer sowohl «doch nicht böse gemeinten» als auch häufig unter ökonomisierenden Gesichtspunkten gestalteten Ausdrucksweise eine Reihe von kupierten Wortgebilden enthält: Idis = «Idioten», Gagas = «Geistigbehinderte», Spastis = «Spastiker», Rollis = «Rollstuhlfahrer» usw.

Es darf niemanden wundern, dass Bezeichnungen, die kein respektvolles Verständnis vom Menschen aufweisen, zu noch diskriminierenderen Wortschöpfungen führen. Diese haben sich mittlerweile in gedankenlos daher geplapperte Verbalinjurien verwandelt, deren beleidigend gemeinte Inhaltlichkeit im gegebenen Moment nun auch auf die ursprünglich damit etikettierten Menschen zurückfällt.

Als Begründung für die Benutzung der amputierten Begrifflichkeiten muss häufig die mangelnde Zeit herhalten, da der Mensch ja vorgeblich ständig stressbelasteten Arbeits- und Lebenssituationen ausgesetzt ist. Aufgrund dieser Einstellung kann es selbstverständlich nicht gelingen, im Urlaub – entspannt am Strand liegend – einer interessiert fragenden Ferienbekanntschaft mitzuteilen, dass man mit Menschen mit handlungsorientierter Lebensentwicklung arbeitet. Und auch in der rastlosen Situation einer kurzen Information zum Ablauf der Sportstunde erweist sich als günstig, dass es – gottlob – solche kurzen Bezeichnungen wie «Geistigbehinderte», «SMBs» (für: Schwerstmehrfachbehinderte), «Rollis» für Menschen gibt, die auch in einem kurzen Zeitrahmen bei ihren Namen genannt werden könnten. Nach Meinung der Verfasserin wird täglich erheblich mehr Zeit (als einige Male wenige Sekunden für menschenwürdige Bezeichnungen/Beschreibungen) für unnötige und/oder unsinnige Äusserungen verschwendet ...

Überlegung: Menschen mit pragmatischer Lebensentwicklung versus «Geistigbehinderte»
Zum aktuellen Stand der Bemühungen um eine veränderte Terminologie in Folge eines veränderten Verständnisses von «Geistigbehinderten»

• Menschen mit pragmatischer Lebensentwicklung werden bis zum heutigen Tage als «Geistigbehinderte, Intensivbehinderte, Schwermehrfachbehinderte, Schwerstmehrfachbehinderte» oder auch schon als «Menschen mit geistiger/intensiver/schwerer und mehrfacher/schwerster und mehrfacher Behinderung» bezeichnet.

Obwohl seit etlichen Jahren die uneingeschränkte Abkehr von den defekt-/defizitorientierten Denk- und Handlungsstrukturen gefordert wird, scheint die Umsetzung dieser Forderung in die alltägliche Lebensrealität noch nicht zufriedenstellend gelungen zu sein: Wohl kann nicht bestritten werden, dass sich in den theoretischen Anleitungen wie auch in der praktischen Arbeit mit den hier gemeinten Menschen deutlich erkennbare Bemühungen zeigen, die positiven Aspekte in den individuellen Persönlichkeitsprofilen jener Menschen zur Grundlage der sozialen und beruflich bedingten Begegnungen zu erklären. Andererseits kann aber auch nicht geleugnet werden, dass noch immer massive Unsicherheiten in den personenorientierten Kontakten bestehen.

Die Gründe für diese unsicheren Verhaltensweisen sind zahlreich. Zu den gravierendsten Ursachen dürfte die Beibehaltung der defizitorientierten Bezeichnung jener Menschen zählen, bei deren näherer Beschreibung insgeheim doch immer wieder Aussagen aus dem offiziell eliminierten «Negativ-Katalog» verwendet werden: «Ich sag's schnell noch mal so, weil's dann auch wirklich jeder versteht. Paule kann nicht ..., hat nicht ..., ist nicht ..., muss ... werden» usw. An einem derartigen Geschehen kann auch die (nicht sehr logische) Umbenennung der Förder-/Sonderschulen für «Geistigbehinderte» in Schulen für individuelle Lebensbewältigung oder in Schulen mit dem Förderschwerpunkt «geistige Entwicklung» nichts ändern, da die Schüler und Schülerinnen weiterhin als «Geistigbehinderte/Schwer- und Schwerstmehrfachbehinderte» etikettiert werden.

• «Die farbigen Seiten der Lebenshilfe-Zeitung» informieren seit einiger Zeit über den jeweils aktuellen Stand der Suche «nach neuen Worten für ‹geistige Behinderung›», zu der die LEBENSHILFE e.V. aufgerufen hat. In dem Magazin vom Juni 2004 werden diverse Bezeichnungen vorgestellt (vgl. Abbildung 1, S. 132, Link: http://www.lebenshilfe.de/marketing/InfoMmB/Magazin/Maga2_04/Seite13.htm).

Abb. 1: «Menschen mit ???» Vorschläge der Leserschaft des Magazins der Lebenshilfe-Zeitung (Nr. 2/2004, S. 13)

Menschen mit...	Menschen, die...	Menschen...
❖ Behinderung ❖ Handicap ❖ Beeinträchtigungen	❖ Hilfe benötigen ❖ etwas anders sind ❖ langsam lernen	❖ wie du und ich ❖ wie ihr ❖ unserer Fürsorge ❖ Menschen aus der Beschützenden Werkstatt

	Menschen mit...
❖ Feen-Kinder ❖ Kinder Gottes	❖ besonderen Schwierigkeiten ❖ Lebensschwierigkeiten ❖ Integrationsbehinderungen ❖ eingeschränkter geistiger Entwicklung
❖ benachteiligte ❖ hilfsbedürftige ❖ seelenpflegebedürftige ❖ körperbehinderte ❖ normale ❖ besondere ... Menschen	❖ eingeschränkter Leistungsfähigkeit ❖ kognitiver Behinderung ❖ unterschiedlichen Fähigkeiten ❖ persönlichen Fähigkeiten ❖ Teilbegabung ❖ kleinen Fehlern ❖ anderem Denken ❖ Intelligenzschwäche ❖ mentaler Beeinträchtigung

- Bisher haben alle Vorschläge mehr Gegner als Befürworter gefunden – nach Ansicht der Verfasserin zu Recht: Überwiegend verdeutlichen die meisten zitierten Begriffe, dass sich die negativen Einstellungen auch in den neuen Formulierungsversuchen mit grosser Hartnäckigkeit fortsetzen. Einige Bezeichnungen weisen (fast) keine sinngebenden Aussagen auf: «... mit kleinen Fehlern», selbst wenn das Bemühen um eine positive Benennung erkennbar wird: «... mit unterschiedlichen (persönlichen) Fähigkeiten».
- Seit vielen Jahren versucht die Verfasserin, die vielschichtigen Erfahrungen und Kenntnisse aus ihrem Berufsleben in eine veränderte Terminologie und damit auch in angemessene Handlungskompetenzen umzusetzen, speziell für die erzieherischen und bildenden Aufgaben, sehr wohl aber auch für die sozialen Begegnungen.

Als massgebliche Grundlage bei der Begriffsfindung wie auch bei den Bedingungs- und Entscheidungsfeldern einer didaktisch-methodisch angemessen geplanten Erziehung und Bildung gelten

– die anthropozentrische Sichtweise (= Respektierung der Würde, der unverwechselbaren Individualität und des uneingeschränkten Rechts auf Selbstbestimmung des Menschen);

– die Ausrichtung auf einen inkludierenden Zugang auf den Menschen;

– die Auswahl einer positiven Kompetenz, die überwiegend beobachtet werden kann, jedoch in ihrer Formulierung andere vorhandene Fähigkeiten nicht ausschliesst.

Familiären und (wissenschaftlich/praktisch) beruflich tätigen Lebenswegbegleitern und -begleiterinnen wird es nichts Neues sein, dass die bislang als «geistig behindert» etikettierten Menschen offensichtlich ihr Leben vorwiegend anhand eigen- und fremdaktiver Handlungen erfahren, bewältigen und gestalten. Hierzu gehören alle Bereiche des menschlichen Lebens: das Lernen ebenso wie das Spielen, das Arbeiten ebenso wie das Entspannen, das Tolerieren ebenso wie das Geniessen, das Müssen ebenso wie das Dürfen usw.

Konsequenz: Ein erster Versuch zur positiven Veränderung

Auf dem Hintergrund dieser Erkenntnisse wird klar, dass es sich bei den hier gemeinten Personen keinesfalls um «geistig weitgehend passive», sondern vielmehr um «pragmatisch weitgehend aktive» Menschen handelt, also um *Menschen mit pragmatischer Lebensentwicklung.*

Diese Bezeichnung impliziert nach dem Verständnis der Verfasserin folgende Aussagen:
- An erster Stelle jeglichen Denkens/Umgangs steht die Beziehung zu Menschen.
- Weiterhin wird die Fähigkeit aller Menschen bestätigt, Leben in ständiger Entwicklung zu vollziehen.
- Der Begriff «pragmatisch» gibt den beobachtbaren positiven Schwerpunkt an, der als markantes Merkmal die Lebensbewältigung und -gestaltung der hier gemeinten Menschen bestimmt.
- Schlussendlich leugnet die Bezeichnung weder das Vorhandensein von kognitiven Fähigkeiten noch den Einsatz von emotionalen Empfindungen; ebenso unterbleibt eine Beurteilung der Qualitäten und Quantitäten dieser menschlichen Kompetenzen, da hierzu keine konkret nachweisbaren Behauptungen aufgestellt werden können.

Denn: Wer handelnd lernt und lebt, muss zum Erlernen, Planen, Durchführen und Reflektieren von Handlungen wie auch zum Speichern und Abrufen von Handlungsergebnissen denken (antizipieren, abwägen, annehmen/verwerfen, entscheiden usw.) und fühlen (Freude, Stolz, Zufriedenheit, Ärger, Trauer, Enttäuschung usw.).

Ausgehend von diesem auf die Ganzheitlichkeit des Persönlichkeitsprofils eines jeden Menschen ausgerichteten Verständnisses wird die oben genannte Bezeichnung mit einem zusätzlichen Begriff ergänzt, der lediglich die Ebene angeben soll, auf der ein Mensch seine pragmatische Lebensentwicklung vollzieht.

In diesem Sinne setzen
- Menschen mit *basal*-pragmatischer Lebensentwicklung ihre Fähigkeiten an und mit ihrem Körper als Handlungsbasis ein,
- Menschen mit *elementar*-pragmatischer Lebensentwicklung ihre Kompetenzen auf der Grundlage von elementaren Handlungen ein, d.h. auf Handlungsvollzügen, die sich auf ihren inhaltlichen Kern (= das Elementare) beziehen,
- Menschen mit *operativ*-pragmatischer Lebensentwicklung die ganzheitlichen Fähigkeiten auf der Ebene konkreter Alltagsgeschehnisse ein, die sie gegebenenfalls auch kreativ mitgestalten.[1]

In Folge dieser Bezeichnungen können – zunächst einmal – die Ansprüche der betreffenden Menschen auf Assistenz-[2], Dienst-[3] und Arbeitsleistungen[4] wesentlich zielorientierter angegeben werden als aufgrund der bisher gebräuchlichen Definitionen, die keine förderliche Aussagen enthalten. Dennoch bleibt es erforderlich, jeweilige Ansprüche mit zusätzlichen Angaben zum individuellen Persönlichkeitsprofil eines Menschen zu konkretisieren. Einen massgeblichen Einfluss vermögen die genannten Bezeichnungen jedoch auf die Erziehung und Bildung von Kindern und Jugendlichen mit pragmatischer Lebensentwicklung auszuüben: Während sich aus den herkömmlichen Benennungen keine Hinweise auf erzieherische, bildende und selbstverständlich auch therapeutische Massnahmen entnehmen lassen, können Lerninhalte aus diesen Bereichen
- sowohl auf jeder einzelnen (basalen, elementaren, operativen) Lernebene geplant
- als auch – von der basalen Lernstufe ausgehend – aufeinander aufgebaut werden.

---

1 Ausführliche Informationen hierzu können folgendem Zeitschriftenaufsatz entnommen werden: Schäffer, F. (2001). Leben und arbeiten mit Menschen mit so genannter (schwerer/schwerster) «geistiger Behinderung». Die neue Sonderschule, Jg. 46 (Nr. 6) S. 453-458.

2 Fremdleistungen zur *Unterstützung* von Eigenleistungen im *direkten persönlichen Bereich*

3 Fremdleistungen zum *Ersatz* von Eigenleistungen im *direkten persönlichen Bereich*

4 Fremdleistungen zum *Ersatz* von Eigenleistungen im *hauswirtschaftlichen Bereich*

Mit anderen Worten: Wird ein Erziehungsziel/Unterrichtsgegenstand zunächst für Kinder und Jugendliche mit basal-pragmatischer Lebensentwicklung gestaltet, kann es/er mit ausgewählten Zusatzinhalten auf die Lernebene der Schüler und Schülerinnen mit elementar-pragmatischer Lebensentwicklung gebracht werden. Anschliessend können weitere Lerninhalte bezüglich des betreffenden Erziehungsziels/Unterrichtsgegenstandes hinzugefügt werden, die den Kompetenzen der Lernenden mit operativ-pragmatischer Lebensentwicklung entsprechen.

Dieses Vorgehen entspricht nicht dem Procedere bei der Planung von Inhalten zur Erziehung und Bildung an Einrichtungen (Kindertagesstätten, Schulen) mit pragmatischen Lernschwerpunkten, denn fast ausnahmslos wird der umgekehrte Weg gewählt: Mit der Reduzierung von inhaltlichen Elementen eines Lerngegenstandes, der für Schüler und Schülerinnen mit operativ-pragmatischer Lebensentwicklung ausgewählt wurde, lässt sich nur selten eine sinnvolle Präsentation des Sujets für die Schülerinnen und Schüler mit elementar- und basal-pragmatischer Lebensentwicklung aufbauen, so dass die Durchführung derart gestalteter Aufgaben häufig weder bei den Lernenden noch bei den Lehrenden ein Gefühl der Befriedigung hinsichtlich einer erfolgreich bewältigten Arbeit auslöst. Nach den Erfahrungen der Verfasserin führt dagegen der zuvor beschriebene Weg über den jeweils ergänzenden Aufbau eines Lerngegenstandes von Lernstufe zu Lernstufe zu einer intrinsischen Leistungsmotivation und somit auch zu gesicherten Lernerfolgen.

Die Aufgaben von Therapien im Lernort Förderschule mit pragmatischen Lernschwerpunkten

Die Problemstellung: Verfolgen Pädagogik und Therapie an der Förderschule mit pragmatischen Lernschwerpunkten gleiche Intentionen?
Aus der hier anstehenden Thematik lassen sich zunächst einmal folgende Thesen aufstellen:
- Therapien haben im pädagogischen Arbeitsfeld an Schulen mit pragmatischen Lernschwerpunkten nichts zu suchen.
- Therapeutische Zielsetzungen haben sich den pädagogischen Absichten unterzuordnen.
- Pädagogische und therapeutische Arbeit sind an einer Förderschule mit pragmatischen Lernschwerpunkten fachzentriert durchzuführen.

In der gegenwärtigen themenbezogenen Diskussion finden sich – sowohl in der wissenschaftlichen Theorie als auch in der schulischen Praxis – entsprechende Antithesen:
- Pädagogische und therapeutische Arbeit sind an einer Förderschule mit pragmatischen Lernschwerpunkten absolut erforderlich.
- Pädagogische und therapeutische Arbeit haben an einer Förderschule mit pragmatischen Lernschwerpunkten den gleichen Stellenwert.
- Pädagogische Aufgaben müssen den therapeutischen Zielsetzungen nachgeordnet werden.
- Pädagogische und therapeutische Intentionen müssen an einer Förderschule mit pragmatischen Lernschwerpunkten fachübergreifend durchgeführt werden.

Einblicke in das alltägliche Schulleben
Pädagogen/Pädagoginnen und Therapeuten/Therapeutinnen an Förderschulen mit pragmatischen Lernschwerpunkten sind die im Folgenden dargestellten Beobachtungen geläufig – in pädagogischer Hinsicht sind sie der Verfasserin aus eigenen Erfahrungen vertraut, während die therapeutischen Sichtweisen aus Aussagen verschiedener Therapeutinnen und Therapeuten zusammengefasst wurden.

In der Unterrichtsarbeit mit Schülerinnen und Schülern mit basal- und elementar-pragmatischer Lebensentwicklung lassen sich immer wieder Situationen beobachten, in denen Schüler bzw. Schülerinnen ablehnend (regressiv oder aggressiv) auf Therapeuten bzw. Therapeutinnen und/oder therapeutische Angebote reagieren.

Die auch hinsichtlich des Umgangs mit Pädagoginnen und Pädagogen und/oder schulischen Anforderungen registrierbaren, «chemisch» bedingten Animositäten wie die dem individuellen Temperament eigene Unlust bezüglich fremdbestimmter Leistungen sollen hier nicht ausgeführt werden. Die Erwähnung dient lediglich der Abgrenzung dieser Faktoren von der Feststellung, dass manche Schüler und Schülerinnen keine Motivation entwickeln, die ihnen die notwendige Mitarbeit für ein erfolgreiches Erreichen der therapeutischen (und selbstverständlich auch der pädagogischen) Zielsetzungen erleichtern/ermöglichen hilft.

Nun darf die hier beschriebene Haltung der Schülerinnen und Schüler keinesfalls auf eine vermeintliche Unfähigkeit zum Erfassen von kognitiv ausgerichteten Inhalten zurückgeführt werden: Schüler und Schülerinnen mit pragmatischer Lebensentwicklung sind sehr wohl in der Lage, entsprechende Erkenntnisse zu gewinnen, zu speichern und in den identischen Situationen abzurufen. Mit anderen Worten: Schülerinnen und Schüler mit pragmatischer Lebensentwicklung erfassen therapeutische Massnahmen in dem unterlegten Sinn und setzen dieses Verständnis immer dann als intrinsische Motivation ein, wenn sie eine Lebenssituation mit dem bekannten Anspruch identifizieren.

Dies mag unglaublich klingen, da die anschliessend geschilderten Situationen keine Einzelfälle darstellen:

Murat konnte sich – selbst im Verlauf eines Jahres – nicht daran gewöhnen, während des Unterrichts den Klassenraum verlassen zu müssen, um mit der Therapeutin (Logopädin) in einem anderen Zimmer an der «Verbesserung seiner verwaschenen Artikulation» zu arbeiten: Beim Eintreten der Logopädin verkroch Murat sich stets unter seinen Arbeitstisch und zog sich den Pullover über das Gesicht. Die Logopädin berichtete der Klassenlehrkraft ständig von Murats konsequenter Verweigerung, das stimmliche Sprechen zu üben – nach einem Schuljahr erklärte die Therapeutin den Schüler für «therapieresistent» und beendete die «Behandlung».

Aljoscha, ein Schüler mit basal-pragmatischer Lebensentwicklung, reagierte fast ausnahmslos mit anhaltendem Schreien, wenn er zur Ergotherapie abgeholt wurde. Das Schreien setzte er auch während der Therapiezeit fort, so dass er auf die Angebote der Therapeutin nicht eingehen konnte. Ihre Bemühungen zum Trink- und Esstraining brach die Ergotherapeutin bereits nach sechs Monaten ab, da der Schüler «keine geistigen Fähigkeiten zur Entwicklung des erforderlichen Verständnisses» gezeigt hat, so dass ihm eine «erfolgreiche Teilnahme und Bewältigung hinsichtlich der therapeutischen Zielsetzungen ohnehin nicht möglich» gewesen wäre.

Danyal dagegen sollte gehen lernen. Zu diesem Zweck holte ihn die Physiotherapeutin zweimal pro Woche für jeweils dreissig Minuten aus dem Unterricht. Auf dem Flur wurde Danyal in ein Gehlerngerät «gesteckt» und sowohl verbal als auch mit aktiv unterstützenden Handlungen aufgefordert, in dem langen Flur hin und her zu gehen. Dies endete generell in der ersten Minute der Therapiesequenz, da Danyal sich in die Stoffstreifen zwischen seinen Beinen sacken liess und so lange derart im Lauflerngerät hängend verharrte, bis ihn die Therapeutin daraus befreite. Seinen absoluten Unmut über die ihm zugefügte «Unverschämtheit» drückte Danyal mit einem Verhalten aus, das er allein beherrschte und tatsächlich nur als Zeichen der Ablehnung von/Wut über Anforderungen verwendete, die ihm «nicht in den Kram passten»: Er pumpte seine Bauchregion mit Atemluft bis zur Grösse eines Fussballs auf und hielt die Luft über einen Zeitraum an, der die Beobachtenden ziemlich verwirrte (aber auch beeindruckte). Bei dieser Demonstration geräuschlosen Protests/Zorns lief Danyal weder blauviolett an noch zeigte er Anzeichen von Schwindelgefühlen – im Gegenteil setzte er dieses Verhalten so lange fort, bis er seine Wut abreagiert oder seine Aufmerksamkeit etwas Angenehmem zugewendet hatte.

Für den Bereich der Therapie mögen diese Beispiele aus der alltäglichen Praxis im Lernort Förderschule mit pragmatischen Lernschwerpunkten genügen. Zu den Sichtweisen von Pädagogen und Pädagoginnen müssen folgende – sehr bedauerlichen – Denk- und Handlungsstrukturen benannt werden:
- (Nicht wenige) Lehrerinnen und Lehrer gehen davon aus, dass Schülerinnen und Schüler mit pragmatischer Lebensentwicklung bestimmte Kompetenzen ausschliesslich in therapeutischer Einzelarbeit erwerben und dann in das Alltagsgeschehen in ihrem familiären, schulischen und gesellschaftlichen Umfeld umsetzen. Erfolgt dies nicht oder in nur unbefriedigendem Ausmass, so hat entweder die Therapie/der Therapeut bzw. die Therapeutin oder eben auch der Schüler/die Schülerin (aufgrund seiner bzw. ihrer schweren/schwersten geistigen Behinderung) versagt.
- Solcherart denkende Lehrkräfte beweisen – wenigstens anfänglich – ihr Interesse an der Förderung der Schüler und Schülerinnen mit pragmatischer Lebensentwicklung. Wenn aber auch ihre Haltung hinsichtlich der «Misserfolge» in der therapeutischen Arbeit dringend reflektierende Überlegungen und konsequente Korrekturen erfordert, erweist sich die Einstellung anderer Pädagogen und Pädagoginnen als völlig unverständlich: Hier handelt es sich um Lehrpersonen, die auf möglichst viele Therapien für möglichst viele Schülerinnen und Schüler ihrer Klasse bedacht sind, um sich während der anstrengenden Unterrichtsarbeit möglichst viele Ruhepausen zu verschaffen. So boshaft dies klingen mag (und in das Bewusstsein der so Handelnden auch boshaft einschlagen soll), so wenig kann diese Aussage ein Gerücht genannt werden – selbst die Feststellung der einigermassen geringen Anzahl derart ruhebedürftiger Lehrkräfte darf den kritischen Beobachter bzw. die kritische Beobachterin nicht besänftigen.
- Und dann gibt es noch jene Lehrpersonen, die von Therapien – besonders an Förderschulen mit pragmatischen Lernschwerpunkten – so gar nichts halten. Ihrer Ansicht nach kann eine sinnvolle Arbeit zur Erziehung und Bildung von Schülerinnen und Schülern mit pragmatischer Lebensentwicklung ausschliesslich von Lehrkräften mit sonderpädagogischer Qualifikation geleistet werden. Demzufolge werden Therapien grundsätzlich abgelehnt, auch für den ausserschulischen Lebensbereich. Lediglich jene Form von Physiotherapie wird akzeptiert, die sich auf die Erhaltung der motori-

schen Funktionen bei Kindern und Jugendlichen mit pragmatischer Lebensentwicklung ausrichtet – allerdings hat die therapeutische Behandlung nach der Schule stattzufinden.

Die geschilderten Beispiele für sehr häufig anzutreffende Denk- und Handlungsmuster von Therapeutinnen/Therapeuten und Pädagogen/Pädagoginnen mögen genügen, obwohl damit nicht annähernd alle Einstellungen/Verhaltensweisen dargestellt wurden, die im Bereich Pädagogik und Therapie unter den Dächern der Förderschulen mit pragmatischen Lernschwerpunkten beobachtet werden können. Vor allem sind jene Formen von kooperativem Arbeiten nicht berücksichtigt worden, die vereinzelt «glücklichen» Schülern und Schülerinnen zugute kommen. Der Verfasserin sind die verschiedenen Kooperationsmöglichkeiten «von Tellerrand zu Tellerrand» durchaus geläufig. Wie jedoch eben erwähnt, stehen pädagogische Förderung und therapeutische Behandlung überwiegend nicht in einem integrativen, sondern in einem additiven Verhältnis: Aus diesem Grund sollen die positiven Ansätze einer fachübergreifenden gemeinsamen Arbeit unter einer anthropozentrischen Sichtweise von Schülerinnen und Schülern mit pragmatischer Lebensentwicklung im letzten Teil dieses Beitrags thematisiert werden.

Zu den Hintergründen einer strikten Trennung von Pädagogik und Therapie
Zu Beginn der folgenden Überlegungen muss klargestellt werden, dass es etliche Therapien gibt, deren Integration in den Lernort Förderschule sich als nicht sinnvoll erweist: Hierzu gehören beispielsweise alle Arten von tierunterstützten Therapien (Hippo-, Delfintherapie usw.) sowie auch die Therapien mit psychoanalytischen Intentionen.

Sowohl für diese Therapien als auch – vor allem! – für diejenigen, die in den Lernort Förderschule integriert werden können, gilt anzumerken, dass weder eine so genannte «Therapieresistenz» noch die vermuteten «mangelnden kognitiven Fähigkeiten zum Verständnisaufbau» und schon gar nicht etwa ein «ausgeprägtes Phlegma» bei Schülern und Schülerinnen mit pragmatischer Lebensentwicklung dafür verantwortlich zeichnen, dass die therapeutischen Zielsetzungen nicht erreicht werden. Mit anderen Worten: Unter keinen Umständen geht das «Scheitern» von Therapien (und pädagogischen Angeboten) zu Lasten von Schülern und Schülerinnen mit basal-, elementar- und operativ-pragmatischer Lebensentwicklung.

In gewisser Weise darf aber auch den Pädagogen/Pädagoginnen und Therapeuten/Therapeutinnen nicht vorgeworfen werden, therapeutische

Misserfolge durch inkompetentes Denken und Handeln herbeigeführt zu haben – zumindest muss der Vorwurf unterbleiben, wenn
• die jeweilige Berufsausbildung – wie häufig zu beobachten – unter strikt separierenden inhaltlichen Intentionen verfolgt wird, so dass die Lernenden zwangsläufig ein unangemessenes und einseitig auf ihr Fachgebiet bezogenes Selbstverständnis entwickeln. Deshalb ersticken nicht selten erste gedankliche Ansätze im Keim, die zu einer kooperativen pädagogisch-therapeutischen Förderung hätten führen können. Wird in einem Ausbildungsgang doch auf die Bedeutung von Kooperation – hier: zwischen Pädagogik und Therapie – hingewiesen, so reichen die diesbezüglichen Anleitungen erfahrungsgemäss nicht für eine spätere konsequente Umsetzung in die Praxis des Schullebens aus.
• das derzeit gültige Verständnis von den Schülern und Schülerinnen bzw. Patienten und Patientinnen mit «(schwerer/schwerster) geistiger Behinderung» weder während der Ausbildung noch innerhalb der bisherigen praktischen Arbeit an Förderschulen mit pragmatischen Lernschwerpunkten kritisch reflektiert wird. Somit bleiben in der jeweiligen Förderplanung hartnäckig jene fachspezifischen Inhalte und Methoden erhalten, die angeblich auch ohne ein Handlungs- und Zielverständnis seitens der Kinder und Jugendlichen mit pragmatischer Lebensentwicklung durchgeführt werden können.

Ausblick auf ein zukünftiges Schulleben
Wie bei den «Einblicken in das alltägliche Schulleben» wird es zum hier anstehenden Thema ebenfalls eine Reihe von Pädagoginnen/Pädagogen und Therapeutinnen/Therapeuten geben, denen folgende Darstellungen bekannt vorkommen – wenn auch mit anderen Protagonisten/Protagonistinnen und in (etwas) anderen Lebenssituationen:

Murat lernte von dem Moment an sich ausserordentlich verständlich auszudrücken, als jene Therapeutin, die auf die Verbesserung seiner «verwaschenen Artikulation» bedacht war, einen mehrjährigen Erziehungsurlaub antrat. Ihre Nachfolgerin griff eine Äusserung der Klassenlehrkraft auf, die sich auf die ausgezeichneten manuellen Kompetenzen des Schülers mit operativ-handlungsorientierter Lebensentwicklung bezog. Zusammen mit dem pädagogischen Klassenteam entwickelte die Logopädin die Idee, zur Therapiezeit von Murat statt bislang dreimal pro Woche à jeweils 30 Minuten zukünftig für fünfzehn Minuten zu Beginn der Frühstückszeit in die Klasse zu kommen. In diesem Zeitraum sollten Murat Gebärden vorgestellt werden, mit denen er Wünsche zur Gestaltung seines Frühstücks ausdrücken konnte.

Die Motivation zum (schnellstmöglichen!) Erlernen der Gebärden gewann Murat aus seiner Freude am genussvollen Essen, aus dem Einsatz seiner positiven Handlungsformen sowie aus dem Erleben, dass er nicht nur verstanden wurde, sondern – trotz seines eingeschränkten Hörvermögens – auch selbst verstehen konnte. Denn: Im Zusammenhang mit der pädagogisch-therapeutisch strukturierten Förderarbeit mit Murat lernten auch die Mitschüler und Mitschülerinnen sowie die Pädagoginnen und Pädagogen der Klasse alle Gebärden, die Murat für seine kommunikativen Zwecke nutzte. Erwähnenswert sind noch zwei Faktoren, die diese kooperative Förderarbeit erfolgreich wirken liessen:

- Nach der Lernsituation «Frühstück» wurden – in Absprache zwischen Pädagogen/Pädagoginnen und Therapeutin – weitere Lebenssituationen ausgewählt, die sich anhand von Murats Verhalten als besonders bedeutsam für ihn darstellten. Auf diese Weise erweiterte Murat seinen aktiven Wortschatz im Alltagsgeschehen, so dass er das Gelernte ohne jegliche Umsetzungsprozesse (von der Übungsebene ausserhalb der realen Lebenssituationen in das Alltagsgeschehen) anwenden konnte.
- Murat begann zunächst, sich mit Ein- und Zweiwort-Sätzen mitzuteilen, beispielsweise zeigte er die Gebärde «Brot» oder – manchmal selbstbestimmt, manchmal nach pädagogischer Intervention – die Gebärden «bitte Brot». Im Verlauf der kooperativen pädagogisch-therapeutischen Förderung erlernte Murat auch die Satzstrukturen, die unter der Anwendung von Gebärden möglich sind. Als besonderer Erfolg kann Murats eigenständiges Bemühen angesehen werden, die Gebärden stimmsprachlich zu begleiten. Bei diesem kommunikativen Verhalten wusste er sich stets verstanden, so dass er sich in keiner Situation zu der (im ersten therapeutischen Ansatz verlangten) «Verbesserung seiner verwaschenen Artikulation» gezwungen fühlte: Schlussendlich setzte Murat Gebärden intuitiv immer dann ein, wenn er sich bezüglich der korrekten Lautbildung seiner beabsichtigten Mitteilung nicht sicher war oder wenn er aussergewöhnliche emotional Belastungen bewältigen musste. In Situationen der geistig-seelisch-körperlichen Ausgeglichenheit dagegen fiel es Murat durchaus leicht, sich phonetisch so deutlich auszudrücken, dass seine Mitteilungen allgemein gut verstanden wurden.

Die eben geschilderten Erfolge stellten sich auch bei den Schülern Aljoscha und Danyal ein – jeweils von dem Zeitpunkt an, von dem an die bisher ausschliesslich fachspezifisch additiv angelegte Förderung in kooperative Massnahmen umgewandelt wurde. Indem – weiterhin – die therapeutischen Zielsetzungen in die lebensentsprechenden Arbeitsprojekte zur schulischen Erziehung und Bildung von Kindern/Jugendlichen mit pragmatischer Lebensentwicklung integriert wurden, entwickelte Aljoscha eine Reihe von eigenaktiven Kompetenzen bei der Nahrungsaufnahme. Danyal seinerseits hielt das Gehenlernen für höchst erstrebenswert, nachdem er in der pädagogisch-therapeutisch gestalteten Lebenssituation «Toilettengang/Körperhygiene» festgestellt hatte, dass ihm die selbstbestimmte Mobilität das Aufsuchen eines Waschbeckens zwecks Veranstaltung ausgiebiger Wasserspiele ermöglichen würde: Hin und wieder fragte sich das Pädagogenteam der Klasse (allerdings mit schamviolettem Antlitz im stillen Kämmerlein), ob man sich an den kooperativen Gehübungen besser gar nicht oder allenfalls in einem weniger wässerigen Ambiente hätte beteiligen sollen.

Abschliessend bleibt festzustellen, dass alle hier beispielgebend erwähnten Schüler mit pragmatischer Lebensentwicklung nicht nur die für sie relevanten Zielsetzungen erreicht, sondern ein deutlich wahrnehmbares Verständnis für die jeweilige Aufgabenstruktur/das individuelle Ziel eingebracht haben. Die Begründung für diese Behauptung lässt sich gedanklich nachvollziehen, wenn klar ist, dass

- sich die Schüler auch an kooperativen pädagogisch-therapeutischen Angeboten nicht beteiligt hätten, wenn sie weder aus den Teilschritten noch aus dem prozessualen Geschehen eine Motivation hätten ableiten können, die sie für das Erreichen des Endziels benötigten;
- die Schüler sich mit dem Einsatz der in ihrem Persönlichkeitsprofil angelegten Kompetenzen ein kognitives Verständnis für das Realisieren-Können eines bisher nicht (vollständig) beherrschten Verhaltens aufgebaut haben;
- der Erfolg der Kooperation von Pädagogen/Pädagoginnen und Therapeuten/Therapeutinnen in entscheidendem Ausmass darauf zurückgeführt werden kann, dass die integrative Förderung der Kinder und Jugendlichen mit pragmatischer Lebensentwicklung ausschliesslich im sinngebenden Lebensalltag angeboten wurde.

Die Synthese

In der Rückschau auf die vorher dargelegten Thesen und Antithesen ergibt sich zunächst einmal die Feststellung, dass eine Zusammenführung der einfachen Pro-und-Kontra-Behauptungen zu einem komplexen und einheitlichen Beziehungsgeflecht nicht schwierig ist: Die grundlegenden Ansätze in Theorie und Praxis bedürfen jedoch einer konsequenten Entlastung hinsichtlich der separierenden Strukturen sowohl bei der Auswahl als auch beim situativen Einsatz von Fördermassnahmen. Eine sich aus dieser Erkenntnis entwickelnde integrative Erziehung und Bildung an Förderschulen mit pragmatischen Lernschwerpunkten

- richtet ihre Zielsetzungen, Inhalte und Methoden allein an den individuellen Bedürfnissen und Ansprüchen der Kinder und Jugendlichen mit pragmatischer Lebensentwicklung aus;
- legt ihre Zielsetzungen, Inhalte und Methoden stets auf der Lern- und Handlungsebene fest, die ein Schüler/eine Schülerin mit basal-, elementar- oder operativ-pragmatischer Lebensentwicklung zur erfolgreichen Bewältigung/Gestaltung seines/ihres gegenwärtigen und zukünftigen Lebens bevorzugt;
- wählt bezüglich der Zielsetzungen, Inhalte und Methoden vorrangig Angebote aus, die die individuell vorhandenen Kompetenzen eines Schülers oder einer Schülerin mit pragmatischer Lebensentwicklung einbeziehen, damit das Kind/der Jugendliche mit den Potenzen seines Persönlichkeitsprofils umgehen lernt;
- fördert unmittelbar auf den geistigen, seelischen und körperlichen Gegebenheiten einer Schülerin oder eines Schülers mit pragmatischer Lebensentwicklung die Erarbeitung weiterer Fähigkeiten und Fertigkeiten, die den Leistungsmöglichkeiten des Kindes/Jugendlichen entsprechen, so dass die Schülerin oder der Schüler ihre bzw. seine Kompetenzen zur gegenwärtigen und zukünftigen Lebensbewältigung/-gestaltung erweitern kann;
- hat die Zielsetzungen, Inhalte und Methoden ausnahmslos so zu gestalten, dass die Schülerinnen und Schüler mit pragmatischer Lebensentwicklung den jeweiligen Lernangeboten das erforderliche Ausmass an Motivation entnehmen können, so dass ihnen ein Lernziel nicht nur wünschenswert erscheint, sondern auch von ihnen realisiert werden kann;
- muss die Kinder und Jugendlichen mit pragmatischer Lebensentwicklung nach dem «formalen» Erreichen eines Lernziels noch eine (individuell angemessene) Zeit lang mit weiteren adäquaten Aufgabenstellungen auf dem alltäglichen Lebensweg im Schulgeschehen begleiten, damit die Schülerinnen und Schüler die erworbenen Kenntnisse/Fertigkeiten sicher in ihr Denk- und Handlungspotential aufnehmen können (Prinzip der lebensprozessorientierten Förderung).

Um eine nach den eben genannten Bedingungen entwickelte integrative Erziehung und Bildung von Schülern und Schülerinnen mit pragmatischer Lebensentwicklung anbieten zu können, müssen sich Pädagogen/Pädagoginnen und Therapeuten/Therapeutinnen sowohl in den theoretischen Überlegungen (u.a. auch in der Ausbildung) als auch hinsichtlich der praxisorientierten Handlungsweisen von einigen (lieb gewonnenen? automatisierten? gedankenlosen?) Verhaltensweisen trennen – nach den bisher dargelegten Gedanken müssen diese Faktoren nicht explizit genannt werden.

Damit jedoch Therapien sinnvoll und erfolgreich in den Lernort Förderschule mit pragmatischen Lernschwerpunkten integriert werden können, müssen Pädagogen/Pädagoginnen und Therapeuten/Therapeutinnen zunächst den eigenen Standpunkt klarstellen. Aus dieser bewussten Positionierung heraus gilt es die Gemeinsamkeiten zu finden, die pädagogische und therapeutische Arbeit mit dem Blick auf die Kinder und Jugendlichen mit pragmatischer Lebensentwicklung verbindet.

Schlussendlich fordert die schwerwiegendste Entscheidung, sich in ständiger Absprache so lange in die kooperative schülerzentrierte Förderung einzubringen, wie dies im Interesse der Schüler und Schülerinnen erforderlich ist: In diesem Zusammenhang muss berücksichtigt werden, dass sich nicht nur die Erkenntnisse in der wissenschaftlichen Theorie weiterentwickeln, sondern auch das Wissen und Können der Pädagogen/Pädagoginnen und Therapeuten/Therapeutinnen. Besonders aufmerksam aber müssen die Veränderungen beobachtet, reflektiert und durch sich ständig an diesen Entwicklungsprozessen ausrichtende Zielsetzungen gefördert werden, die im Leben der Schülerinnen und Schüler relevant sind.

Die Fragen, die sich zur Integration von Therapie in den Lernort Förderschule ergeben, müssen von einem weitaus grösseren Personenkreis und unter wesentlich differenzierteren Gedankengängen untersucht, geklärt und beantwortet werden – die hier aufgeführten Überlegungen sollten jedoch dazu beitragen können, die Auseinandersetzung um die Interdisziplinarität anzuregen.

Heinrich Greving

Lebensspuren:
Beziehungsspuren konstruiert?!

Warum Konstruktionen?

Die Theorie des Konstruktivismus bzw. des radikalen Konstruktivismus stellt sich in den letzten Jahren als immer intensiver handlungsleitend für die Geschehnisse im Sozialwesen und damit auch in der Heilpädagogik dar. Obwohl sie sicherlich ein Zeichen postmoderner Haltung und Wissenschaftlichkeit ist, scheint sie dennoch notwendig und sinnvoll, um Erkenntnisprozesse zu definieren. Im Kern geht es im radikalen Konstruktivismus darum, dass Menschen autopoetische, selbstreferentielle auf sich selber zurückbezogene und operationale geschlossene Systeme sind, die nur sehr indirekt Kontakt mit anderen Systemen, also mit ihrer Aussenwelt haben. Zudem bildet das Erkenntnissystem des Menschen die äussere Realität nicht wahrheitsgemäss, nicht wirklich ab, sondern der Mensch entwickelt und erzeugt eigene Wirklichkeiten (vgl. Siebert, 1996, S. 7). Diese Theorie ist somit deswegen als radikal zu bezeichnen, weil sie nicht nur definiert, dass der Mensch die Welt in Ausschnitten wahrnimmt, sondern dass diese Realität und Wirklichkeit grundlegend kognitiv nicht zugänglich ist. Es erübrigt sich die Frage, ob menschliche Erkenntnis wahr oder falsch ist. «Es wird zwar nicht geleugnet, dass eine subjektunabhängige Realität existiert, aber das, was wir erkennen, ist unsere subjektive Wirklichkeit, das, was in uns etwas bewirkt» (Siebert, 1996, S. 8). Auf dem Hintergrund dieses Grundgedankens nimmt der Mensch all die Erfahrungen und Reize wahr, die für ihn in einer bestimmten Situation als relevant, als stimmig, als viabel, also als passend, wahrgenommen werden. Hierbei sind alle Elemente seines Wesens miteinander verbunden: Wahrnehmen, Denken, Fühlen und Handeln gehen zirkulär ineinander über und sind miteinander verschränkt. Zudem ist das, was beobachtet und gesehen wird, immer das, was von einem Beobachter wahrgenommen wird. Also nicht etwas, was aus sich selber heraus ist, sondern erst durch diesen Beobachter, oder aus Sicht dieses Beobachters heraus wird. Hierbei ermöglicht es unser reflexives Bewusstsein «unsere Beschreibungen zu beschreiben, unsere Beobachtungen zu beobachten. Diese Reflexion kann sich auch auf die Emotionalität beziehen: Wir ärgern uns darüber, dass wir uns über etwas ärgern» (Siebert, 1996, S. 18). Das heisst, die Reflexion unseres Lebens, das Betrachten unseres Lebens steht uns im Rahmen unserer Möglichkeiten zur Verfügung, ist aber schon ein konstruierter Prozess im Rahmen unserer Konstruktionsmechanismen bzw. aller Konstruktionsmechanismen von Welt. Das, was wir als unser Leben bezeichnen, das, was wir als Beziehungsspuren unseres Lebens wahrnehmen, ist auf diesem Hintergrund konstruiert, ja sogar mehr noch, auch das, was wir als Einflussnahme Anderer bei uns wahrzunehmen glauben, bzw. wo wir auf Andere Einfluss nehmen, auch das ist konstruiert. Das heisst, die Spuren, die wir im Leben Anderer hinterlassen, die Spuren, die Andere in unserem Leben hinterlassen, sind konstruiert und interpretiert und hätten so, aber auch ganz anders, sein können. Im Rahmen dieses kurzen Beitrages sollen drei Möglichkeiten vorgestellt werden, wie Konstruktionen in pädagogischen Prozessen, also in Beziehungsprozessen wirken. Alle drei Schritte sollen an Beispielen dargestellt werden, so wie ich sie in meinem bisherigen Leben erlebt und damit auch konstruiert habe.

Konstruktionen als Vor-Urteile

Einer meiner ersten Arbeitstage als Zivildienstleistender in einer grossen Einrichtung der Behindertenhilfe verlief höchst spannend. Am interessantesten war die Begegnung mit Peter. Wie war das noch? Bettina, eine Kollegin, die die Gruppe, in der ich arbeiten sollte, schon einige Jahre kannte, informierte mich über die einzelnen Menschen, die hier wohnen, also auch über Peter und meinte, dieser junge Mann sei mit Vorsicht zu geniessen. Auf neue Gesichter würde er manchmal sehr heftig reagieren, er würde dann vielleicht sich und andere schlagen, ich sollte mich ihm gegenüber um eine gewisse Distanz bemühen. Nachdem sie mir das alles erklärt hatte, ging ich zur Verwaltung des Wohnheimes, um noch einige organisatorische Dinge zu erledigen. Unterwegs kam mir auf der anderen Strassenseite ein junger Mann mit Behinderung entgegen, auf welchen die Beschreibung von Peter zuzutreffen schien. Er musste es sein. Ich versuchte möglichst unauffällig an ihm vorbeizugehen, doch er blieb stehen, schaute mich an und schrie: «Du Arschloch!» Ich schaute zu Boden, ging rasch weg, erwiderte nichts und erreichte mit Angstschweiss auf der Stirn die Gruppe. Als ich Bettina diese Geschichte erzählte, lachte sie am Ende meiner Ausführungen laut auf und meinte: «Da hast du ja noch einmal Glück gehabt. Peter bezeichnet jeden, den er mag, als ‹Arschloch›».

Was war geschehen? Es geschah sicherlich eine Konstruktion der Rolle dieses Menschen mit Behinderung durch mich als Profi (war ich doch schon zu dieser Zeit ausgebildeter Erzieher). Ich konstruierte seine Rolle anhand der wenigen Daten, die mir vorzuliegen schienen, aus dem Gespräch mit meiner Kollegin Bettina. Ich konstruierte einen Mensch nicht mehr als Menschen, sondern als jemand, der a priori als aversiv erschien. Das, was ich von ihm gehört hatte, hatte sich bei mir so eingebrannt, dass ich gar nicht mehr anders konnte, als Urteile und Vorurteile ihm gegenüber zu entwickeln. Aber auch anders herum schien dieser Prozess so zu verlaufen: Die Konstruktion der Rolle des Profis durch eine relativ unvoreingenommene Betrachtung dieses Menschen mit Behinderung. Er hatte sicherlich sein Bild von Menschen mit und Menschen ohne Behinderung, sein Bild von Profis der Behindertenhilfe und von so genannten Betroffenen (durch die Arbeit dieser Profis). Er hatte einen Weg gefunden, die Menschen, die er mag, zu benennen und relativ unvoreingenommen Kontakt zu ihnen aufzunehmen und sie spüren zu lassen, dass er sie mag.

Im Rahmen dieser wechselseitigen Konstruktionsprozesse stellt Erziehung die Möglichkeit einer gemeinsamen Spurensuche dar. Ein gemeinsames Sich-auf-den-Weg-Machen, um die Konstruktionsprozesse dieser Beziehungsspuren nachzuvollziehen, zu beobachten, wie man beobachtet und wie man beobachtet worden ist, wahrzunehmen, wie man wahrgenommen hat und wahrgenommen worden ist –, um somit allfällige Urteile und Vorurteile als Konstruktionen zu entlarven.

Konstruktionen als Umkehr-Prozesse

Während meiner Tätigkeit als Heilpädagoge in einer grossen Behinderteneinrichtung traf ich auf Lea. Lea war zum damaligen Zeitpunkt eine ca. 28 Jahre alte Frau, sie war diagnostiziert als Mensch mit einer leichten geistigen Behinderung. Ich traf sie im akut psychiatrischen Bereich dieser Einrichtung, wo sie mit einer offensichtlich akuten Schizophrenie eingeliefert worden war. Lea lag in ihrem Bett, bis oben hin zugedeckt und starrte mich an. «Ich habe Angst», sagte sie zu mir, «ich habe Angst, dass der Tod, der unter meinem Bett liegt, mich holen wird. Schau mal, ich bin schon ganz tot, meine Hand ist schon ganz kalt.» Sie reichte mir ihre Hand und in der Tat, ihre Hand was eiskalt. «Weisst Du», sagte sie, «es dauert nicht mehr lange, dann wird der Tod, der unter meinem Bett liegt, mich ganz geholt haben, dann bin ich ganz erfroren, dann bin ich ganz gestorben.» Ich blieb an ihrem Bett sitzen bis nachmittags um 14.00 Uhr und versuchte herauszufinden, wie es zu dieser Erfahrung gekommen ist. Ich weiss, dass sie als psychisch krank diagnostiziert worden ist, im Verlauf des Gespräches wird mir klar, wie häufig es in Krisen und Bruchsituationen ihres Lebens gekommen sein muss, wie häufig sie verletzt worden ist und wie oft sie davon in die Schizophrenie hat fliehen müssen. Nach drei Stunden, es geht auf 17.00 Uhr zu, gab sie mir ihre Hand und sagte: «Hier, fühl' mal, ich glaube, der Tod ist weg. Guck doch bitte mal unter das Bett, ob er verschwunden ist.» Sie reichte mir ihre Hand, die sehr warm war. Ich stand auf und wollte in der Tat unter das Bett schauen, als sie mich anschaute, lachte und sagte: «Nein, das braucht Du gar nicht zu tun, ich weiss, der Tod ist nicht mehr da. Was hältst Du davon, wenn wir jetzt gemeinsam einen Kaffee trinken gehen?»

Konstruktionen erscheinen mir auf dem Hintergrund dieser Geschichte mit Lea als Prozesse der Diagnostik: Hier die Konstruktion ihrer Eigenwahrnehmung: Ich bin schon beinahe tot, schau mal, der Tod holt mich. Dort die mir über den Weg der Diagnostik zugekommene Konstruktion: Du Lea, bist psychisch krank, aber auch: Du hast eine gebrochene Lebensgeschichte hinter dich gebracht. Konstruktionen stellen sich hierbei als neue Begegnungen im Kontext einer psychischen Erkrankung oder Zuschreibung dar. Die Wahrnehmung des oder der Anderen (Kranken- oder Behindertenpersönlichkeit) geschieht im Rahmen dieser Erkrankung und dieser Wirklichkeit. In der Kommunikation, im Gespräch des Erlebten können Umkehrprozesse stattfinden, so dass wir uns unsere Konstruktionen gegenseitig noch einmal anschauen, aber auch uns selber noch einmal anders konstruieren: Lea: «Lass' uns einen Kaffee trinken gehen.» Und ich, der sie als Menschen wahrnimmt, der plötzlich nicht mehr akut psychiatrisch erkrankt zu sein scheint. Erziehung stellt sich in diesem Kontext von medizinischer und psychologischer Therapie neu dar: nämlich als Wahrnehmung dieser wechselseitigen Umkehrprozesse, von Konstruktionen wechselseitiger Wahrnehmung.

Konstruktionen als Begegnungs-Räume

Ich treffe Dennis in der Schweiz. Er stellt sich mir dar als ca. 17-jähriger junger Mann mit einer leichten geistigen Behinderung und einer Körperbehinderung. Er neigt immer dann zu Krampfanfällen, wenn man bestimmte Extremitäten, so wie er sagt, falsch bewegt. Unser erster gemeinsamer Arbeitstag beginnt damit, dass ich ihn morgens wecke und er zu mir sagt: «Ach, du bist der Neue. Kann es sein, dass du mit so einem wie mir noch nie gearbeitet hast?» Ich kann nur nicken. Darauf schmunzelt er mich an und sagt: «Dann will ich dir mal erklären, wie du mich am besten zu ‹händeln› hast, dass ich nicht ständig wieder in irgendwelche Krampfpositionen falle. Also, erst einmal schiebst du deine Hand vorsichtig unter meinen Rücken» – was ich dann mache – und nach ca. einer Stunde sitzt er im Rollstuhl und wir fahren gemeinsam zum Frühstück.

Ich bin in diesem Beispiel derjenige, der seine Konstruktion neu überdenken muss. Sollte ich doch eigentlich der machtvolle Praktikant sein, derjenige, der weiss, wie es im pädagogischen Bereich zu laufen hat, derjenige, der sich mit Behinderungen auskennt. So ist es diesmal Dennis, der sich und mich neu konstruiert und hiermit auch gemeinsam Lernräume neu erschafft. Erziehung stellt sich in diesem Kontext als gemeinsame Konstruktion von Lebensräumen dar, die so immer wieder neu zu schaffen, zu begehen und einzurichten sind. Das Offenhalten für die jeweilige Überraschung, die der Andere darstellt, scheint ein fundamentales Moment zu sein, um Beziehungsspuren neu wahrzunehmen oder neu zu legen.

Fazit

All die oben dargestellten Konstruktionsprozesse verlaufen natürlich auch unter organisatorischen und gesellschaftlichen Bedingungen. Der Habitus stellt hierbei nach Pierre Bourdieu (vgl. Bourdieu, 1998) die Vielzahl der Dispositionen, also der Möglichkeiten dar, in denen und mit denen wir Konstruktionen erleben, erfahren oder selber durchführen. Konstruktionen sind somit auch durch kulturhistorische und gesellschaftliche Prozesse grundgelegt und werden durch sie beeinflusst. Mehr noch: sie sind erst durch diese Prozesse zu denken, werden erst in ihnen aufgezeigt. Was bedeutet dieses für die konkrete Arbeit mit und an den Beziehungsspuren in pädagogischen Prozessen?

Erstens geht es sicherlich darum, dass ich um mögliche Konstruktionsprozesse und Konstruktionsmodelle beim Anderen und bei mir wissen muss. Im Sinne der Beobachtung zweiter Ordnung sollte ich Beobachtungen beobachten und Reflexionsprozesse reflektieren. All das kann ich dann zum Gegenstand gemeinsamer Betrachtungen bei mir und beim Anderen machen.

Des Weiteren finden Begegnungen nicht im luftleeren Raum statt, sie sind immer gebunden an die (bewussten oder auch unbewussten) Konstruktionsprozesse der Akteure. Das Du im Prozess der Kommunikation (nach Martin Buber) ist immer schon ein zugeschriebenes Du. Es erscheint mir nie wertfrei, sondern immer schon konstruiert (ebenso wie das Ich, ebenso wie das Wir). Auf die im Titel dieses Beitrages gestellte Frage «Beziehungsspuren konstruiert?!» kann ich an dieser Stelle somit nur antworten: ja, Beziehungsspuren, Lebensspuren sind immer schon konstruiert, wir erleben sie als Wirklichkeit, als Wahrheit; dennoch sind sie eigentlich mehr als das, sie sind immer wieder neu, sind somit immer wieder Wirklichkeiten und Wahrheiten. Auf diese können wir uns und andere aber nie verpflichten, sondern sind immer wieder dazu aufgefordert, uns offen zu halten für das Schicksal des je Anderen, ja, für unser gemeinsames Schicksal in der Begegnung mit dem jeweils Anderen.

Literatur

Bourdieu, P. (1988). *Praktische Vernunft: zur Theorie des Handelns*. Frankfurt a.M.: Suhrkamp.

Siebert, A. (1996). *Bildungsarbeit konstruktivistisch betrachtet*. Frankfurt a.M.: VAS Verlag für Akademische Schriften.

Andreas Fischer

Erziehung und Therapie – Gegensatz oder Ergänzung?

Das Verhältnis von Erziehung und Therapie ist nicht ganz spannungsfrei; dies äussert sich in der Praxis in den Institutionen oft in Konflikten ihrer Repräsentantinnen und Repräsentanten, sind doch beide Seiten überzeugt, in der Begleitung und Förderung von Kindern mit Behinderungen den entscheidenden Beitrag zu leisten. Im schlimmsten Fall grenzt man sich voneinander ab, beharrt auf seiner Position und jeglicher Dialog ist verunmöglicht.

Auf der anderen Seite sind aber auch gegenteilige Tendenzen beobachtbar, die Grenzen werden verwischt, alles wird als Therapie deklariert, der Inflation in diesem Bereich sind keine Grenzen gesetzt. Die Frage stellt sich, ob es im Alltag nicht eigentlich darum gehen sollte, dieses Spannungsfeld bewusst auszuhalten, die Unterschiedlichkeiten zu benennen, aber gleichzeitig zu versuchen, zu einer ergänzenden Betrachtungsweise und fruchtbaren Zusammenarbeit zu kommen.

Dies bedingt aber Schritte sowohl auf der begrifflichen Ebene, dem Selbstverständnis wie auch in der konkreten Alltagspraxis.

Das Spannungsfeld im Alltag ...

Der Alleinanspruch von Fachleuten im Zusammenhang mit Kindern mit Behinderungen kann auch für die Eltern sehr belastend sein. Vor vielen Jahren hatte der Schreibende die Möglichkeit, eine Frühberaterin während einer Woche bei ihrer Arbeit zu begleiten. Dabei machte er auch die Bekanntschaft mit einer Mutter, die mit ihrem schwerst mehrfachbehinderten Kind auf einem abgelegenen Bauernhof wohnte. Die Mutter war allein erziehend, ihr Mann hatte sie – nicht zuletzt auch als Folge der schweren Behinderung des Kindes – verlassen, sie war also völlig auf sich allein gestellt. Das Kind benötigte mehrere Therapieeinheiten während der Woche im Kinderspital; diese waren für die Mutter auch immer mit einer aufwändigen Reise verbunden. Die im Kinderspital tätigen Therapeutinnen nahmen ihren Beruf natürlich sehr ernst, förderten und forderten das Kind nach bestem Wissen und Gewissen. Sie gaben der Mutter jeweils viele Empfehlungen für eine zielgerichtete Förderung des Kindes im Alltag mit auf den Weg. Diese gut gemeinten Ratschläge brachten die Mutter aber völlig an den Rand der Verzweiflung, war sie doch schon mit der Bewältigung des Alltags überfordert.

Jeder Ratschlag ist ja auch ein Schlag, eine Art Gewalt, auf jeden Fall ein Eingriff in den Freiraum eines anderen Menschen. Die gut gemeinten und für die Förderung des Kindes wichtigen Hinweise führten bei der Mutter zu einem schlechten Gewissen, da es ihr unmöglich war, die Intentionen der Therapeutinnen im Alltag umzusetzen. Sie fühlte sich neben allen Alltagssorgen zusätzlich noch schuldig und war überzeugt, als Mutter versagt zu haben. Auch belastete sie die Annahme, dass sie den Ansprüchen ihres Kindes nicht genügen könne und dadurch dessen Förderung vernachlässigen würde.

Im Gespräch mit der Frühberaterin wurde diese Verzweiflung mit vielen Tränen offenbar, denn die Frau hatte mit niemandem sonst die Möglichkeit, über ihren inneren Konflikt zu sprechen. Die Frühberaterin – eine sehr erfahrene Frau – gab ihr den richtigen, aber gegenüber den Therapeutinnen sehr «unkollegialen» Hinweis, alle Ratschläge und therapeutischen Anweisungen zu vergessen und einfach zu versuchen, zu Hause eine gute Mutter zu sein, das wäre für ihr Kind im Moment das Beste.

Es war eindrücklich zu erleben, mit welcher Erleichterung die Mutter auf diesen eigentlich «unprofessionellen» und «unkollegialen» Vorschlag reagierte.

Es soll an dieser Stelle nicht versucht werden, Verurteilungen vorzunehmen, aber offenbar wurde von den mehr medizinisch arbeitenden Therapeutinnen die Lebenssituation und Not dieser allein erziehenden Mutter zu wenig erkannt und in ihre Überlegungen miteinbezogen.

In diesem Fall führte das Gewichten eines Segmentes der kindlichen Entwicklung, zum Beispiel der Förderung der Motorik, zu einer Einseitigkeit, die für die direkt Betroffenen des Umfeldes zu einer zusätzlichen Belastung wurde.

Auf der einen Seite ist es mehr als verständlich, dass in einer Therapie nur ein kleiner Ausschnitt aus einer Ganzheit die Grundlage der Handlung darstellt. Auf der anderen Seite ergibt sich aber die Frage, ob nicht die Gefahr besteht, den Zusammenhang mit dem Ganzen zu verlieren und dadurch für die Umgebung die oben geschilderte Drucksituation entsteht. Es ist aber deutlich, dass «nur eine gute Mutter sein» auch eine Einseitigkeit darstellen kann; das ausschliessliche Sich-Orientieren an der Ganzheit wird dem betroffenen Kind auch nicht gerecht. Es kann sogar dazu führen, dass jede Therapie als überflüssig betrachtet und ignoriert wird.

Dies war im aufgeführten Beispiel nicht der Fall, äussert sich aber im Bereich der helfenden Berufe oft in einer Haltung, die häufig mit einer gewissen Selbstzufriedenheit und Überheblichkeit korrespondiert. Es genügt aus Sicht dieser zum Glück nicht allzu zahlreichen Berufsleute vollkommen, ein guter Mensch zu sein; Fachqualifikationen, Weiterbildung und Beratung spielen eine eher untergeordnete Rolle. Denn alle spezifischen therapeutischen Angebote und Vorgehensweisen reichen in der Beurteilung dieser Leute nicht an die Qualität heran, die sie selber mit ihrem Hier- und Sosein einem Kind mit Behinderung vermitteln können. Diese Selbstgenügsamkeit ist ein leider immer noch vorkommender Tenor in den Kreisen, die sich um das Wohlergehen von Kindern mit Behinderungen bemühen; sie führt auch zu Abgrenzung und Intransparenz.

Diese Aussage beinhaltet in ihrer Radikalität sicher eine gewisse Überzeichnung, ist in ihrer Tendenz im Alltag einer Institution aber immer wieder erlebbar.

Noch spannungsgeladener wird dieser Gegensatz zwischen Therapie und Erziehung dann, wenn mit der Lehrperson möglicherweise noch ein dritter Partner mit einer ähnlichen Überzeugung dazukommt. Dies führt zu unfruchtbaren Grabenkämpfen, jede Partei ist überzeugt, den wichtigsten Beitrag für die Entwicklung eines Kindes zu leisten; Gespräche sind kaum möglich, weil die andere Partei ja eh nicht verstehen kann, was Sache ist.

Die daraus sich ergebende Weigerung, sein Handeln gegen Innen und Aussen zu begründen, zu dokumentieren und zu evaluieren, führt zu einer sehr selbst bezogenen Haltung, die das eigene Ich in den Vordergrund stellt und den eigenen Verdienst in der Entwicklungsförderung des Kindes überbewertet.

Wird in einem solchen Zusammenhang heilpädagogische Arbeit extern evaluiert, kommt den Evaluierenden von den Tätigen oft heftiger Widerstand, sich auf verbindliche Kriterien und Standards einzulassen, entgegen. In einer Diskussion über Wirksamkeit der heilpädagogischen Arbeit brachte es ein Kollege auf den Punkt: «Le standard, c'est moi» als heilpädagogisches Selbstverständnis verhindert jegliche Objektivierung, erstickt Reflexion des Handelns im Keim und öffnet den Freiraum für Willkürlichkeit.

Es ist eine grosse Herausforderung mit der Aussage «Le standard, c'est moi» umzugehen, denn sie wirft Fragen auf, die nicht einfach zu beantworten sind. Weiter unten soll versucht werden, aufzuzeigen, dass die Aussage auf der einen Seite unter bestimmten Bedingungen stimmt, auf der anderen Seite gleichzeitig aber auch falsch und gefährlich ist.

Im folgenden Abschnitt wird der Versuch unternommen, das Spannungsfeld von Erziehung und Therapie näher zu beleuchten und Wege des Umgangs damit aufzuzeigen.

... und Möglichkeiten der Überwindung

Kobi weist in seinem Werk «Grundfragen der Heilpädagogik» (1993) auf das Spannungsfeld zwischen Erziehung und Therapie hin, indem er sie einander gegenüberstellt und ihre Gegensätzlichkeit betont.

«Therapie im klassisch-medizinischen Sinn ist **indikativ**, d.h. sie beruht auf einer jeweils speziellen Indikation. Therapiebedürftigkeit hat Krankheit/ Leiden zur Voraussetzung.» «Erziehung ist **imperativ**, d.h. aus der Seinssituation des Menschen heraus gefordert (aus biologischen, psychologischen, gesellschaftlichen Gründen). Erziehung kennt keine Frage der speziellen Indikation; Nicht-Erziehung wäre gleichbedeutend mit Verwahrlosung» (Kobi, 1993, S. 344; Hervorhebungen im Original).

Das im oberen Teil erwähnte Spannungsfeld bezeichnet Kobi als den Gegensatz von partikulär (Therapie) und ganzheitlich (Erziehung). Er versteht darunter, dass Therapie «auf bestimmte Störungsfelder gerichtet» ist, während Erziehung die Aufgabe hat, «den Menschen umfassend auf sämtlichen Fähigkeitsbereichen anzusprechen» (a.a.O., S. 345).

Weiter sieht er den Unterschied darin, dass Therapie objektiv ist, «d.h. sie macht sich am Objektstatus des Patienten – zum Teil unter gezielter Ausschaltung des Subjekts – zu schaffen». Demgegenüber ist Erziehung aus seiner Sicht subjektiv, denn «sie beschäftigt sich mit dem Menschen in seinem Subjektstatus» (a.a.O., S. 344).

Gerade hier liegt aus unserer Sicht ein Ansatzpunkt, um mit diesem Spannungsfeld umzugehen. Denn es leuchtet unmittelbar ein, dass Therapie etwas Objektives zu sein hat, aber doch gleichzeitig den Empfänger nicht zum Objekt degradieren darf. Trotz einer speziellen Indikation, einer Diagnose, muss jeder/jede therapeutisch Tätige versuchen, zum betroffenen Kind eine Beziehung aufzubauen, das Kind als Subjekt ernst zu nehmen.

Auf der anderen Seite geht es in aller Erziehung zwar hauptsächlich um eine Begegnung von Mensch zu Mensch, aber auch hier ist das Bemühen fruchtbar, sich nicht nur von subjektiven Kriterien in seinem Handeln leiten zu lassen, sondern sich davon zu lösen und eine Objektivität anzustreben. Bleibe ich nur auf der subjektiven Ebene, verkenne ich meinen persönlichen Anteil an der Interaktion, bekomme dadurch keine innere Distanz zu den Motiven meines Handelns und verliere jegliche Objektivität. «Im Grunde genommen sind wir Prüfling und Prüfer, Handelnder und Behandelnder in dauerndem Wechselspiel. Ich stehe nicht darüber und das Kind unten, sondern es ist ein Miteinander, Füreinander, Zueinander. Nur muss ich in dem, was ich mit dem Kind tue, ein Wissen haben, welches das Kind noch gar nicht haben kann» (König, 1984, S. 22).

Erziehung und Therapie sind als angewandte Tätigkeiten einseitig, denn sie betonen einen Aspekt, den subjekt- (Erziehung) oder den objektzentrierten (Therapie). Um zu verhindern, dass ein Gegeneinander der Exponenten entsteht, ist es wichtig, den Ansatz und die Grundlage des anderen als eine Ergänzung im Zusammenhang mit dem Kind zu betrachten. So wird deutlich, dass in der Erziehung der Erwachsene in sich den Ausgleich suchen muss, um eine Einseitigkeit in der Handlung – sei sie nun eine erzieherische oder therapeutische – zu verhindern. Es muss wie ein komplementäres Element dazukommen, dass die in der Handlung liegende Vereinseitigung nicht Platz greifen kann.

Ein Schlüssel zum Verständnis dieses Phänomens und zum fruchtbaren Umgehen damit liegt aus unserer Sicht in der Auseinandersetzung mit den Begriffen Haltung und Handlung, wie sie Rüdiger Grimm (1995) beschreibt.

«Die heilpädagogische Haltung, welche auf dem ausgleichenden Einfühlen des Erziehers in den kindlichen Seelenzustand beruht, kann im Kind zu basalen Erfahrungen des Verstandenwerdens führen, welche die Voraussetzung für seine Entwicklung bilden» (Grimm, 1995, S. 105).

Im Gegensatz dazu umfasst eine heilpädagogische Handlung «alles, was mit dem Kind und für es getan wird, aber auch alles, wodurch es zu eigenständigem Tun angeregt wird» (Grimm, 1995, S. 101). Es geht also bei der Handlung im Gegensatz zur Haltung nicht primär um einfühlendes Verstehen, sondern um eine zielorientierte Vorgehensweise, beruhend auf einer genauen Diagnose. «Eine Handlung, die mit einem Kind ausgeführt wird, wird erst dann zu einer heilpädagogischen Handlung, wenn sie auf ein konkretes Problem des Kindes gerichtet ist» (a.a.O., S. 101).

Aus dieser Sicht stellt sich die Frage, ob die Handelnden in Erziehung und Therapie nicht versuchen müssen, die ihrem Tun immanent innewohnende Einseitigkeit durch eine komplementäre Haltung auszugleichen. In diesem Sinne müssen sich Handlung und Haltung ergänzen, alle Tätigen – sei es in Erziehung oder Therapie – leisten gegenüber der Einseitigkeit ihres Tuns durch das Bewusstsein mit der Haltung einen inneren Ausgleich. So muss auch Therapie einfühlendes Verständnis entwickeln, während Erziehung auch zielgerichtetes, überlegtes Handeln und nicht nur Empathie ist. Dann entsteht aus der Zweiheit im Interesse des Kindes wieder eine Einheit, denn beide – Erziehung und Therapie – sind Teilaspekte eines Höheren: der Menschenbildung im umfassenden Sinne.

Dies würde also bedeuten, dass jede Therapie von einer das Subjektive betonenden Haltung begleitet werden müsste, während im Bereich der Erziehung eine objektivierende Haltung angestrebt werden sollte. Mit welcher inneren Haltung ich meine Handlungen begleite, ist aus diesem Grunde ausserordentlich wichtig, liegt doch in ihr das komplementäre Element zu meinem äusseren Handeln. Das Bewusstsein wird also zum wichtigen Begleitelement des Handelns, denn «Erziehung ist nicht eine zu entdeckende Seinsform, sondern eine zu erfindende Bewusstseinsform» (Kobi, 1993, S. 91). Dieser schöpferische Prozess spielt aus unserer Sicht in beiden Bereichen, er ist nicht selbstverständlich, sondern muss bewusst ergriffen werden, damit dem Bildungsbedürfnis, auf das jedes Kind, unabhängig von jeglicher Behinderung, ein Anrecht hat, in adäquater und würdiger Weise entsprochen werden kann.

Aus diesem Grunde ist es für die spätere Berufspraxis bedeutsam, wenn in den Studiengängen für Heilpädagogik auch die Frage der Haltung thematisiert wird. Dies sollte nicht nur im Sinne einer historischen Betrachtungsweise geschehen, sondern als zentraler Bestandteil der beruflichen Kompetenz. «Sie glauben gar nicht, wie gleichgültig es im Grunde genommen ist, was man als Erzieher oberflächlich redet oder nicht redet, und wie stark es von Belang ist, wie man als Erzieher selbst ist» (Steiner, 1985, S. 37.)

Die Ausbildungen im Bereich der helfenden Berufe tragen in sich drei Komponenten: das Erwerben eines fundierten Wissens, der Fach- und Handlungskompetenz und die Schulung der Persönlichkeitskompetenz. Letztere ist nur bedingt prüfbar und muss initiativ von jedem Einzelnen ergriffen werden, sie ist aber ebenso wichtig und hat mit Fragen von Haltung, Menschenverständnis und Selbsterziehung zu tun. «Denn ein Mensch besteht überhaupt nur daraus, dass er sich dauernd selbst erneuert, indem er den anderen beeinflusst und vom anderen beeinflusst wird» (König, 1984, S. 21).

Nicht nur die Fachlichkeit, sondern primär meine Person spielt in jeder Begegnung eine zentrale Rolle, sie ist Chance oder Stolperstein zugleich und es stellt sich wirklich die Frage, ob die Wirksamkeit heilpädagogischen Handelns sich nicht auch an der agierenden Person zu bemessen hat.

Le standard, c'est moi?

Letztlich geht es um die Frage, woran, ob und wie überhaupt die Wirksamkeit heilpädagogischer Arbeit gemessen werden soll. Kann sie nur quantitativ und/oder qualitativ erfasst werden? Ist sie nur subjektive Einschätzung, offenbart sie sich an der Häufigkeit und Intensität der durchgeführten Therapien oder ist sie Folge des persönlichen Engagements des Erwachsenen?

Die Frage des Wirksamkeitsnachweises wird in Zeiten von knapper werdenden Finanzen immer drängender gestellt; viele Heilpädagoginnen und Heilpädagogen empfinden schon allein die Fragestellung als einen schwerwiegenden Angriff auf ihre Berufsehre und reagieren mit heftiger Ablehnung. Die Schwierigkeit dabei ist, dass sich Wirksamkeit im heilpädagogischen Handeln nicht so linear nachweisen lässt wie in vielen anderen Tätigkeitsfeldern.

Bringe ich mein Auto im Falle einer Panne in eine Werkstatt, zeigt sich die Wirksamkeit der Handlung der Mechaniker darin, dass mein Auto nach Verlassen der Werkstatt wieder reibungslos funktioniert. Bei allen Handlungen im Zusammenhang mit Menschen ist es nicht ganz so einfach, weil der Beziehungsaspekt immer mit hineinspielt. So weiss man, dass die Wirksamkeit von Gesprächstherapien bei Erwachsenen nicht von der angewendeten Methode abhängig ist, sondern Fähigkeiten wie Empathie, Zurücknahme von Bewertungen und Zuhörenkönnen auf Seiten der Therapeutinnen und Therapeuten entscheidend sind. Bezeichnend für diese Forschungsergebnisse ist, dass sie durch die Befragung der Betroffenen zustande gekommen sind; eine Methode, die sicher auch im Rahmen der Heilpädagogik immer mehr an Bedeutung gewinnen wird. Dies aus dem Grund, weil immer mehr Möglichkeiten vorhanden sind, dass sich Menschen mit einer Behinderung äussern können. Gerade die umstrittene Frage des Wirksamkeitsnachweises müssten aber jene am besten beurteilen und beantworten können, auf die die Handlungen gerichtet sind.

Sichtweise der Betroffenen

Im Rahmen eines Besuches mit Studierenden der Universität Freiburg/CH in einer Institution für erwachsene Menschen mit Behinderung waren zwei Frauen[1] mit Autismus bereit, auf Fragen von Studierenden mit Hilfe der gestützten Kommunikation direkt zu antworten.

---

1 Frau N. Riesen und Frau M. Stärkle haben ihr Einverständnis für den Abdruck ihrer Aussagen in diesem Buch gegeben. Die Aussagen werden in Kursivschrift wiedergegeben.

Auf die Frage, was in der täglichen Begleitung für sie wichtig sei, was sie von ihren Betreuungspersonen erwarten würden, erfolgte die Antwort der einen Frau: *«Ich brauche viel Einfühlungsvermögen. Ich möchte als Mensch ernst genommmen werden. Ich brauche offene Menschen die bereit sind, auch meine Welt zu verstehen und nicht nur die Welt in der wir leben mit den physischen Organen.»* Diese Antwort zeigt deutlich, wie zentral die Persönlichkeit der Betreuenden in der heilpädagogischen Arbeit wirksam ist.

Als Vorbereitung für ein Podiumsgespräch wurden die beiden Frauen auch spezifisch bezüglich der Wirksamkeit heilpädagogischer Tätigkeit befragt. Die eine Frau betont die Wichtigkeit ihrer Bezugsperson, mit der sie ihren Weg seit über zwanzig Jahren gehen kann. *«Dadurch habe ich einen verbindlichen Halt in meinem Leben bekommen, das ist wichtiger als alles, was du und andere getan haben. Alles Pädagogische kommt erst danach. Habe viel profitiert, weil ich immer bei der Weiterbildung der Mitarbeiter dabei sein durfte. überhaupt am Leben teilnehmen durfte».* Auch die zweite Frau – beide können nicht sprechen und sind im Alltag auf Begleitung und Hilfe angewiesen – betont die Wichtigkeit der Teilhabe: *«Ich habe am meisten von den Menschen gelernt die mich mitgenommen haben und mich mit einbezogen haben in ihre Welt».*

Diese Aussagen würden eigentlich darauf hinweisen, dass wirklich nur das Persönliche Massstab von heilpädagogischer Wirksamkeit ist; beide Frauen betonen aber auch, dass ihnen der innere Aspekt der Begegnung wichtig ist: *«Ich konnte nur mit Menschen Kontakt haben die mir innerlich begegnet sind ich merke erst jetzt, dass es viele oberflächliche Menschen gibt. Ich habe sehr mühe damit ich fühle mich von diesen menschen nicht ernstgenommen.»* Hier wird deutlich, dass im Erziehungs- und Betreuungsprozess auch der Empathiefähigkeit grosse Bedeutung zukommt, denn «Erziehung ist eine Haltung und keine spezifische Tätigkeit» (Kobi, 1993, S. 73).

Auch der Hinweis auf die zwei Ebenen der Begegnung – die innere und die äussere – ist aus unserer Sicht sehr wichtig, wird dadurch doch deutlich, dass Begegnung nicht einfach Begegnung und Aufeinanderprallen ist, sondern innere Aktivität erfordert und erst dadurch ihre Bestimmung erfüllt.

Durchaus scheint aber auch Fachkompetenz gefragt, denn *«es hilft aber am besten, wenn ich weiss, wo und wie das Problem ist. Ihr könnt uns nur Angebote machen. zu welchem wir uns entschliessen, werden wir frei sein».*

Es braucht also auf der einen Seite die Fachkompetenz, auf der anderen Seite aber auch die Persönlichkeitskompetenz: *«Brauchen Menschen, die sich auf das Wagnis Mitmensch einlassen».*

In einem anderen Gespräch betonte die eine Frau, dass es für sie schlimm sei, wenn Menschen sich hinter ihrer Berufsrolle – der so genannten Fachlichkeit – verstecken und ihnen nicht als Menschen begegnen würden. Auf diesem Hintergrund ist auch der Hinweis von Kobi auf Buber zu verstehen, der die Subjektivität im Erzieherischen mit dem Begriff des ‹da sein› umschrieb. «Wie hoch diese Anforderung aber tatsächlich ist, erfährt der Erzieher in dem Moment, wo er mit Bubers Wort: ‹und so muss denn aber dieser Mensch auch wirklich dasein. Er darf sich nicht durch ein Phantom vertreten lassen ... er muss wirklich da sein› ernst zu machen versucht: sich auf den Weg zu sich selbst macht, ja sogar aus der Erzieher‹Rolle› heraustritt, um nicht mehr einen Erzieherberuf auszuüben, sondern Erzieher/in zu **sein**» (Kobi, 1993, S. 424; Hervorhebung im Original).

Hier wird deutlich, dass es in der Erziehung nicht um einen objektivierbaren und messbaren Sachverhalt geht, sondern um eine existentielle Frage, um eine Begegnung von zwei Menschen. «Mit der für den Erzieher wichtigsten und für das erzieherische Gelingen bedeutsamsten dialogischen Frage bringt sich der Erzieher als Subjekt mit ins Spiel. Mit dieser Frage erst hebt jene Selbstbesinnung an, welche von allem Anfang an das erzieherische Tun und Lassen begleiten müsste und aus der heraus sich immer wieder neu zu verstehen und zu rechtfertigen versucht» (a.a.O., S. 424). Aus dem Vorangehenden wird auch deutlich, dass ich mich als Erwachsener einer Illusion hingebe, wenn ich davon ausgehe, dass eine Begegnung ohne Mitwirken und Einfluss meiner eigenen Person stattfindet. Vielmehr ist es so, «dass ich als Mensch gar nicht die Möglichkeit habe, von mir so abzusehen, dass ich einen anderen sozusagen objektiv beurteilen kann» (König, 1984, S. 21).

Doch die Frage nach dem Objektivierbaren stellt sich nach wie vor, denn es kann ja nicht sein, dass Erziehung und Betreuung nur von subjektiven Faktoren bestimmt wird und damit der Beliebigkeit unterworfen ist. Die entscheidenden Punkte sind die Hinweise auf die Selbstbesinnung und auf die innerliche Begegnung, denn diese erfordern Distanzierung von sich selbst und einen objektiven Standpunkt.

C'est moi, le standard!

Lasse ich mich mit den zu Erziehenden und zu Begleitenden auf einen wirklichen Dialog ein, ist das Verhältnis nicht mehr ein hierarchisches, sondern ein gleichwertiges. «Hinter jedem Kind, hinter jedem Erwachsenen, den wir heilpädagogisch diagnostizieren wollen, steht genauso wie hinter uns selbst die gewaltige, allumfassende Anthropologie des Menschseins» (König, 1984, S. 22).

Das bedeutet, dass sich Veränderungsprozesse auf beiden Seiten abspielen, eine gegenseitige Beeinflussung stattfindet. Durch die Begegnung verändert sich auch der Erwachsene, er lernt, mit seinen Schwächen und Einseitigkeiten bewusst umzugehen. Das erfordert Beweglichkeit, «dann muss ich so lebendig bleiben, wie dieses Kind lebendig ist, und ich muss aus dieser Lebendigkeit heraus wissen, das Kind spiegelt sich in mir, aber ich spiegle mich genauso in diesem Kind» (König, 1984, S. 22).

In diesem Sinne gewinnt eine alte Weisheit, dass jede Erziehung mit der Selbsterziehung zu beginnen hat, eine neue und aktuelle Bedeutung.

«Wenn Heilpädagogik die Person als Sinnträger des Menschen bewahren und vor einer Verdinglichung retten will, so benötigt sie die ‹permanente Revolution›, d.h. eine dialogische Umkehr der Bedingungsverhältnisse, die es gestattet, dass auch der Schüler den Lehrer belehrt, der Patient den Arzt behandelt, der Gläubige sich um die Seele des Pfarrers sorgt und ein Behinderter seinem Betreuer hilft, die Welt und sein Leben unter einer erweiterten Perspektive zu gestalten» (Kobi, 1993, S. 214).

Lässt sich die oder der Erziehende auf diesen Prozess ein, wird sie/er sich auch als Mensch verändern, sich neue Fragen stellen und erweiterte Perspektiven gewinnen. Unter «moi» wollen wir nicht unser alltägliches Ich verstehen, denn «der heutige Mensch trägt sein eigenes Ich auf dem Arm und herzt es zärtlich» (Steiner, 1985, S. 184), sondern denjenigen Teil unserer Persönlichkeit, der sich dem Dialogischen stellt und sich auf das Wagnis Begegnung mit einem Mitmenschen einlässt.

Dieser Prozess ist nicht nur subjektiv, sondern hat auch einen objektiven Aspekt. Die Objektivierung «bildet eine **notwendige** Voraussetzung über die bloss subjektive Anmutung und Betroffenheit hinauszukommen, sie ist jedoch keine **zureichende** Voraussetzung für eine interpersonale Beziehungsstiftung» (Kobi, 1993, S. 423; Hervorhebung im Original).

So wird deutlich, dass die Aussage «Le standard, c'est moi» dann falsch ist, wenn kein Begegnungsprozess, kein dialogisches und gleichwertiges Miteinander stattfindet, sondern ein kompetent Handelnder und ein ohnmächtiger Handlungsempfänger sich gegenüberstehen. Dann werden die Schattenseiten pädagogischer Wirksamkeit sichtbar, Grenzüberschreitungen treten auf und die oder der Erziehende wird zum grossen Problem des zu Erziehenden. Heilpädagogik wird so zum einseitig umgesetzten Machtanspruch, zur Bevormundung meines Gegenübers.

Bin ich aber bereit, mich auf das Wagnis im Sinne der dialogischen Umkehr einzulassen, wird das «moi» nicht nur mein Ich, sondern im Idealfall auch das meines Gegenübers umfassen. Dies ist ein höchst anspruchsvolles Unterfangen, ein permanenter Entwicklungsprozess und ein Wagnis, dessen Ausgang ungewiss ist. «Erziehung ist die Kunst, auf möglichst hohem Niveau – verlieren zu können» (Kobi, 1993, S. 74).

Das Einlassen auf Begegnung im erzieherischen und therapeutischen Handeln erfordert Mut und die Bereitschaft, sich auf einen gemeinsam zu gestaltenden Prozess einzulassen, dessen Gestaltungselemente sich immer wieder verändern und der oft nicht von Anfang bis zum Schluss planbar ist.

Geht man in dieser Haltung auf seine Aufgabenstellungen zu, dann kommen auch kaum Gefühle von Selbstzufriedenheit auf Seiten der Erziehenden auf. Denn durch den Miteinbezug meines Gegenübers wird man sich erst recht bewusst, welche Verantwortung man im heilpädagogischen Handeln trägt. «Und zu diesen Entscheidungen gehört eben Mut, innerer Mut. Das ist die allererste Bedingung, wenn man auf einem solchen Felde etwas tun will» (Steiner, 1985, S. 41).

Damit der Mut nicht zum Hochmut wird, ist es innere Verpflichtung, die eigene Arbeit zu reflektieren und auch für Aussenstehende Transparenz zu schaffen; es kann eigentlich nur noch darum gehen, in welcher Art dies zu geschehen hat.

Jegliche Form von Standardisierung und Überprüfung muss berücksichtigen, dass Erziehung ein schöpferisch-künstlerischer Prozess ist, der sich nur teilweise linear abbilden, planen und überprüfen lässt.

Berücksichtigen aber die Formen von Evaluation und die Schaffung von Standards den notwendigen Freiraum, den schöpferisches Handeln braucht, dann wird die Ablehnung und Abwehr von Seiten der Berufsleute geringer. Aus unserer Sicht ist es ausserordentlich bedeutsam, dass der Freiraum von den Tätigen nicht als Freibrief für Willkür missbraucht wird, sondern sie über ihre Motive und ihre Intentionen immer wieder Rechenschaft ablegen und alle Aktivitäten und Prozesse transparent darstellen. Letztlich kann es nicht um den Nachweis von quantifizierbaren Erfolgen gehen, sondern um das qualitative Nachspüren von Entwicklungen, die sich oft nicht äusserlich belegen lassen.

So braucht es auch hier die Begegnung und den Austausch von Betroffenen, Tätigen und Behörden, denn Heilpädagogik lässt sich kaum durch Gesetze, Standards und Vorgaben regeln, sondern braucht einen Freiraum, wo sich ein gemeinsamer Gestaltungsprozess abspielen kann. Dieser Freiraum darf aber von Seiten der Berufsleute gegenüber den Aufsichtsorganen nicht nur ultimativ gefordert und gegen sie verteidigt werden, sondern die Bereitschaft muss da sein, diesen transparent und verantwortungsbewusst zu gestalten. Die Tatsache, dass nicht der Standard, sondern die Person im Vordergrund zu stehen hat, erhöht das Bedürfnis nach Objektivität, nach Reflexion und nach Transparenz, denn Entwicklung findet nur mit- und aneinander statt.

Erst dann wird das «moi» als sich veränderndes und wandelndes Ich wirklich zum Bezugspunkt heilpädagogischer Wirksamkeit, dann ist nicht der Standard mein Ich, sondern mein Ich ist Grundlage des Standards. Was vielleicht wie eine Wortspielerei klingt, birgt aus unserer Sicht aber das Geheimnis des umstrittenen Begriffes Heilpädagogik in sich.

Denn Heilpädagogik verstehen wir nicht im medizinischen Sinne als Herstellen von Gesundheit, sondern plädieren für dessen Einbettung in eine sich an der Ganzheitlichkeit orientierenden Betrachtungsweise von Entwicklung.

Schaffe ich meinem Gegenüber trotz Behinderung einen Freiraum, gestehe ich ihm Gleichwertigkeit und Mitgestaltung zu, findet ein wirklicher Dialog statt, dann erst wird der Begriff Heilpädagogik der in ihm liegenden Bestimmung gerecht.

Literatur

Grimm, R. (1995). *Perspektiven der Therapeutischen Gemeinschaft.* Bad Heilbrunn: Klinkhardt.

Kobi, E.E. (1993). *Grundfragen der Heilpädagogik und Heilerziehung* (5., bearb. u. erg. Aufl.). Bern/Stuttgart: Haupt.

König, K. (1983/84). *Heilpädagogische Diagnostik.* Arlesheim: Natura Verlag.

Steiner, R. (1985). *Heilpädagogischer Kurs* (GA 317). Dornach: Rudolf Steiner Verlag.

Dietmar Jürgens

Atem – Bewegung – Klang:
Musik, die aus dem Körper kommt

1. Einführung

Es ist eine Dreieinigkeit, in der auf wundersame Weise Leib und Seele zusammengeführt sind: Atem, Bewegung und Klang. Ohne an diesem Ort einen erneuten Leib-Seele-Disput führen zu wollen oder einen Zusammentrag dessen leisten zu wollen, was diesbezüglich bereits gedacht und niedergeschrieben worden ist, kann für die weiteren Ausführungen Einigkeit darin vorausgesetzt werden, dass aus ästhetischer Sicht in Atem, Bewegung und Klang das Substanzielle und das Nichtsubstanzielle im Menschensein zu einer Einheit geführt werden. Dieses Menschsein ist in jedem Moment seines Daseins und seines Vollzugs nicht teilbar: Das eine kann ohne das andere nicht sein, nur im Bezug aufeinander werden Zeit und Raum gefüllt, für den anderen wahrnehmbar, vollzieht sich Fortgang von Geschichte, von Lebensgeschichte und von Gemeinschaftsgeschichte, geschieht Entwicklung im Individuellen des Menschen im Kleinen wie im Grossen. Nur in diesem Bezug des materiell fassbar Substanziellen und des immateriell nichtfassbaren Nichtsubstanziellen aufeinander kann der Mensch schliesslich Einfluss nehmen auf das Umfeld in jedem Moment seines Lebens, kann sich dem Anderen mitteilen, und dies alles in einer Grundsätzlichkeit, die ihn und nur ihn ausmacht. Anderenorts wird dies mit «elementar» (vgl. z.B. Ribke, 1995) benannt oder mit «authentisch» (vgl. Jürgens, 2005). Oder es wird schlicht aber trefflich gebündelt in «Ich bin da!» (vgl. Orff, 1990).

Atem, Bewegung und Klang gestaltet zueinander in Beziehung gebracht, intuitiv oder willentlich, improvisiert oder komponiert, wird zur Musik, die aus dem Körper kommt und ein Abbild dessen gibt, was an Empfindungen und Biografie, also an Nicht-Substanziellem, in der jeweiligen Lebenssituation zur Verlebendigung drängt, auch für den Mitmenschen miterlebbar auf deren ihnen eigenen individuellen Weisen (vgl. Jürgens, 2004a, S. 17ff.): ein intensives wechselseitiges Miteinander intersensorischen und ästhetischen, kontextuellen Wahrnehmens und Sich-Ausdrückens durch klingenden Atem und Klang erzeugender Bewegung seiner selbst, das Legen und Hinterlassen der eigenen Lebensspur in atmendem Klang und Bewegung erzeugendem Klang, letztlich durch – im Sinne von emotio – bewegenden Atem und bewegenden Klang.

Schliesslich eröffnet sich diese Elementarität menschlichen Daseins zu einem wertvollen Arbeitsfeld in Erziehung und Heilung, ein institutionalisiertes Bündel von Begegnungen einzelner Lebensspuren. Diese Lebensspuren, gelegt durch Atem, Bewegung und Klang, im biografischen Sinne, durchaus auch im Sinne von Biografiearbeit, in der Gegenwart der jeweiligen Begegnung zum Tragen kommen zu lassen und ggf. für jeden Anwesenden bewusst werden zu lassen sowie die Verlebendigung dieser Lebensspuren durch Atem, Bewegung und Klang nicht nur als grundlegende Gestaltungsfähigkeit der Anwesenden aufzufassen, sondern sie in eine methodisch und didaktisch begründete Förderung von Wahrnehmung und Ausdruck, bezogen auf das Ich und auf das Du, einzubinden, sind dann die Handlungsmaximen, die in den Zielbereich der erzieherisch wie therapeutisch begleitenden und helfenden Persönlichkeitsbildung einmünden.

2. Atem – Bewegung – Klang

Alltagsbeobachtungen sowie pädagogische und therapeutische Achtsamkeit fördern im Miteinander mit physiologischen Untersuchungen die präsentative Dichte von Atem, Bewegung und Klang in jedem Moment des Menschseins zutage. Präsentativ heisst anwesend sein, heisst da sein, heisst so da sein, wie es aus den vorangegangenen Momenten oder gar Lebensphasen gewachsen ist, heisst so da sein als Mittelpunkt von Zeit und Raum für sich, heisst so da sein als Begegnungsangebot in Zeit und Raum für den anderen. Präsentativ ist sprachlich nicht zu fassen. Präsentative Symbole sind vorsprachliche Symbole. Musik ist eines davon, ebenso Atem, Bewegung und Klang als sie konstituierende Ausdrucksmomente und Gestaltungselemente. Sie erzählen vom So-Sein. Atem, Bewegung und Klang besitzen eine im So-Sein begründete Länge, Intensität und Phrasierung. Selbst das noch so scharf geschliffene analytische und analysierende Wort vermag den Grund der Atemgestalt nicht wiederzugeben, ebenso wenig den der Bewegung und Bewegungsgestalt und des Klangs und der Klanggestalt. Erst recht nicht ist das noch so sorgfältig gewählte Wort in der Lage, den Gehalt selbst von Atem, Bewegung und Klang in gebührender Weise zu beschreiben. Allein die hoch entwickelte Beobachtungsgabe des Begleiters, Erziehers oder Therapeuten im Verbund mit seiner ausgeprägten Selbstwahrnehmung vermag die Begegnung mit dem anderen Menschen so zu gestalten, dass sich der andere gut verstanden fühlt, nämlich durch Abbilden dessen, wie es sein Gegenüber atmend, bewegend und klingend zeigt. Damit prägen ästhetische Verhaltensformen das kommunikative Miteinander in der pädagogischen oder therapeutischen oder auch nur alltäglichen Begegnung (vgl. Jürgens, 2004c, S. 87f.): den Atem, die Bewegung, den Klang des Anderen abbilden, also dessen Art, zu zeigen, genauso wiederholen in der Bedeutung eines ihm antwortenden «Ja», um allmählich durch Verwandeln des Atems, der Bewegung und des Klanges gegenseitig gestalterische Fähigkeiten zu provozieren und gemeinsam auf eine gestalterische Reise zu gehen, sie zueinander in Beziehung zu bringen und so Atem, Bewegung und Klang zu einer musikalischen Gestalt werden zu lassen. Denn Atem, Bewegung und Klang ist beiden gemeinsam, und zwar als durchaus mehr als nur lebenserhaltende Notwendigkeit: in ihrer Körperlichkeit zumindest kommunikative Hilfsmittel der Mitteilung, mithin als ästhetische Gestaltungsmittel die eigene Lebensspur in der gemeinsam zugebrachten Zeit und im gemeinsam geteilten Raum zu hinterlassen.

2.1 Atem – Bewegung – Klang: intersensorisches Gefüge

So sind Atem, Bewegung und Klang zunächst in ihrer Körperlichkeit und damit unter dem Aspekt des Substanziellen als miteinander verwobene körperliche Aktionen zu sehen:
- Atem findet nicht statt ohne Bewegung der Atemmuskulatur und vollzieht sich zumindest sehr leise und zumindest geräuschvoll, bei entsprechendem muskulären Schwingungsvorgang im Kehlkopf gar stimmlich klingend.
- Bewegung braucht Atem und beeinflusst Atem in seiner Frequenz. Bewegung ruft Klang hervor, entweder durch Bewegungen der inneren und äusseren Kehlkopfmuskulatur und der Atemmuskulatur oder mit Hilfe von Armen und Beinen etwa beim Patschen oder Stampfen oder an einem ausserhalb des Körpers befindlichen Klangkörper.
- Klang, zumindest aber Geräusch, entsteht folgerichtig beim Atmen, gar als Singen, und ist auf jeden Fall immer als Erzeugnis von Bewegung zu sehen.

Atem, Bewegung und Klang bedingen also einander. Sie sind einander gemeinsam und sie beschreiben mithin ein Beziehungsgeflecht, und dies auch

auf der Ebene der Wahrnehmung durch die Wahrnehmungsorgane und die entsprechenden Wahrnehmungssinne, der Wahrnehmungsebene des Substanziellen:
• kinästhetisch, die Wahrnehmung über die Muskelspindeln, nämlich von Kraft, von physischer Anspannung und Entspannung. Dies kommt der Wahrnehmung von Bewegung zu. Und weil sie eine für Atem und (selbst produzierten) Klang erforderliche Aktion ist, begleitet kinästhetische Wahrnehmung sowohl den Atem als auch die Aktion Klang, singend oder ein Instrument spielend.
• cutan, zumindest taktil, die Wahrnehmung über die Haut, sowohl Haut des Körpers und der Lippen als auch Bereiche der Schleimhaut. Sie umfasst die taktile und die haptische Wahrnehmung. Die taktile Wahrnehmung ermöglicht Information beispielsweise über Temperatur, Substanz und Material der die Haut berührenden Materie. Sie ist beim Atem vorhanden, z.B. Wärme der Atemtemperatur, damit also auch beim Singen und auch bei der das Atmen bzw. Singen ermöglichenden Bewegung. Ausserdem ist sie Bestandteil von körpereigener Klangaktion wie Patschen und Stampfen bis hin zur Bodypercussion. Sie sagt etwas aus über Härte bis hin zum Schmerz, ob das Patschen zu heftig ist oder zu sanft. Die haptische Wahrnehmung macht Information über die Form der die Haut berührenden Materie möglich. Sie begleitet die Klangproduktion sowohl beim Patschen als auch über einen Klangkörper ausserhalb des Menschenkörpers. Information über die Gestalt beispielsweise der eigenen Hand oder über die Dimension und Form des Klanginstrumentes sind durch diese Wahrnehmung zu gewinnen. Und weil der Atem schliesslich immer dabei ist, ist auch die cutane Wahrnehmung dabei.
• auditiv, die Wahrnehmung über das Ohr, die Wahrnehmung alles Hörbaren also. Naheliegend ist sie auf die Aktion Klang bezogen: Höhe, Tiefe, Lautstärke, Heftigkeit, Geschwindigkeit von Folgeklängen usw. sind die gewonnenen Informationen. Klang ist bedingt durch Atem und Bewegung, innerkörperlich wie ausserkörperlich. Das Ohr begleitet also auch diese beiden Aktionen, selbst wenn es sich um ein Geräusch handelt, z.B. ein Atemgeräusch. Im gestaltenden Umgang mit Klang wird das Ohr gar zum Kontrollorgan, ob der eigene Klang den eigenen Vorstellungen entspricht.
• visuell, die Wahrnehmung über das Auge. Wichtig, aber nicht unablässig für die Wahrnehmung des Raumes, der Selbstpositionierung des eigenen Körpers wie auch zur Abstimmung der körperlichen Bewegungen in ihren Dimensionen, hilfreich zum Finden eines Klanginstrumentes wie auch bei der patschenden Zusammenführung der eigenen Hände, nicht grundsätzlich

notwendig bei Atem, aber wichtig bei speziellen Übungen zur Atemschulung wie Pusten und Blasen gegen einen Gegenstand.

Es ist dies nicht nur ein Miteinander der Wahrnehmungssinne, sondern es vollzieht sich in Atem, Bewegung und Klang ein Zusammenspiel von Wahrnehmung durch Fernsinne, Ohr und Auge bzw. auditiv und visuell, und von körperbezogener Wahrnehmung, nämlich kinästhetisch und cutan. Die gelingende Integration beider Wahrnehmungsbereiche, der Fernsinne und Körperbezogenheit durch die coenästhetische Wahrnehmung schliesslich ist die Grundlage allen inneren Gleichgewichts und aller innerer Balanceprozesse, «der körperlichen, psychosomatischen wie der geistigen» (Schäfer, 1995, S. 107). Dieser Gleichgewichtssinn zur Wahrnehmung des «inneren Gleichgewichtes» ist nicht zu verwechseln mit allein durch kinästhetische Wahrnehmung vermittelter Körperlage. Dieser Sinn zur Wahrnehmung des inneren Gleichgewichtes geht einher mit Körpererfahrungen von Anspannung und Entspannung, von Wohlsein und Unwohlsein; dieser Gleichgewichtssinn wird von den verschiedenen Körperrhythmen und deren Konstellation begleitet. Die Wahrnehmung dieses inneren Gleichgewichtes, an dessen Zustandekommen die integrative Leistung der coenästhetischen Wahrnehmung wesentlich beteiligt ist, stellt schliesslich «die sinnliche Basis für alle Arten von Integrations- und Äquilibrationsprozessen» dar (Schäfer, 1995, S. 107). Da ist es nach den bisherigen Ausführungen fast müssig zu unterstreichen, dass pädagogische und therapeutische Begegnung auf der Grundlage von Atem, Bewegung und Klang nicht nur die Integrationsleistung coenästhetischer Wahrnehmung provoziert, sondern einen wertvollen Beitrag zur Entwicklung dieser Wahrnehmungsfähigkeit gegenüber dem inneren Gleichgewicht leistet.

Das erziehende und heilende Miteinander in Atem, Bewegung und Klang eröffnet demnach aus der Sicht des Substanziellen, des Wahrnehmens von Atem, Bewegung und Klang durch die Wahrnehmungsorgane des Körpers den Zielbereich, den eigenen Körper wahrnehmen zu können und ihn hinsichtlich seiner – auch kommunikativ – gestalterischen Möglichkeiten kennen zu lernen bzw. erweitern zu können.

2.2 Atem – Bewegung – Klang: ästhetisches Gefüge

Denn Atem, als Atemfluss oder Atemstau vermittelt auf das Intensivste solche grundlegenden Körpererfahrungen von Anspannung und Entspannung. Beide sind zunächst einfachen physischen Ursprungs: Einatmen, Anspannen des Zwerchfells und Dehnung der Bauchmuskulatur, Ausatmen, wieder Entspannen. Ausserdem ist Ein- und Ausatmen, eigentlich verbunden durch eine mehr oder weniger kurze Phase des Anhaltens, also insgesamt ein dreigliedriger Körperrhythmus, begleitet von wachsendem Füllen des Körpers, ggf. bis an seine Grenzen, und einem Sich-Leeren des Körpers, ebenso ggf. bis an seine Grenzen. Zuviel Atem inne zu haben wie zu wenig vermittelt Anspannung, Sorge, Furcht. Die Wahrnehmung des geregelten Rhythmus von Ein – Innehalten – Aus hingegen erzeugt Entspannung, vermittelt das Wissen des vegetativen Versorgtseins. Entsprechend sind die begleitenden Bewegungen und der erzeugte (Stimm-)Klang beschaffen. Atemstau kann natürlich wie alle Erscheinungsformen von Atem willentlich als gestalterisches Mittel eines tieferen Grundes eingesetzt werden. Seine Auflösung ergibt einen entsprechenden Klang, der vielleicht Erleichterung vermittelt.

Bewegung ist kinästhetisch und visuell wahrnehmbare Zeitgestalt. Ausserdem ist sie auf solche Weise wahrnehmbare Raumgestalt. Sie vermittelt das Erspüren räumlicher Fülle und Grenzen, die der Raum dem sich bewegenden Menschen setzt: Weite und Enge. Die Bewegung der Atemmuskulatur stösst beim sog. tiefen Einatmen an ihre physischen Grenzen. Oder die Ausbreitung der Arme nimmt ihre Weite aus den Konstellationen der Wände oder Gegenstände oder Mitmenschen, die den Raum, in dem sich der Mensch bewegt, begrenzen oder mit ihm gemeinsam füllen. Je nach Wahrnehmung des subjektiven gelebten Raumes wird sich der Mensch seine Bewegungen einrichten (vgl. Konrad, 1982, S. 14ff.). Je nach Gegenstand, mit dem der Mensch sich auseinandersetzt, den er trägt, mit dem er spielt oder auf dem er musiziert, wird der Mensch seine Bewegung ausführen. Das visuelle Wahrnehmungsorgan kann dabei als Kontrollorgan wichtige Hilfe leisten: Das Gehen wird verlangsamt, je näher eine Wand rückt, das Ziehen eine Linie braucht mehr Zeit, je näher die Grenze des Zeichenblattes rückt usw. (vgl. Kandinsky, 1973). Disziplinen, die sich der Bewegungserziehung zuordnen, bieten hierzu eine Fülle von Ausführungen und von praktischen Übungen (vgl. z.B. Ring & Steinmann, 1997, S. 216ff.; Bundesverband Rhythmische Erziehung e.V., 1994; Feudel, 1994). Aber auch die beschriebene cutane Wahrnehmung über die Körperhaut ist für die Wahrnehmung und Gestaltung von Bewegung äusserst wichtig: das Gespanntfühlen von Körperhaut beispielsweise bei der Ausdehnung der Bauchmuskulatur im Atemvorgang, das Anstossen an eine Wand oder an einen Gegenstand im Raum – diese elementare Erfahrung begründet bereits pränatal eine der wesentlichen psychischen Urmatrizen –, das Erspüren eines herannahenden Menschen von hinten – der vielgerühmte «siebte Sinn».

Klang ist ebenso wie Bewegung Zeitgestalt und Raumgestalt. Während Bewegung Körperbewegung ist, ist Klang Klangbewegung (vgl. Jürgens, 2004b, S. 133f.). Während Bewegung körpergefüllte Zeit ist, ist Klang klanggefüllte Zeit. Anders formuliert ist Zeit in der (Körper-)Bewegung und im Klang wahrnehmbar, erhält Zeit ihre Gestalt durch (Körper-)Bewegung und durch Klang. Ausserdem bewegt sich Klang im Raum. Er breitet sich in ihm aus. Von dort, woher er sich ausbreitet, wird der Raum in seiner Weite hörend wahrgenommen. Im Alltag kann dies als Bedrohung oder als Beruhigung oder gar als Sehnsucht empfunden werden: die Nähe eines Alarmsignals oder eines ungeliebten Menschen, die Nähe eines geliebten Menschen oder seine Ferne.

Neben der Wahrnehmung von Atem, Bewegung und Klang und der gestalterischen Zusammenführung ihrer Elemente zu Musik unter dem Aspekt des Substanziellen ist jetzt also das Potenzial des Nicht-Substanziellen angesprochen; das, was durch ästhetische Verhaltensformen wie zeigen (Kaiser, 2000, S. 15ff.), verwandeln und auslegen (Otto, 1998, S. 121ff.; Otto & Otto, 1987) als Urgrund die einzelnen Aktionen oder des Aktionsfeldes von Atem, Bewegung und Klang motiviert und was das gestaltende Miteinander in der pädagogischen, heilpädagogischen und therapeutischen Situation zu einer ästhetischen Situation werden lässt, was die Anwesenden präsentativ sein lässt (s.o.), weil ihre Ausdrucksformen unteilbar und nicht verbalisierbar sind, eben elementar sind (s.o.), was einfach nur signalisiert: «Ich bin da» (s.o.). «Ich bin da!» mit allem, was mich ausmacht, mit meinen Erinnerungen, meinen Hoffnungen, meiner Freude, meinem Leid, mit meinem Willen, mit meiner Art, mich mitzuteilen.

Dies ist für das Miteinander in der Begegnung mit dem anderen Menschen von nicht hoch genug zu schätzendem Wert:
• In der Farbe des Stimmklanges erkennen die Menschen einander, hegen Erwartungen an die nächste Begegnung. Dies wird mit memoria und meditatio benannt (Orff, 1990, S. 93).

- In der Wahl der Klangart der eigenen Stimme, des Instrumentes, der Bewegung und der aus ihr entstehenden Geste, der Atemart, ob Seufzer oder Ruheatem, zeigen die Menschen einander, wie sie sich fühlen oder was sie möchten.
- Das Abbilden und Auslegen und ggf. schrittweise und stetige Verwandeln sind die methodische Einbindung ästhetischer Verhaltensformen, das Miteinander zu gestalten (s.o.).

Das erziehende und heilende Miteinander in Atem, Bewegung und Klang eröffnet demnach aus der Sicht des Nicht-Substanziellen den Zielbereich, die eigenen Empfindungen und Erinnerungen aktivieren und durch ästhetisches Verhalten verlebendigen zu können und somit Bewusstsein gegenüber der eigenen Person entwickeln zu können.

2.3 Atem – Bewegung – Klang: musikalische Marginalien

Musik ist ein subjektives akustisches Phänomen. «Musik ist Musik, wenn sie uns (den Hörern) als Musik vorkommt und uns (den Hörern) etwas bedeutet» (Hartogh & Wickel, 2004, S. 45). Dies wird insbesondere legitimiert durch Kompositionen und Improvisationen der sog. Neuen Musik (vgl. Schaper, 1974). In diesem erweiterten Musikbegriff geht es um ebenso erweiterte Konstellationen und Begriffsfüllungen der musikalischen Parameter wie Ton, Melodie, Klang, Harmonie, Rhythmus, wenn ihnen denn in ihrem Beziehungsgefüge zueinander eine gestaltete Struktur zugrunde liegt. Dieser gestalteten Struktur wohnt ein Gehalt inne, der zum einen individuell musikalisiert worden ist und der zum anderen individuell – etwa beim Hören – entdeckt werden kann. D.h. je nach Biografie oder situativer Befindlichkeit desjenigen, der sich musikalisch verhält, entweder produzierend oder hörend und erspürend, etwa über Hautvibration, ist dieser Gehalt je nach persönlicher Auslegungsweise und je nach persönlichem Auslegungshintergrund ein anderer. Die sog. «Ansprechbarkeit durch Musik» ist der Kern von entsprechend zu verstehender Musikalität (vgl. Josef, 1974, S. 34).

Atem und Bewegung sind zwei wesentliche Ausdrucksaktionen zum Musizieren. Sie künden von der körperlichen (substanziellen) und seelischen (nicht-substanziellen) Vitalität von Musik. Der Körper ist mit seinen beiden unmittelbaren und naturgegebenen und -notwendigen, Klang und Musik erzeugenden Aktionen Atem und Bewegung Ausdrucksforum des Seelischen. Atem und Stimme sowie Körper als Miteinander von Wahrnehmung und

Bewegung werden weiters als «Elemente des Musischen in integraler Erfahrung» bezeichnet und erklärt (vgl. Timmermann, 1994, S. 165ff.). Von der Bedeutung des Präsentativen in Musik und im Musizieren durch Atem und Bewegung, was diesen Kontext nur mehr erhellen kann, ist bereits gesprochen worden (s.o.).

Eine wesentliche Grundlage allen erziehenden und heilenden Umgangs mit Musik ist das Wissen um den Einfluss, den Musik und das musikalische und musizierende Handeln auf den Menschen insgesamt haben können, das aber kaum zu kollektivieren ist, stattdessen aber seinen nicht hoch genug zu schätzenden Niederschlag in den genannten Interventionsformen auf individueller Begegnung findet. Die rhythmische Beeinflussung des Vegetativen und weiterführend des Emotionalen (vgl. grundlegend Harrer, 1995, S. 3ff.), die Stimulierung von Bewegung und Gemüt durch aufwärts strebende Melodien, gar durch einzelne Intervalle wie die Quart oder die grosse Sext (vgl. z.B. Decker-Voigt, 1991, S. 53ff.), das synästhetische Potenzial von Klangfarbe (vgl. z.B. Kalisch, 2004) sowie die Ausdruckskraft von Artikulation und Phrasierung als unmittelbare Gestaltungselemente von Atem, Bewegung und Klang, als unmittelbare Gestaltungsmittel des Musikalischen, sind hinreichende Belege für musikalisch zum Ausdruck gelangende Lebensspuren und werdende Lebensspuren in den Begegnungen erziehender und heilender Praxis.

Insofern sind Atem, Bewegung und Klang nicht nur Ausdruck musikalisch gestalteter Lebensspuren. Sie sind ausserdem Teil der Lebensspur an sich: Die Eigenschaften von Atem, das Tempo, die Intensität, der entstehende Klang oder das entstehende Atemgeräusch, die Eigenschaften des Stimmklanges, Klangfarbe, Klanghöhe oder Klangdichte sind Eigenschaften der Person selbst, sind gewachsene Spuren des eigenen Lebens zum Zeitpunkt des jeweiligen Lebensstadiums und der jeweiligen Situation, die in der Biografie des Gegenübers gezogen werden, an denen es dann die nächste Wiederbegegnung zu erkennen und einzuordnen weiss: «Der Stimmklang kann als Klanggestalt der Person betrachtet werden, als klingendes Hologramm der Persönlichkeit in seiner aktuellen psychischen wie physischen Befindlichkeit» (Rittner, 1996, S. 359). Gleiches gilt für die Bewegung des Körpers, die Bewegungsart, an der oft schon von weitem der/die Herannahende erkennbar ist, die Art des Händedrucks oder des wohlwollenden Streichelns, die nur so und nur so der einen Person zuzeigen ist. Und weil dies so ist, gilt entsprechendes auch für den Klang eines ausserkörperlichen Klanginstrumentes, weil dazu wiederum die Bewegung von Armen und Beinen notwendig ist und in ihrer individuellen spezifischen Form eine entsprechende Klangqualität erzeugt.

2.4 Zusammenfassung

Die bisherigen Ausführungen dokumentieren sich in nachstehender Grafik als Beziehungsgeflecht von Atem, Bewegung und Klang sowohl hinsichtlich des gestalterischen Potenzials mit Blick auf die genannten Zielbereiche wie auch als Orientierungsgrössen einer entsprechenden Handlungsstruktur in ihren Grundzügen. Die Grafik benennt die Elemente von Atem, Bewegung und Klang als Gegenstand sensorischer Wahrnehmung des Substanziellen, die des weiteren Wurzel, Wirkung, Träger und Gestaltungsmomente für nichtkörperliche, nichtsubstanzielle Gehalte des Befindlichen und Biografischen sind. In diesem Zusammenwirken durch Atem, Bewegung und Klang gelangt die präsentative Dichte des anwesenden und sich artikulierenden Menschen zum Ausdruck im Hier und Jetzt des Daseins oder der Begegnung in Erziehen und Heilen: «Ich in da» (Orff, 1990, S. 93).

Abb. 1: Wahrnehmungs- und Gestaltungspotenzial von Atem, Bewegung und Klang in der individuellen Lebensspur im Hier und Jetzt

3. Praxisbeispiel

Es ist gesagt worden, dass ästhetische Verhaltensweisen wie Zeigen, Auslegen, Abbilden und Verwandeln das Miteinander in Erziehen und Heilen aufgrund des hohen personalen Gehaltes von Atem, Bewegung und Klang prägen. Dies macht eine hoch entwickelte Fremd- und Selbstwahrnehmungsfähigkeit des Begleiters notwendig, die ihn zum einen sein Gegenüber in seinen Ausdrucksformen von Atem, Bewegung und Klang bestmöglichst erfassen lässt und ihn zum anderen durch eigenen Atem, eigene Bewegung und eigenen Klang dessen Formen des Ausdruckes abbilden und, wenn er den rechten Moment erspürt hat, der Situation entsprechend verwandeln hilft, um schliesslich eine Differenzierung der Wahrnehmungs- und Ausdrucksfähigkeit des Gegenübers und auch ggf. eine Bearbeitung des Emotionalen und Befindlichen fortzuführen. Dies erfordert wiederum aber auch die Fähigkeit zu unkonventionellen Ausdrucksformen in Atem, Bewegung und Klang.

Das nachfolgend gewählte Beispiel ist ein Ausbildungsbeispiel, das diesen Erfordernissen in der Befähigung von Pädagoginnen, Begleitenden und Therapeuten Rechnung trägt. Es gewährt einen Einblick in die Förderung und Differenzierung von Wahrnehmungs- und Ausdruckfähigkeit, um letztlich auch individuellen Ausdrucksformen des Gegenübers durch das eigene ästhetische Verhalten in der soeben skizzierten Weise gerecht werden zu können.

Dabei handelt es sich um die Umsetzung eines musikalischen Stimmklang-Bewegungsstückes, das auf den alltäglich bekannten Lachsilben aufgebaut ist (vgl. Abbildung 2, S. 175). Es erhebt nicht den Anspruch, also solches in der Praxis genau repetiert und eingeübt zu werden. Vielmehr gilt es als Anregung, gestalterisch und spielerisch mit alltäglichen Stimmklängen, die entsprechende Atemgestalten verlangen, umzugehen und die Stimme in ihren Klangfacetten ebenso auszuprobieren, wie ein Bewusstsein für die verschiedenen Atemgestalten zu entwickeln. Bewegung ist notwendigerweise wie beschrieben immer dabei. Zusätzlich kann sie im Sinne von Bodypercussion als weiteres klangliches Ausdrucks- und Gestaltungselement miteinbezogen werden. Nichtsdestoweniger eignen sich dieses und vergleichbare Stücke zur Darbietung im künstlerischen Sinne vor Publikum.

Das vorliegende musikalische Stimmklang-Bewegungsstück begründet sich im vorliegenden Kontext wie folgt:

- Das Stück besitzt eine musikalische Gestalt mit Takt und Taktwechsel, rhythmischen Elementen sowie unterschiedlichen metrisch gebundenen Klanglängen und -kürzen sowie melodische Elemente.

Die ausgesuchten Silben als Klangelemente erfordern aufgrund ihres Beginns mit «h» eine besondere Form des Atems und eine bewusste Beanspruchung der Atem- wie Leibmuskulatur.
- Die Takt- und Metrumwechsel (4. Zeile zu 5. Zeile zu 6. Zeile), die Abwechslung beider Stimmen sowie ihr unterschiedliches Miteinander im Rhythmischen und im Vokalklang fordern eine erhöhte Flexibilität der Aussprache, also der Bewegung Artikulationsmuskulatur und Gestaltung des Mundraumes.
- Während auf der einen Seite eine deutliche Unterscheidung der Vokale gefordert wird, nämlich in der rhythmischen Abfolge der Lachsilben in den ersten sechs Zeilen des Stückes, sensibilisiert die vorletzte Zeile für einen nuancenreichen und allmählichen Übergang zwischen den einzelnen Vokalen, benötigt also einen dosierten Gebrauch der beteiligten Muskulatur, was wiederum eine dosierte Veränderung des Mund- und Artikulationsraumes nicht nur nach sich zieht, sondern auch ein entsprechendes Bewusstsein für innerkörperliche Räume und deren Veränderungsfähigkeit bewirkt. Die Abfolge der Vokalverwandlung folgt der Gesetzmässigkeit des sog. Vokalvierecks (Wängler, 1983, S. 87f.) und begünstigt eine organische Mundraumveränderung.
- Die Zeilen sieben und acht des Stückes schreiben einen Klanghöhenverlauf von oben nach unten vor. Dies weckt nicht nur das Bewusstsein für Anspannungsgrade der beteiligten Muskulatur, sondern es kann bis in extreme Höhen und Tiefen probiert werden, um auch hier ein Gespür für unkonventionellen Ausdruck zu legen.
- Das Stück ist zweistimmig. Dies fördert das Achten und Eingehen aufeinander.
- Die gewählten Klangsilben stehen in engem Bezug zu emotionalem Gehalt, und das sogar auf relativ allgemein verständlicher Ebene. Dies kann durch spielerische Klangfarbeverstärkung noch zusätzlich verstärkt werden.
- Das Stück lässt weitere Gestaltungsmöglichkeiten im Sinne von «Verwandeln» zu, z.B. Artikulation, Lautstärke, Akzentuierung, Auswechslung der Vokale, der Patscher und Stampfer, usw.

Abb. 2: Partitur

1.Zeile	1. St.	2er Takt	Haha　　Hehe	
	2. St.		Hoho　Hiii	
2. Z.	1. St.	2er Takt	HahaHohoHeheHiii	
	2. St.		Ha　ho　heHiii	
3. Z.	1. St.	2er Takt	HuuuHa* HuuuHa* Hu Ho* Hiii	
	2. St.		Ha*　　Ha* * ha　he	
4. Z.	1. St.	2er Takt	* haHuuu* haHu Ho Hiii	
	2. St.		Huuu* ha　* ha ha He	
5. Z.	1. St.	3er Takt	Hu ha ho Hu hoHii*	
	2. St.		ho Hu ha ha Hii*	
6. Z.	1. St.	2er Takt	Haha　　Hehe	
	2. St.		Hoho　Hiii	
7. Z.	Alle	ohne Takt	Hu 　u 　　u 　　　o 　　　　o 　　　　　o 　　　　　　a 　　　　　　　a 　　　　　　　　a 　　　　　　　　　e 　　　　　　　　　　e 　　　　　　　　　　　i 　　　　　　　　　　　　i 　　　　　　　　　　　　　i	
8. Z.	Alle		○ 　○ 　　○ 　　　○ 　　　　○ 　　　　　○ 　　　　　　○ 　　　　　　　○	

Zur Lesbarkeit der Partitur des Stückes sei angemerkt:
- Das Stück ist bis auf die letzten beiden Zeilen zweistimmig notiert, d.h. zwei Stimmen ergeben eine Zeile des Stückes.
- Das Schriftbild der Partitur ist so gewählt, das jeder Buchstabe denselben Platz auf dem Papier beansprucht. Dies lässt ein Abbild der tatsächlichen verhältnismässigen zeitlichen Länge der einzelnen Buchstaben zu.
- Jede Zeile ist in Taktstriche eingeteilt. Entsprechend sind die sog. metrisch betonten Zeiten durch einen grossen Anfangsbuchstaben gekennzeichnet.
- Ist nichts notiert, ist Pause.
- Die letzten beiden Zeilen sind metrisch frei und zeitlich ungebunden. Beide Zeilen führen von hoher Höhe abwärts zu tiefer Tiefe. Die letzte Zeile zeigt zudem durch das immer kleiner werdende «o» ein Leiser-Werden an.
- Das Zeichen * steht für einen Patscher, Stampfer usw.

4. Schluss: Handlungsstruktur

Aus dem präsentativen Potenzial von Atem, Bewegung und Klang und der daraus gebotenen Achtung des Gegenübers erwächst eine Handlungsstruktur, die anhand der Grafik (S. 177) in ihren Grundzügen deutlich wird.

Es ist gesagt worden, dass Atem, Bewegung und Klang naturhaft jedem Menschen zueigen sind. Es ist weiter gesagt worden, dass Atem, Bewegung und Klang sowohl gestalteter Ausdruck von Lebensspuren als auch Teil von Lebensspuren an sich sind. Ausserdem ist dargestellt worden, dass Atem, Bewegung und Klang elementare Kommunikationsmittel in der Begegnung von Menschen darstellen und in jeder kommunikativen Situation unterschwellig oder vorrangig vorhanden sind. Ausserdem ist davon ausgegangen worden, dass deshalb über Atem, Bewegung und Klang jeder Mensch präsentativ ist, und dies in jeder Situation und in jeder Begegnung. Letztlich zeigt sich an der Feststellung der Zielbereiche körperlicher Wahrnehmungs- und Gestaltungskompetenz (s. 2.2) sowie Wahrnehmungs- und Ausdruckskompetenz in Bezug auf die eigene Biografie (s. 2.3), dass die Dreieinigkeit von Atem, Bewegung und Klang ein mediales Interventionsfeld bietet für die Umsetzung eines Leitzieles der ressourcenorientierten Hinführung selbständiger Lebensgestaltung in Heilen und Erziehen.

Die im eigentlichen Sinne musikpädagogische Arbeit ist im kulturpädagogischen Sinn als musikalische Ästhetik und Kommunikation zu verstehen, wodurch sie entsprechend dem Leitziel und der beiden skizzierten Zielbe-

Abb. 3: Handlungsstruktur «Atem, Bewegung, Klang» in Heilen und Erziehen

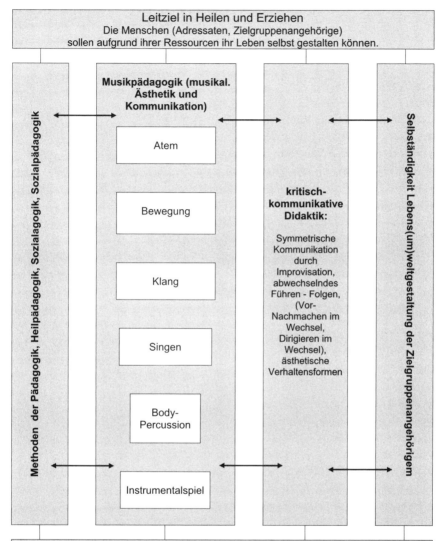

reiche die Sozialkompetenz in Wahrnehmung und Gestaltung unterstreicht und sich von klassischer Musikpädagogik im engeren Sinne unterscheidet. Und auch nur so und nicht anders kann musikpädagogische Arbeit dem präsentativen Gehalt von Atem, Bewegung und Klang gerecht werden. Dabei wird sich solchermassen als Teil der Kulturarbeit akzentuierte Musikpädagogik therapeutischer Effekte nicht erwehren können. Sie möchte es auch gar nicht (vgl. Holtzapfel, 1994, S. 29).

Atem, Bewegung und Klang legen, wie mehrfach erwähnt, Singen, Bodypercussion und Instrumentalspiel als weitere Wahrnehmungs- und Ausdrucksmedien nahe, weil letztere aus ersteren erwachsen (s.o.). Bei alledem versteht sich diese musikpädagogische Intervention auch aufgrund der genannten Leitzielformulierung Pädagogik, Heilpädagogik, Sozialagogik und Sozialpädagogik verbunden.

Aufgrund der präsentativen Gehalte der zur Sprache stehenden Ausdrucksmedien und der damit verbundenen Achtung dem gestaltenden und sich ausdrückenden Menschen gegenüber verlangt eine solche Intervention nach Methoden, die die Maxime kritisch-kommunikativer Didaktik und damit symmetrische, d.h. gleichberechtigte Kommunikation zulassen, nämlich Improvisation, Führen und Folgen, die letztlich mit ästhetischem Verhalten gefüllt werden. Zielbereich und Legitimation zugleich ist der Alltag der Menschen und deren weitest möglich selbstständige Gestaltung, je nach deren eigenem Vermögen, das es zu fördern und zu begleiten gilt.

Literatur

Bundesverband Rhythmische Erziehung e.V. (Hrsg.). (1994). *Skizzenbuch. Zeichnungen von Elfriede Feudel und ihren Schülerinnen und Schülern* (2 Aufl.). Remscheid: Topprint.

Feudel, E. (1994). *Dynamische Pädagogik*. Seelze: Kallmeyersche Verlagsbuchhandlung.

Harrer, G. (1975). Das «Musikerlebnis» im Griff des naturwissenschaftlichen Experiments. In G. Harrer (Hrsg.), *Grundlagen der Musiktherapie und Musikpsychologie* (S. 3-47). Stuttgart: Gustav Fischer Verlag.

Hartogh, T. & Wickel, H.H. (2004). Musik und Musikalität. Zu der Begrifflichkeit und den (sozial-)pädagogischen und therapeutischen Implikationen. In T. Hartogh & H.H. Wickel (Hrsg.), *Handbuch Musik in der Sozialen Arbeit* (S. 45-55). Weinheim und München: Juventa.

Holtzapfel, G. (1994). Berührungspunkte zwischen Kulturarbeit und Therapie. In B. Klosterkötter-Prisor (Hrsg.), *Grenzüberschreitungen. Theater – Theaterpädagogik – Therapie* (S. 17-31). Remscheid: Akademie Remscheid.

Josef, K. (1974). *Musik als Hilfe in der Erziehung Geistigbehinderter* (3. Aufl.). Berlin: Marhold.

Jürgens, D. (2004a). «Ich bin da.» Zum biografischen Gehalt des Singens von Stegreif-Liedern. *lernen konkret*, Jg. 23 (Nr. 4), S. 17-22.

Jürgens, D. (2004b). *Wandelklang – Klangwandel. Eine Installation*. In A. Gäch (Hrsg.), *Phänomene des Wandels* (S. 133-147). Luzern: Edition SZH/CSPS (Dornacher Reihe; 7).

Jürgens, D. (2004c). Entwicklungsraum «Gestalten». In H. Egli (Hrsg.), *Entwicklungsräume* (S. 79-94). Luzern: Edition SZH/CSPS (Dornacher Reihe; 8).

Jürgens, D. (2005). *Die personale Authentizität – eine zentrale Dimension im Schnittfeld von ästhetischer Therapie und Kulturpädagogik*. Unveröffentl. Manuskript.

Kaiser, H.J. (2000). Was man nicht sagen kann, muss man zeigen. Marginalien zu einer Theorie ästhetischer Lehre. In J. Bauer et al. (Hrsg.), *Zwischen Künsten, Medien, Wissenschaften und ihrer Didaktik* (S. 15-19). München: kopaed.

Kandinsky, W. (1973). *Punkt zu Linie zu Fläche* (7. Aufl.). Bern-Bümpliz: Benteli Verlag.

Konrad, R. (1984). Zum Doppelaspekt von Raum und Zeit. *Musik und Kommunikation, Nr. 9*, S. 14-26. Lilienthal: Eres.

Orff, G. (1990). *Schlüsselbegriffe der Orff-Musiktherapie* (2. Aufl.). München: Psychologie Verlags Union.

Otto, G. & Otto, M. (1987). *Auslegen. Ästhetische Erziehung als Praxis des Auslegens in Bildern und des Auslegens von Bildern* (2 Bde.). Seelze: Friedrich Verlag.

Otto, G. (1998). *Didaktik und Ästhetik.* Seelze-Velber: Kallmeyersche Verlagsbuchhandlung (Lehren und Lernen zwischen Didaktik und Ästhetik; Bd. 3).

Ribke, J. (1995). *Elementare Musikpädagogik.* Regensburg: ConBrio Verlagsgesellschaft.

Ring, R. & Steinmann, B. (1997). *Lexikon der Rhythmik.* Kassel: Gustav Bosse Verlag.

Schäfer, G.E. (1995). *Bildungsprozesse im Kindesalter.* Weinheim/München: Juventa.

Schaper, H.-C. (1974). *Ludus vocalis. Konzepte zur Gruppenimprovisation.* Wien: Universal Edition.

Timmermann, T. (1994). *Die Musik des Menschen.* München: Piper.

Wängler, H.-H. (1983). *Grundriss einer Phonetik des Deutschen* (4. Aufl.). Marburg: N.G. Elwert Verlag.

Ferdinand Klein und Anna Krušinová

Salutogenetische und biografisch-logotherapeutische Orientierung, insbesondere bei der therapeutischen Erziehung in der Slowakei

Die folgende Abhandlung möchte das analytisch getrennte Wissen für intuitiv handelnde Heilpädagogen/Heilpädagoginnen und Therapeuten/Therpeutinnen unter der Bezeichnung therapeutische Erziehung zusammenführen. Der hier reflexiv erkannte Gehalt lässt sich nicht eins zu eins mit Worten fangen. Er kreist um den unverwundbaren Geist des Menschen, um Lebensspuren und das Prinzip der Selbstheterogenisierung. Die Darstellung folgt deshalb nicht – wie sonst üblich – der linear-logischen Systematik; sie folgt einem ganzheitlichen und ökologisch-vernetzten Denken, das nahe an der Lebens- und Erziehungswirklichkeit ist.

1. Impuls: Lebensspuren, Salutogenese, Lebenssinn – Menschen im hohen Alter in der Slowakei

1.1 Neugier – ehrfürchtiges Staunen und Fragen

Kürzlich besuchte ich (F.K.) drei Menschen in meinem Geburtsort Švedlár in der Ostslowakei, um ihnen zum 97., 96. und 95. Geburtstag zu gratulieren. (Bis zur Flucht und Vertreibung in den Jahren 1944-1946 hiess dieser rein karpatendeutsche Ort mit rund 2'000 Einwohnern Schwedler; jetzt wohnen in Švedlár – bei annähernd gleicher Einwohnerzahl – nur noch etwa 150 Deutsche, meist alte Menschen). Einer von ihnen ist Herr Karl Krauss, dessen Lebensspur ich nachzuzeichnen versuche (vgl. Abschnitt 1.3).

Höre ich den klaren Worten der Erinnerung dieser drei Menschen zu, was sie im Zusammenhang mit Vertreibung und Rückkehr erlebt und erlitten hatten, dann kommt meine Neugier aus dem ehrfürchtigen Staunen und Fragen nicht heraus:
• Wie gingen diese Menschen mit den Problemen um, unter denen viele andere krank wurden oder starben?

- Wie lernten sie mit all den Lebenslagen zurechtzukommen, innerlich und äusserlich beweglich zu sein?
- Wie haben sie die unerwarteten Lebensereignisse verarbeitet?
- Wie überwanden sie Enttäuschungen und Stress?
- Wie entwickelten sie in ihrem Innersten eine selbstregulierende Kraft?
- Wie wurden sie weitgehend autonom?
- Wie hat sich ihre Gesundheit entwickelt?

1.2 Eine erste Antwort im Sinne einer These

Die Antwort auf diese Fragen kann durch eine salutogenetische und logotherapeutische Orientierung gegeben werden und mündet in das Konzept des Kohärenzgefühls oder Kohärenzsinns ein. Menschen haben dann ein starkes Kohärenzgefühl, wenn sie fähig und in der Lage sind,
- mit sich selbst,
- mit anderen Menschen,
- mit ihrem Schicksal und
- mit den Zeitverhältnissen

sich positiv verbunden zu fühlen. *In Kohärenz sein heisst: mit den gegebenen und aufgegebenen Lebenszusammenhängen verbunden sein. Je stärker ein Mensch dieses Verbundensein erlebt, desto deutlicher wird sein Sinnerleben für die eigene Existenz. Dieser Mensch hat eine positive Grundhaltung gegenüber der Welt.*

1.3 Lebensspur Karl Krauss

Einer von vielen Karpatendeutschen in der Slowakei ist Karl Krauss, geboren am 26. Juni 1909 in Schwedler. Als Schmied arbeitete er in Kotterbach. Nach 18 Monaten Militärdienst wurde er arbeitslos. Die Arbeitssuche führte ihn bis nach Böhmen. Dort heiratete er eine Tschechin. 1934 fand er wieder eine Arbeit in Schwedler. Er wurde Weichensteller, später Brückenmeister. In seinem Fach arbeitete er bis zur Vertreibung der Karpatendeutschen im Herbst 1944.

Nach Kriegsende kehrte er schon im Mai 1945 von Deutschland zurück und wollte in Böhmen bleiben. Als Karpatendeutscher fand er aber keine Arbeit. Nun ging er mit seiner Familie nach Švedlár. Gleich nach der Ankunft wurde die Familie im Keller der Schule eingesperrt. Dort befanden sich bereits andere Deutsche, die in ihre Heimat zurückgekehrt waren. Sie wurden von den Partisanen wie Verbrecher behandelt. Als Verpflegung gab es Kartoffelsuppe. Nach einigen Wochen kamen sie aus diesem Gefängnis heraus, wurden aber weiter streng bewacht. Dieses Schicksal teilte die Familie Krauss mit etwa 180 Heimgekehrten.

Nach Kriegsende wurde das Vermögen aller Deutschen konfisziert. Nahezu alle konnten nicht mehr in ihrem Haus wohnen, weil sich dort bereits andere eingerichtet hatten. Das grösste Übel aber war, «*dass uns die deutsche Sprache aufs Strengste verboten wurde. Gibt es denn noch etwas Schlimmeres auf Erden?*»

«*Mein Schicksal*», so berichtet Herr Krauss weiter, «*nahm folgenden Verlauf: Ich wurde zum Verbrecher gestempelt. Warum? Ich weiss es bis heute nicht. Eines Abends im Juni 1945 wurden wir, es waren etwa 50 Männer, in die Schule gerufen und unter strengster Bewachung vor das Rathaus geführt. Dann mussten wir antreten. Partisanen mit aufgepflanzten Gewehren umgaben uns. Von beiden Kirchen läuteten die Glocken – und wir wurden abgeführt. Wurde uns ausgeläutet? Viele haben das gedacht. Ja aber, warum denn, um Gottes willen? Verbrochen hat doch keiner von uns etwas. Nur allein weil wir Deutsche waren, wurden wir wie Verbrecher behandelt. Wir wurden alle nach Göllnitz gebracht und in Keller gesperrt. Dort befanden sich auch Soldaten der deutschen Wehrmacht; mit ihnen teilten wir unser Schicksal. Viele Soldaten waren schon so schwach, dass sie sich kaum erheben konnten. Krank und unterernährt sahen sie aus. Als wir uns einmal beim Lagerkommandanten beschwert hatten, sagte er: ‹Für euch Hitlergesindel ist auch dieses Essen zu schade!› Für alte Frauen wurde in Göllnitz ein Sterbespital eingerichtet. Wer in dieses Haus kam, der ist nicht mehr lebendig herausgekommen. Wir Männer waren dann die Leichenbestatter.*

Das Grauen in diesem Lager lässt sich nur schwer beschreiben. Nach drei Monaten Kerker wurde mir dann der Prozess gemacht. Ich kam vor das Volksgericht. Mir wurde vorgeworfen, ich hätte der deutschen Wehrmacht beim Sprengen der Brücken geholfen. Das Volksgericht fand aber keinen einzigen Beweis. Nach vielen Verhören und Schikanen wurde ich dann endlich nach Hause entlassen. Ich wurde also frei gelassen. Welch ein magisches Wort! Aber wie sah damals mein zu Hause bei meiner Familie aus?

Ich fand sie im ausgeraubten und leeren elterlichen Haus. Das Elend war in jeder Ecke. Meine Frau und meine drei Kinder freuten sich, dass ihr lieber Vater endlich wieder bei ihnen ist. Sie glaubten fest daran: der Vater wird uns beschützen. Aber der Hass gegen Deutsche hatte sich auch in Schwedler weiter eingenistet: Bei jeder sich bietenden Gelegenheit wurde geschrieen: «Nemci von» –

Deutsche raus. Wir wurden wie Verbrecher angesehen. Endlich fand ich Arbeit in Schwedler.»

Langsam schuf Herr Krauss seiner Familie ein zu Hause. Als Brückenmeister wurde er wieder bei der Eisenbahn angestellt. Arbeit, Fleiss und Zuversicht zeichnen sein Leben aus. 1969 ging er in die wohlverdiente Rente.

«Die Zeiten waren schwer», sagt Herr Krauss. *«Wir haben sie überstanden. Heute danken wir Gott dem Allmächtigen, dass er uns auch in der schwersten Zeit beschützt hat. Wir sind alt geworden – in der Heimat, im eigenen Heim. Und im Kreise unserer Familie freuen wir uns gemeinsam und bitten: ‹Herr, gib uns Frieden, beschütze unsere Heimat, das schöne Zipserland!›»* (vgl. Klein, Liptak & Schürger, 2000, S. 372ff.).

1.4 Deutung

Ich deute diese Lebensspur auch auf dem Hintergrund vieler Gespräche mit anderen Heimgekehrten: Herr Krauss spürte in den zahllosen Belastungen, mit denen er fortlaufend konfrontiert worden ist, für sich einen Sinn auf. Er filterte aus den Zusammenhängen sinnhafte Erfahrungen heraus, schaffte in heterostatischen Prozessen ein starkes Kohärenzgefühl und entwickelte seine Ich-Stärke.

Je stärker er sich mit diesen Lebenszusammenhängen verbunden fühlte, umso deutlicher wurde ihm auch das Sinnerlebnis für die eigene Existenz. Es wuchsen ihm salutogenetische (gesundheitsförderliche) Kräfte zu, die aus dem tragenden Sinngrund seines Seins hervorgingen. Seine Gesundheit bestand und besteht im täglichen erfolgreichen Auseinandersetzen mit belastenden Faktoren (Stressfaktoren) und Krankheitstendenzen, mit Ärgernissen und Frustrationen.

Herr Krauss äussert unmissverständlich seine Abneigung gegen Lüge und Heuchelei, nennt klar und direkt «Ross und Reiter». Er kann sich mit allen Problemen, die auf ihn zukommen, sinnvoll auseinandersetzen, die letztendlich zur Stärkung seines Lebens beitragen. Wohl zeigt der physiologische Altersabbau seine Spuren, aber zufrieden, gelassen und zuversichtlich, gepaart mit einem Gefühl der Ehrfurcht, der Freude und des Staunens, sieht er dem entgegen, was kommen wird.

Sein körperlich-seelisch-geistiges Wohlbefinden wird durch eine Grundhaltung gegenüber der Welt massgeblich bestimmt, die sich im Verlauf der Lebenserfahrungen als Gefühl des Vertrauens und globale Orientierung ausgebildet hat. Seine Religiosität ist die stärkste Kraftquelle, die bestimmende Widerstandsressource, geblieben. Hier frage ich – unter Beachtung der drei Faktoren des Kohärenzgefühls – Sinnhaftigkeit, Überschaubarkeit und Handhabbarkeit – mit Michaela Glöckler: «Hat man den Glauben an Gott und damit das Geschenk einer solchen Kraftressource? Erringt man sich den Glauben? Was ist mit denen, die ihn nicht haben? Wie ist das Verhältnis von Erkenntnis und Glaube? Den *Sinn* dieses Bereichs sieht man sofort ein, aber man kann ihn nur schwer *verstehen* und hat grosse Schwierigkeiten, ihn zu *handhaben*» (Glöckler, 2003a, S. 25; Hervorh. F.K.).

Herr Krauss setzte und setzt das Erkannte in die Tat um und er ist bemüht, das in ihm und in seiner Umgebung Unvollkommene – trotz allem – ganz zu machen. Offenbar ist die stärkste salutogenetische Ressource die ideell-spirituelle. In seinem Denken kann Herr Krauss alles heil machen, «zu Ende denken, in die Vollkommenheit bringen. Im Leben ist gar nichts vollkommen! Nur wenn ich es geistig heile, ergänze, ordne, es in eine grössere Sinnperspektive stelle, gewinne ich für die abgebrochenen Fäden, die isolierten Geschehnisse, die kleinen oder grösseren Probleme und Abgründe des Alltags wieder eine Orientierung, dann kann ich sie in Zusammenhang bringen, zurecht denken, Kohärenz im Sinne Antonovskys herstellen» (Glöckler, 2003a, S. 26).

2. Therapeutische Erziehung – ihr Fundament finden wir bei Novalis

2.1 Heilpädagogik und Therapie – Zusammenklang in der therapeutischen Erziehung

Wir gehen nicht vom wissenschaftlichen Streit um die Begriffe Therapie und Erziehung (Heilpädagogik) aus und sprechen auch nicht von einer Therapeutisierung der Pädagogik. Eine Polemik hilft bei dem zu klärenden Sachverhalt nicht weiter. Vielmehr fragen wir uns, ob nicht die über 300 bekannten Therapieformen nur deshalb entstehen konnten, weil die Erziehungswissenschaft ihren Zentralbegriff, nämlich das Erziehen, gerade im historischen Kontext nicht hinreichend reflektiert hat. *Ursprünglich vereinigte das Erziehen die pädagogische und die therapeutische Handlungsform.* Das erfahren wir in einer ausserordentlichen Tiefe und Dichte im «Magischen Idealismus» bei Novalis (Gfröreis, 2005).

Zur therapeutischen Handlungsform
Die therapeutischen Erfahrungen des Arztes und Psychiaters Markus Treichler lassen sich wie folgt zusammenfassen: Treichler erkennt in seiner anspruchsvollen und oft lang dauernden Arbeit mit kranken Menschen, dass er mit ihnen nur so weit gehen kann und darf, als diese mitzugehen bereit und in der Lage sind. Massgebend ist der kranke Mensch: «Er soll das Ziel, den Weg und die Gangart bestimmen. Vom Arzt oder Therapeuten soll ihm Hilfe zuteil werden in Form von Anregung und Begleitung», damit er die möglichen Entwicklungsschritte, die für ihn immer ein gewisses Risiko darstellen, in einem Gefühl des Unterstütztwerdens realisieren kann. «Mass und Ziel eines Therapeuten muss es dabei sein, seinem Patienten im Sinne des griechischen Wortes ‹Therapeuein› in einer verehrenden, helfenden, begleitenden und dienenden Haltung zu begegnen, d.h. der Therapeut darf und soll seinem Patienten nichts abnehmen und ihn nicht bevormunden. Er soll seiner Entwicklung dienen» (Treichler, 1993, S. 74). Diese Haltung ermöglicht es dem kranken Menschen, sich seiner Situation bewusst zu werden und sich zum freien selbstverantwortlichen Handeln zu befähigen. Der fachkundige Therapeut bzw. die fachkundige Therapeutin schafft also durch sein/ihr dienendes Dasein eine Umgebung für die Entwicklung des Denkens, Fühlens und Wollens seines/ihres Auftraggebers (Klienten).

Zur erzieherischen Handlungsform
In analoger Weise können wir das erzieherische Bemühen als Dienst für das Kind sehen. Das lehrt die Geschichte der Pädagogik. Dieser Dienst als Ermöglichen der Selbstentwicklung durch aneignende Tätigkeit entspricht der ursprünglichen Aufgabe der Erziehung. Die historisch begründbare Erziehung ist also Dienstpädagogik, wurde aber im Verlauf der Geschichte zur Herrschaftspädagogik degradiert. Und heute ist die Frage nicht hinreichend beantwortet, ob Erziehung nun ein Führen oder ein Wachsenlassen ist oder ein Unterstützen, Führen und Korrigieren und ein Begleiten, Beistehen und Mitfühlen (Mitfreuen und Mitleiden). Dieses ganzheitliche Erziehungsverständnis versuchte ich unter dem pädagogischen Fundamentalbegriff des handlungsbezogenen Handelns zu erläutern: Das handlungsbezogene Handeln ist weder ein herstellendes Machen noch ein begleitendes Wachsenlassen, sondern ein Selbstkonstituieren des Menschen-mit-dem-Menschen in intersubjektiven Lebens-, Entwicklungs- und Lernzusammenhängen (Klein, 2004). In seiner bedeutsamen Novalis-Studie «‹Keime künftiger Organe› ...›. Der ‹Magische Idealismus› bei Novalis als Beitrag zum Verständnis von Selbsterziehung im heilpädagogischen Handeln» hat Julius Gfröreis diese

Zusammenhänge unter Beachtung heterostatischer Prozesse tiefenhermeneutisch ausgelotet (Gfröreis, 2005).

Novalis oder der Zusammenklang von Erziehung und Therapie
Das ganzheitliche Erziehungsverständnis von Novalis legt den Zusammenklang von Erziehung und Therapie in der therapeutischen Erziehung nahe. Unter dem Anspruch der Achtung des anderen Menschen formuliert Gfröreis sein – an Novalis und Korczak orientiertes – Erziehungsverständnis wie folgt: «Wollen wir dieses Verständnis der personalen Achtung zugrunde legen, so kann Erziehung darin aufgefasst werden, dass sich der Erzieher und die Erzieherin mit seinen/ihren vollständigen geistigen, seelischen und körperlichen Kräften dem selbst Erfahrung sammelnden Mit-Menschen so zur Verfügung stellen, dass er/sie ihm eine Umgebung bildet, an der sich dieser Mitmensch seinem ureigensten, inneren Entwurf angemessen selbst erziehen kann» (Gfröreis, 2005, S. 36). Dieses ganzheitliche Verständnis schliesst in das Erziehen die therapeutische Handlungsform ein. Ich spreche deshalb von therapeutischer Erziehung, sie steht im Einklang mit dem Menschenbild von Novalis.

Novalis sieht die Welt und den Menschen als sich entwickelndes Geheimnisvolles und Unendliches. Er nimmt dabei Gutes wahr. Dadurch bringt er das Schlechte und die Probleme zum Schmelzen – dabei sieht er der Welt und dem Menschen illusionslos ins Auge.

Unser erzieherisches Bemühen wird immer wieder mit Problemen konfrontiert und stösst an Grenzen. Wir erleben die eigene Unfähigkeit und kränken uns darüber. Hier gilt es jene Energie aufzubringen, die Unvollkommenheit des eigenen Könnens anzunehmen und am Entwicklungsdefizit zu arbeiten. Dieses selbsterzieherische Bemühen hat eine präventivmedizinische Wirkung.

Was vor über zweihundert Jahren Novalis erkannt hatte, wird heute durch die Salutogenese-Forschung bestätigt. Es geht nun nicht mehr ausschliesslich um das, was krankmachend wirkt und wie dies zu behandeln ist, sondern um Klärung dessen, was Gesundsein, was körperlich-seelisch-geistiges Wohlbefinden, eine positive Grundhaltung zur Welt und ein Vertrauen in die eigenen Fähigkeiten ermöglicht.

Novalis hat das pathogenetische Modell überwunden. Er entdeckt das Prinzip der Selbstheterogenisierung. Es geht ihm hier nicht um ein untätiges Erleiden, sondern um ein Verarbeiten des körperlich-seelisch Schmerzhaften. «Krankheit wird aktiv gebraucht, um Neues zu realisieren». Hier ist die Orientierung am Symptomdenken überwunden und eine ganzheitliche dynamische Sichtweise kommt in den Blick. Das bedeutet: Das «Ich muss sich vom Leiden soweit distanzieren können, dass es nach dem Sinngehalt der Krankheit zu fragen beginnt. Wird dieser gefunden, so kann der Symptomatik etwas Positiveres entgegengesetzt werden. Novalis drückt dies folgendermassen aus: ‹Es kommt nur darauf an, ob wir etwas in die innere Sfäre unsrer freyen Thätigkeit aufnehmen [...] selbst das grösseste Unglück muss aufgenommen werden in diese Sfäre, wenn es uns eigentlich afficieren soll – sonst bleibt es uns fremd und ausser uns –›» (zit. nach Gfröreis, 2005, S. 150).

In diesem ganzheitlichen Verständnis hat das mechanisch-kausale Denken über Reiz und Wirkung keinen Platz mehr. Der Leib des Menschen konstituiert sich aus Elementen, die miteinander in wechselvoller Beziehung stehen und die durch Übungen im Denken, Fühlen und Wollen verändert werden können. Bei den Übungen kommt es darauf an, «dass das Bewusstsein auf einen bestimmten, abgegrenzten Bereich innerhalb des eigenen Organismus fixiert werde. In diesen Übungen, die nur ihre heilenden Wirkungen entfalten können, wenn sie rhythmisch angewendet werden, geht es um ein magisches Denkfühlen. Allmählich werden leibliche Prozesse ins Bewusstsein gehoben: ‹Über das physische Wircken durch Gedanken im Körper – durch geistig widerholte Velléitäten› .... Die ‹Moralität›, die durch diese Kraftgedanken von Novalis wahrgenommen werden kann, besitzt selbst für den Menschen der Gegenwart etwas von einer ansteckenden Gesundung» (Gfröreis, 2004, S. 150).

3. Erziehungswissenschaft und Sonderpädagogik in der Krise – Rückbesinnung ist das Gebot der Stunde

3.1 Zur Krise der Erziehungswissenschaft und Sonderpädagogik

Die heutige Erziehungswissenschaft und Sonderpädagogik hat ihren Grundbegriff, nämlich das Erziehen, weitgehend aus den Augen verloren und orientiert sich an der Soziologie und Psychologie (Winkler, 2004). Damit stellt sie sich als Wissenschaft vom Menschen, vom Erziehenden und Zögling (dem zu Erziehenden), in Frage. Die komplizierte Struktur des Erziehens – d.h. das Ermöglichen der Aneignung der Wirklichkeit und nicht das beliebige und zufällige Aneignen, sondern die mit Bewusstsein anzueignende objektive Wirklichkeit – stellt hohe Anforderung an das Erziehen, das sich in der Intersubjektivität vollzieht und nur gelingen kann, wenn der/die zu Erziehende aus eigener Initiative tätig ist. Erziehung erzeugt Bedingungen, damit die aneignende Tätigkeit des sich selbst bildenden Subjekts in Beziehung zum Erzieher/zur Erzieherin als Subjekt und zu einer objektiven Welt gelingen kann. So schafft die kulturell notwendige Erziehung die Bedingung ihrer Möglichkeit im zu Erziehenden als Subjekt.

Diese fundamentalen Gedanken zur Phänomenologie und Hermeneutik der Erziehung blendet die soziologisch und psychologisch orientierte Erziehungswissenschaft weitgehend aus. Der messbare Leistungs-Output zählt, und die sich immer wieder neu stellende eigentliche Erziehungsaufgabe wird ausgeblendet.

Wir erkannten: Der Heilpädagoge, die Heilpädagogin oder therapeutisch tätige Erziehende stehen in einem Dienstverhältnis zum Kind und wollen seine Entwicklung ermöglichen, indem sie sich mit ihren geistigen, seelischen und körperlichen Kräften dem Kind, das selbst seine Erfahrungen machen und seine Kräfte erproben will, zur Verfügung stellen. Hier schaffen sie dem Kind einen Lebens- und Erfahrungsraum, den wir mit dem Theologen, Philosophen und Pädagogen Friedrich Daniel Ernst Schleiermacher (1768-1834), dem Begründer der wissenschaftlichen Hermeneutik, als Entwicklungsunterstützung in Sinnzusammenhängen charakterisieren. Hier ermöglicht der Erziehende dem Kind durch Aneignung der Wirklichkeit, sich nach seiner ureigensten Bestimmung selbst zu entwickeln.

Diese kritischen Reflexionen zur Erziehungswissenschaft und Sonderpädagogik fassen wir im Hinblick auf Erziehung und Therapie zusammen: Aus der Sicht des Kindes, das in Lebenszusammenhängen sich selbst hervorbringen und seine Individualität ausformen will, gibt es zwischen Therapie und Erziehung keine prinzipiellen Unterschiede. Therapie und Erziehung stehen im Dienst für das Kind. Unterschiede sind lediglich in äusseren Organisationsformen auszumachen. Es ist aber notwendig, das gesammelte Wissen aus dem Erfahrungsfeld der Therapie und der Erziehung in der therapeutischen Erziehung zur Geltung kommen zu lassen und so das Erziehen des Heilpädagogen/der Heilpädagogin auf einen bewussteren Boden zu stellen. Erziehung und Therapie bilden hier eine innere Einheit dergestalt, dass das Erziehen mit therapeutischen Momenten reflexiv erörtert und so zu einem bewussteren Tätigsein des Heilpädagogen und der Heilpädagogin wird. Aber auch der Therapeut und die Therapeutin können zu einem bewussteren Handeln kommen, wenn sie bei ihrer Tätigkeit erzieherische Momente reflektieren. Damit sind wir ganz nahe beim ganzheitlichen Erziehungsverständnis von Novalis, das wir im Anschluss an Gfröreis mit dem Prinzip der Selbstheterogenisierung gefasst haben.

Die hier erörterten abstrakten Gedanken werden nun in der therapeutischen Erziehung konkret. Die Praxis der Heilpädagogik in der Slowakei ist um diese Erziehung bemüht. In ihrem Buch «Integrale Heilpädagogik» charakterisiert Marta Horňáková (2004, S. 110), die klientenbezogene Tätigkeit des Heilpädagogen/der Heilpädagogin als erziehungstherapeutisches Handeln, das mit dem Herzen intuitiv erkennt. Diese ganzheitliche interaktive Hilfe wird auch «heilpädagogische Therapie» (S. 36ff.) genannt.

Mit dem skizzierten ganzheitlichen Erziehungsverständnis liege ich nicht im Trend der Zeit, wonach die pädagogische Handlungs- und Deutungsform durch die therapeutische abgelöst wird (Reich, 2003). Mein pädagogisches Paradigma ist vom zu Erziehenden her begründet, das ich mit einem «erhabenen Rückschritt» (Pestalozzi) noch kurz erläutern möchte.

3.2 Rückbesinnung ist notwendig: Praxis – Kunst – Theorie

Für die Erziehungswissenschaft ist die Rückbesinnung auf ihren Ursprung wohl ein schmerzlicher, doch heilender Prozess. Sieht sie der Krise in der Erziehungswirklichkeit ins Auge, dann kann sie nicht anders, als in heterostatischen Prozessen sich um ein Wiedergewinnen des Erzieherischen und ein Verständnis ihrer Theorie und Praxis zu bemühen, bei dem die Kunst wieder zu ihrem Recht kommt. In der Kunst sprachen sich die Menschen von Beginn an aus. Hier zeigten sie, aus welchen geistigen Kräften sie lebten.

Im künstlerischen Schaffen erleben wir Freude und Glück. Hier ereignet sich Wahrheit, die aus der Herzmitte kommt (von Weizsäcker, 1983). In seiner Analyse «Schule in unserer Zeit» kommt Carl Friedrich von Weizsäcker zu dem Befund, dass die Krise der Neuzeit eine Bewusstseinskrise ist, die in einer verstümmelten Theorie wurzelt und in der Praxis sichtbar wird. Deshalb bedürfen Theorie (Denken, Urteilen) und Praxis (Handeln, Wille) der Vertiefung durch die Kunst, die wir als ein intuitives, meditatives und kontemplatives Schaffen von Gestalten charakterisieren können. Dies trifft den Kern der trialen Methode in der Erziehungskunst.

3.3 Zur trialen Methode

In der anthroposophischen Heilpädagogik und Sozialtherapie ist die Verbindung von Praxis, Theorie und Kunst ein grundlegendes Arbeitsprinzip. Bei der Bildung des Kindes und der Heilpädagogen/Heilpädagoginnen ist die triale Methode, d.h. die Verbindung von praktischen, theoretischen und künstlerischen Arbeiten ein grundlegendes methodisches Prinzip, das wir in den Einrichtungen für Menschen mit Beeinträchtigungen in der Slowakei wahrnehmen. Auch wenn die ganzheitliche Methode im Sinne der anthroposophischen Heilpädagogik und Sozialtherapie nicht differenziert reflektiert wird, so ist sie mehr oder weniger in den Handlungen der Erziehenden und Lehrpersonen präsent, die aus der Herzmitte kommen und intuitiv bestimmt sind (vgl. Kapitel 6 und Abschnitt 8.4).

Unkompliziert und wie selbstverständlich komme ich (F.K.) auch in Seminaren mit slowakischen Studierenden, Heilpädagogen/Heilpädagoginnen oder Erziehern und Erzieherinnen zur Erkenntnis, dass sich das Individuum in polaren und vernetzten Prozessen –
- in der Dimension Menschsein: zwischen Leib/Körper, Seele und Geist,
- in der Dimension Lebensraum: zwischen personalen und sozialen Gegebenheiten,
- in der Dimension Zeit: zwischen Vergangenheit, Gegenwart und Zukunft
– konstituiert und entwickelt.

Diese reflexive Erfahrung zeigt, dass wir es hier mit einem fundamentalen Prinzip der Ganzheit, der ganzheitlichen Bildung und Erziehung zu tun haben.

4. Konkretisierung der therapeutischen Erziehung im Rahmen des salutogenetischen Konzeptes

Die bisher vorgetragenen Gedanken zur Salutogenese, zur Sinnperspektive und zur therapeutischen Erziehung wollen wir nun weiter für die Praxis entfalten. In ihrem Beitrag «Salutogenese – Wandel in unserem Konzept von Gesundheit?» stellt Angelika Gäch (2004) folgende Gesichtspunkte für die heilpädagogische Praxis heraus, die im Sinne des salutogenetischen Konzepts in einem Arbeitsprojekt zu untersuchen wären:
«1. die Qualität der Umgebungsgestaltung («Strom des Lebens») als räumliche Struktur und zeitlicher Prozess mit Zielrichtung auf die Stärkung des Kohärenzgefühles durch eine verstehbare, handhabbare und bedeutsamsinnvolle Umgebung,
2. die Kunst der pädagogischen/sozialen/therapeutischen Beziehung im Hinblick auf die Unterstützung der individuellen Kompetenzen und Ressourcen,

3. die Horizontalität der kollegialen Strukturen zur Förderung von Engagement, Motivation und Initiative der Mitarbeiter (Verstehbarkeit, Handhabbarkeit, Sinnhaftigkeit) und
4. eine religiös-spirituelle Lebensorientierung als Bestätigung der eigenen geistigen Existenz» (Gäch, 2004, S. 243).

Diesen Aspekten wollen wir uns am Beispiel der therapeutischen Erziehung in slowakischen Einrichtungen für Menschen mit Beeinträchtigungen nähern und dabei die grundlegende philosophische Frage des Begründers der Salutogenese-Forschung, des amerikanisch-israelischen Medizinsoziologen Aaron Antonovsky (1923-1994) nicht aus den Augen verlieren: Für Antonovsky, der im Rahmen der Stressforschung dem Geheimnis der Gesundheit auf die Spur kommen wollte, ist der Fluss der Strom des Lebens. Keiner geht sicher am Ufer entlang. Der Fluss kann verschmutzt sein, Gabelungen, Strömungen oder gefährliche Stromschnellen und Strudel haben. Aber auch die Logotherapie und Existenzanalyse von Viktor Frankl (1905-1997), Neurologe und Psychiater, ist für die therapeutische Erziehung eine weitere Grundlage. So ist zum Beispiel aus der Sicht der Psychoneuroimmunologie die Sinnhaftigkeit der wichtigste salutogenetische Faktor. Der Sinn stärkt das Immunsystem und mindert den Stress. Ein Mensch, der fähig und in der Lage ist, die Sinnperspektive aufzusuchen, kann dieses Suchen als gesundheitsfördernd erleben. Der «unverwundbare Geist» (vgl. Kapitel 9) ermöglicht das Finden eines tragenden Sinngrundes des Lebens.

4.1 Zum salutogenetischen Perspektivenwechsel

Vorbemerkungen zum Kohärenzgefühl oder Kohärenzsinn (sense of coherence, SOC)
Im Vorwort zur deutschen Ausgabe des Werkes «Salutogenese» sagt Antonovsky: «Auf einer tieferen Ebene habe ich von ihr [Helen; Anm. F.K.] gelernt, wie unwichtig es ist, die Kontrolle zu haben, wenn es einen geliebten anderen Menschen gibt, dem man vertraut und mit dem man zusammenlebt. In der konkreten Arbeit war es Helen, die den Begriff ‹das Kohärenzgefühl› vorschlug, der genau das ausdrückt, was ich sagen wollte. Als Entwicklungspsychologin mit anthropologischer Ausbildung war sie eine äusserst kompetente professionelle Kritikerin. Sie urteilte kompromisslos und glasklar, sagte mir die kritischen Dinge in ihrer überaus sanften Art und machte dazu noch Vorschläge zur Problemlösung – diese ausserordentliche

Kombination war ungemein hilfreich. Wenn das Schreiben dieses Buches mir Lebenserfahrungen gebracht hat, die mein eigenes SOC gestärkt haben, dann habe ich dies zu einem grossen Teil Helen zu verdanken» (Antonovsky, 1997, S. 20).

Hier ist noch zu erwähnen, dass in deutschsprachigen Übersetzungen «sense of coherence» als Kohärenzgefühl, Kohärenzsinn, Kohärenzerleben oder Kohärenzempfinden übersetzt wird. Offenbar haben wir kein deutsches Wort, das dem englischen «sense» vergleichbar wäre und das den Aspekten Wahrnehmen, Denken und Fühlen gerecht wird. Gleichwohl wird am häufigsten von Kohärenzgefühl gesprochen. Dabei sollten wir uns nicht ausschliesslich auf den emotionalen Gehalt des Wortes beziehen, sondern es mehr in dem Sinne verwenden, «in dem wir alle ab und an das Gefühl haben, dass am Nachmittag die Sonne scheint, irgendetwas nicht ganz richtig ist oder die Dinge sich schon so entwickeln, wie man das aus früheren guten Erfahrungen kennt» (zit. n. Antonovsky, 1997, S. 12). In Langenscheidts Wörterbuch finden wir «sense» als Sinn, Empfindung, Gefühl, Verstand, Bedeutung, Ansicht und Vernunft übersetzt.

Zum Perspektivenwechsel
In seinen Forschungsprojekten über den Zusammenhang von belastenden Faktoren (Stress, Extrembelastungen, Traumata, Erleiden seelischer Grausamkeiten), Gesundheit und Krankheit erkannte Antonovsky, dass wir unser Denken und Handeln weniger an den krankmachenden Ursachen, sondern vielmehr an den Ursprüngen der Gesundheit orientieren sollten (Antonovsky, 1997). Die Geschichte der medizinisch-pädagogischen Praxis der vergangenen beiden Jahrhunderte stand ganz im Zeichen der Pathogenese (pathein = Leiden; genese = Ursprung, Entstehung) und suchte Antworten auf die Fragen: Wo sitzt der Pathomechanismus und woher kommt das Leiden? Was wurde zerstört? Antonovsky fragt nach den Ursprüngen und dem Entstehen der Gesundheit und begründet mit dieser Haltung das neue Paradigma der Salutogenese (salus, salutis = Gesundheit, Glück, Heil). Er fragt: Wie kann der Mensch lernen, mit Kränkungen und Enttäuschungen, mit Beeinträchtigungen und Störungen so umzugehen, dass er sie überwindet, dadurch gewinnt, ja sogar gesünder wird? Mit diesem neuen Gesundheitsmodell der Salutogenese hat die Frage nach der Gesundheit des Menschen Vorrang vor der Frage nach den Ursachen von Krankheit. Antonovsky fand als entscheidendes Prinzip für Gesundsein das Gefühl für den Zusammenhang mit der Welt heraus. Dieses Gefühl nennt er Kohärenzsinn oder Kohärenzgefühl. Kohärenzsinn ist dann vorhanden, wenn wir die Welt verstehen, sie

als sinnvoll wahrnehmen und in ihr handeln können. Dieser bewusste und aktive Bezug zur Welt ermöglicht sinnvolles Handeln aus eigener Initiative – gerade auch in schwierigen Situationen. Hier sind wir – Erziehende und zu Erziehende – Gestalter der Verhältnisse und nicht ihre Opfer. Mit diesem anthropologischen Verständnis verwirklicht der Mensch sich selbst. Das erkannte schon Johann Heinrich Pestalozzi (1746-1827) in seinen 1797 erschienenen «Nachforschungen über den Gang der Natur in der Entwicklung des Menschengeschlechts» (Pestalozzi, 1961): Der Mensch ist nicht mehr allein «Werk der Natur» und «Werk der Gesellschaft»: er kann sich zum «Werk seiner selbst» machen. Diese Selbstverwirklichung geht von einer teleologischen Struktur des körperlich-geistig-seelischen Lebens aus und ist für die biografische Erziehungstheorie und -praxis bedeutsam. Der biografische Ansatz wird zur dringlichen Aufgabe, weil der Zusammenhang der Erziehung durch die komplexen und unübersichtlichen Sozialisationsprozesse zerfallen ist und das Individuum seine Identität und Integrität zu verlieren droht (Loch, 1979).

Im Verständnis des salutogenetischen Modells ist also Gesundheit mehr als Abwesenheit von Krankheit. Gesundheit ist ein dynamisches Geschehen in einem vernetzten Zusammenhang, bei dem
- körperliches Wohlbefinden,
- eine positive Grundhaltung zur Welt,
- Vertrauen in die eigenen Fähigkeiten und
- Sinnfindung im Handeln

eine wesentliche Rolle spielen. Gesundheit ist also mehrdimensional zu sehen. Zu ihr gehören auch soziale und ökologische Faktoren sowie das Erschliessen eigener Widerstandsressourcen. Ein grundlegender Aspekt ist hier die Fähigkeit des Menschen, sich mit unerwarteten Ereignissen auseinanderzusetzen und dadurch zu stärken, dass Stress, Belastungen und Konflikte ausgehalten werden. Bei diesen Heterostase-Prozessen können die körperlich-seelischen Belastungsgrenzen weiter ausgedehnt werden.

Der salutogenetische Perspektivenwechsel ist ein ganzheitlicher Orientierungsrahmen. An die Stelle des defektorientierten Erklärungs- und Behandlungsmodells ist das offene salutogenetische Modell getreten. Das Reparatur-Modell ist dem Ermöglichungs-Modell gewichen: Arzt/Ärztin und Erziehende, Kind und Eltern können miteinander lernen, ein gutes Gefühl der Verbundenheit zu entwickeln, was bei allen zu einer positiven Grundhaltung gegenüber der Welt führen kann. Auf dieser Grundlage können die verursachenden Bedingungen gemeinsam erkannt und verstanden, gedeutet und – soweit möglich – auch erklärt werden. Das Kohärenzgefühl kann sich nun entwickeln. Dabei haben wir zu sehen, dass die drei Komponenten – Verstehbarkeit, Handhabbarkeit und Sinnhaftigkeit der Welt – unlösbar miteinander verbunden sind und nur theoretisch zu unterscheiden sind. Ihre Überprüfung kann nur in der Praxis erfolgen: durch den einzelnen selbstinitiativen Menschen.

Wie wird man ein guter Schwimmer?
Antonovskys konkrete Frage lautet nun: «Wie wird man, wo immer man sich in dem Fluss befindet, dessen Natur von historischen, soziokulturellen und physikalischen Umweltbedingungen bestimmt wird, ein guter Schwimmer?» (Antonovsky, 1997, S. 92).

Es geht in dieser Metapher zum einen um das Entschärfen des gefährlichen Flusslaufes und zum anderen darum, den Menschen zum guten Schwimmer zu machen. Gesundheit muss immer wieder im aktiven Vollzug erworben werden, um im Strom zu schwimmen.

Wie eignet sich ein Kind das Kohärenzgefühl an?
Darauf antwortet Michaela Glöckler in ihrem Buch «Kindsein heute. Schicksalslandschaft aktiv gestalten. Umgang mit Widerständen – ein salutogenetischer Ansatz» (2003b): Das Kind muss durch die Erziehung eine befriedigende Weltanschauung erlernen. Es muss lernen, dass die Welt
- verstehbar,
- sinnhaft, bedeutsam
- handhabbar ist.

Das bedeutet, der Welt und sich selbst gegenüber das Gefühl zu haben: Wenn ich mich nur genügend anstrenge oder mich ernsthaft interessiere, kann ich doch eigentlich verstehen, was mir begegnet. Die Welt als geordnet und strukturiert wahrzunehmen und nicht als chaotisch, willkürlich, zufällig oder unerklärlich, ist entscheidend für das Sich-gesund-Fühlen. Die Person, die über ein hohes Mass an Verstehbarkeit verfügt, geht davon aus, dass Schwierigkeiten, denen sie in Zukunft begegnet, entweder vorhersehbar sind, oder dass sie zumindest, sollten sie tatsächlich überraschend auftreten, eingeordnet und erklärt werden können. Tod, Krieg und Versagen können eintreten, aber solch eine Person kann sie sich erklären und damit ein bewusstes Verhältnis dazu bekommen.

Das Gefühl der Sinnhaftigkeit oder Bedeutsamkeit beschreibt das Ausmass, mit dem man seinem Leben Sinn geben kann. Sind es Probleme und Anforderungen wert, dass man Energie in sie investiert? Dass man sich für sie einsetzt und sich ihnen verpflichtet? Dass sie eher willkommene Herausforderungen sind als Lasten, die man gern los wäre?

Geschieht etwas Tragisches, zum Beispiel ein Unfall, der Tod eines Nahestehenden, die Notwendigkeit, sich einer schweren Operation zu unterziehen, oder der Verlust des Arbeitsplatzes, so wird man nicht nur Angst, Trauer oder Wut empfinden, sondern sich auch fragen: Was bedeutet das Ereignis für mich, für meine Entwicklung? Wie kann ich meinem Leben gerade dadurch einen vielleicht neuen Sinn geben? Unglückliche Erfahrungen können so als persönliche Herausforderung empfunden werden, in die das eigene Schicksal positiv integrierbar ist. Wer so lebt, lebt nicht in Widerspruch mit sich selbst oder spaltet gewisse Erlebnisanteile von der eigenen Persönlichkeit als unannehmbar ab. Ein tiefchristliches Motiv kommt hier zum Tragen: das Stellvertretermotiv. Rudolf Steiner hat es einmal so formuliert: Was du auch leidest, leidest du um eines grossen Weltzusammenhanges willen. Erst im Kontext des Ganzen zeigen die Ereignisse – und seien sie auch noch so düster – ihren Sinn.

Das Gefühl der Handhabbarkeit steht für ein klares Bewusstsein, was man kann und was nicht. Dem Nichtkönnen gegenüber hat man allerdings das Gefühl: «Ich könnte, wenn ich wollte». Im Prinzip erlebt man die Welt und sich selbst als handhabbar, als «manageable». Dazu gehört auch die Überzeugung, dass Schwierigkeiten lösbar sind und dass man geeignete Ressourcen zur Verfügung hat oder aufbaut, um den Anforderungen zu begegnen. Zur Verfügung stehen dabei Erfahrungen, über die man selbst verfügt, oder solche, die von anderen erbracht werden – vom Ehepartner, von Freundinnen, Kolleginnen, vom Arzt, von Gott – kurz von jemandem, auf den man zählen kann, dem man vertraut, der hilft.

Das Kohärenzgefühl – als Erlebnis von Verstehbarkeit, Sinnhaftigkeit und Handhabbarkeit der Welt – entwickelt sich nun weitgehend in Kindheit und Jugend. Daher kommt dieser Zeit die entscheidende Bedeutung für die Gesundheit im späteren Leben zu» (Glöckler, 2003b, S. 23ff.).

Aufgabe der therapeutischen Erziehung beim Seelenpflege-bedürftigen Kind
Für das Seelenpflege-bedürftige Kind ist die Umgebung so zu gestalten, dass sie ihm Entwicklung ermöglicht. Das Kind hat ein Bedürfnis nach einem strukturierten Erziehungsraum, in dem es Kontinuität, Rhythmus und Wiederholung erleben kann. Das schafft Freude und Dankbarkeit im Miteinander. Es fühlt sich wohl. Diese Atmosphäre bewegt zum geordneten schöpferischen Tun und gibt dem Kind Vertrauen in die Potenziale der eigenen Entwicklung. In diesem zwischenmenschlichen Raum, in dem Kind und Er-

ziehende in der Beziehung leben, begegnen sich Individualitäten, die ein gegenseitig aufschliessendes Vertrauen ermöglichen. Die ordnende Kraft des Vertrauens kann in heterostatischen Prozessen heilend wirken.

5. Die Slowakei und die slowakische Erziehung für Menschen mit Beeinträchtigungen

Seit der friedlichen Auflösung der Tschechoslowakei am 1.1.1993 sind die Tschechische Republik und die Slowakei zwei selbstständige Staaten. Die Slowakei, die mit ihren über 5 Millionen Einwohnern und Einwohnerinnen im «Herzen Europas» liegt, hat unter der Nazi-Herrschaft und dann bis 1989 unter dem Kommunismus schwer gelitten. Die Besucher und Besucherinnen erleben dieses nun aufblühende Land als aussergewöhnlich schön, kulturell und historisch interessant. Es hat eine wechselvolle Geschichte und pflegt seit eh und je ein friedliches Zusammenleben verschiedener Nationen und Religionen. Zahlreiche europäische Politiker und Politikerinnen betrachten die im Mai 2004 zur EU beigetretene Slowakei mit ihrer ethnischen und kulturellen Vielfalt als Modell für ein vereintes Europa.

Auch die wechselvolle Geschichte der slowakischen Heilpädagogik kann als lehrreiches Modell angesehen werden: Nach
- gewaltigen gesellschaftlichen Umbrüchen und Umorientierungen,
- normativen Verunsicherungen, wo Vielfalt in Beliebigkeit umschlägt, und
- Widersprüchlichkeiten von Werten und Erziehungszielen

ringt sie in heterostatischen Prozessen um ihre Identität.

Wahrnehmen der Praxis
Bei einer Tagung zur Integration und Inklusion von Menschen mit Hörbehinderung in Lucenec (Südslowakei) im Juni 2004, die anlässlich des 10-jährigen Bestehens der dortigen Integrationsschule stattfand und bei der hörbehinderte Menschen über gelungene oder weniger gelungene Integration sprachen, ging es überhaupt nicht um Begriffe und Definitionen, sondern einfach um die Frage: Wie kann ich das aufgetretene Problem lösen? Je näher wir an praktische Probleme herankommen, umso lebendiger wird die Diskussion. Die Teilnehmer suchen gemeinsam, stellen Fragen, werfen Probleme auf und kommen zu praktischen Lösungsvorschlägen. Ein Mensch mit Hörbehinderung und akademischen Abschluss in Pantomime, seit 9 Jahren Dramaturg, Leiter des Theaters mit Menschen mit Hörbehinderung und

so genannter geistiger Behinderung in Banska Bystrica, zeigt in seinem Beitrag, wie Menschen mit diesen Beeinträchtigungen kommunizieren: herzlich, schöpferisch und geistreich.

Auch die Wahrnehmungen in slowakischen Einrichtungen für Menschen mit Beeinträchtigungen wecken Neugierde. Gehen wir von den äusseren Bedingungen aus – absolut ungenügende Bezahlung, oft ungeeignete Gebäude und dürftig eingerichtete Räume, wenig gekauftes didaktisches Material –, so kommen wir aus dem Staunen nicht heraus. Die Mitarbeitenden gehen aus einem tiefen Mitgefühl mit den ihnen anvertrauten Menschen um: liebevoll und ideenreich, kooperativ und sozialintegrativ. Die Disziplin in den Gruppen erfreut ebenso wie das gemeinsame Spielen und Singen. Märchen und Singspiele werden mit Freude und einer ursprünglichen rhythmisch-musischen Begabung gespielt. Der Gast wird wie selbstverständlich zur Teilnahme an der erzieherischen, unterrichtlichen und therapeutischen Arbeit eingeladen und erhält in den Gesprächen auf alle Fragen gerne Auskunft. So kann er mit ihnen die Freuden und Sorgen teilen. Offenbar handeln viele ganz intuitiv aus einem wirklichen Interesse am anderen Menschen.

Ich (F.K.) nehme viele fröhliche und zufriedene Gesichter bei Menschen mit Beeinträchtigungen und Mitarbeitenden wahr. Die Slowaken, ihrer Herkunft nach Slawen, leben im Vergleich zu den Deutschen eher aus einer tieferen Emotionalität heraus, sie fühlen sich in Traditionen, in familiäre und soziale Zusammenhänge eingebunden. Ich erlebe sie herzlicher, näher, unmittelbarer, aber teilweise auch zurückhaltender. Ihr Denken und Handeln ist in ihren Lebenszusammenhängen verankert, es ist ursprünglicher, schöpferischer, lebendiger, konkreter, praktischer.

6. Therapeutische Erziehung am Beispiel Dominik und seiner Erzieherin

Ich (A.K.) muss eine Vorbemerkung machen: Es erscheint zweckmässig, zwischen medizinischer, psychologischer und pädagogischer Therapie zu unterscheiden. In unserem Beispiel geht es um pädagogische Fragen, d.h. um therapeutische Erziehung.

In der Einrichtung «Spezialpädagogische Beratung für Kinder mit schweren und mehrfachen Beeinträchtigungen und ihren Eltern in der Spezial-Grundschule in Liptovský Mikuláš» entstand ein Videofilm über einen Jungen und seine Erzieherin (er wurde während der Tagung in Brachenreuthe gezeigt). Liptovský Mikuláš (deutsch: Heiliger Nikolaus) liegt am Fusse der Hohen Tatra an einem wunderschönen See.

Abb.: Dominik und seine Erzieherin in der therapeutischen Situation

Dominik ist 9 Jahre alt. Er ist schwer beeinträchtigt in seinem Denken und Bewegen, Hören und Sehen. Die Erzieherin ist in einer Klasse – mit etwa 2/3 ihrer Arbeitszeit – tätig und führt in einem anderen Raum individuelle therapeutische Erziehung bei Dominik (und anderen Kindern) durch.

Die Erzieherin hat zu Dominik eine emotionale Beziehung, wendet sich ihm herzlich zu, nimmt intuitiv Kontakt (Handkontakt) auf, spricht liebevoll mit ihm und bietet Übungsgegenstände (Wäscheklammern, Plastilin, Steckspiel) an. Dominik übt und spielt allein. Er strengt sich sehr an, gibt sich grosse Mühe, ermüdet bald und fordert sich selbst bis an die Grenzen heraus.

Dominik lernt aus seinem ureigenen Spielwillen heraus. Die Erzieherin begleitet und unterstützt seine Aktivitäten. Er wird bei seinen mühevollen Spiel-Übungen gelobt und in seinem Handeln bestätigt. Dominik bekommt Hilfe, jedoch nur dann, wenn er diese auch wirklich braucht. In der Schule wird er nach einem individuellen Bildungsplan gefördert. Daneben erhält er weiterhin die therapeutische Erziehung.

Wir machen uns vier komplexe Fragen bewusst:
1) In welchen Situationen nehmen wir Erziehung und in welchen nehmen wir Therapie wahr? Oder überschneiden sich Therapie und Erziehung fortwährend? Gehen sie nicht immer wieder ineinander über? Ist es überhaupt sinnvoll, begriffliche Unterscheidungen vorzunehmen, wie zum Beispiel: Therapie ist additiv und Erziehung ist immanent, Therapie ist funktional und Erziehung ist interaktional (Kobi, 1993, S. 344f.)?
2) Das Spiel charakterisiert die Erziehung in Einrichtungen (Kindergärten, Heimen, Schulen, besonders Spezialschulen) und orientiert sich an Comenius' Idee der «schola ludus» und Schillers Weisheit, dass der Mensch nur da ein ganzer Mensch ist, wo er spielt. Die Erzieherin und Dominik sind in der therapeutischen Erziehungssituation miteinander im Spiel tätig. Hier

stellt sich uns die Frage nach der Wirkung des Spiels in der therapeutischen Erziehung.

3) Entspricht die Erzieherin bei ihrer therapeutischen Erziehung dem Sinnkriterium der Erziehung? «Sich ... selber überflüssig ... machen, und zwar nicht irgendwann später, sondern immer dann, wenn sich zeigt, dass der Lernende selbstständig weiterlernen kann, ist das entscheidende Sinnkriterium der Erziehung ...» (Loch, 1979, S. 21). Diese Lernhilfe unterscheidet sich prinzipiell von Methoden der Verhaltensmodifikation und Manipulation, Dressur oder Indoktrination.

4) Erlebt Dominik in der therapeutischen Erziehungssituation, dass die Welt
- verstehbar,
- sinnhaft, bedeutsam und
- handhabbar ist?

7. Biografiearbeit unter der Sinnperspektive

7.1 Von der Würde der menschlichen Biografie

Hans Müller-Wiedemann hat darauf aufmerksam gemacht, dass die Würde der menschlichen Biografie allen Anpassungsstrategien übergeordnet ist. Erziehende und Therapeuten/Therapeutinnen, die mit Seelenpflege-bedürftigen Menschen arbeiten, sollten nicht das Anpassen des kindlichen Verhaltens an die Umgebung in den Vordergrund stellen, denn sie verschweigen dadurch entscheidende Dimensionen der menschlichen Entwicklung. Sie orientieren ihr Verhalten an einem naturwissenschaftlichen Denken und meinen auf dieser kausalen Schiene den Menschen als Objekt behandeln zu können. Mit dieser Aussenorientierung, die versucht, das Verhalten der Kinder mit ausgeklügelten Strategien zu bestimmen, können sie nicht mehr frei handeln und dem Kind jene Würde verleihen, die ihm zukommt (Müller-Wiedemann, 1994, S. 56). Diese Fremdbestimmung verneint die Wirklichkeit der Menschenwürde, die darin besteht, den anderen Menschen ohne Vorbedingungen in seiner Individualität anzuerkennen und zu achten.

7.2 Zur Lebensgeschichte und heilpädagogischen Professionalität

Ich trete in meinem Lebenslauf mit dem Seelenpflege-bedürftigen Menschen in Beziehung und bilde dadurch meine heilpädagogische Professionalität weiter. Diese Professionalität entwickelt sich aus dem, was ich tue und was mir dabei von anderen widerfährt. Ich erlebe meine Handlungen als Folge von Geschichten, die ich mache und die mir widerfahren. Meine berufliche Lebensgeschichte bildet einen Zusammenhang.

So wurde mir (F.K.) bei meiner Arbeit mit schwer- und mehrfach beeinträchtigten Kindern zunehmend bewusster, dass Erziehung und Therapie eine Wirkungseinheit bilden. Ich lernte den Menschen in seiner Ganzheit wahrnehmen und achten, für den es viele typisierende Bezeichnungen gibt. Denken wir nur daran, dass es allein beim frühkindlichen Autismus Symptomlisten mit bis zu 82 Merkmalspunkten und über 60 Verursachungstheorien gibt. Entsprechend viele Techniken und Strategien der Behandlung kennen wir.

7.3 Bedürfnis nach biografisch orientierter Sinnperspektive

Versuche ich nun meine erzieherischen und therapeutischen Erfahrungen unter der Sinnperspektive auf den Punkt zu bringen, dann kann ich sagen: Der Seelenpflege-bedürftige Mensch ist voller Sehnsucht nach einem festen Halt und verlässlichen Beziehungen, nach Bestätigung seines Seins und Könnens. Er will er selbst sein, mitmachen, von den Mitmenschen anerkannt und in seinem Können bestärkt werden. Er ist besonders verletzlich und kann seine Sehnsucht nach Beziehungen nicht hinter einer Rolle verbergen. In gewisser Weise besteht er «nur aus Herz: aus einem verwundeten, ganz und gar offenen Herzen» (Vanier, 1985, S. 139).

Diese Sinnperspektive hat Albert Görres, Arzt und Psychotherapeut, gerade auch aus dem Zusammenleben mit seinen zwei Seelenpflege-bedürftigen Kindern, ergänzt: «Menschen sind Rechtsträger, weil ihr Dasein einen vorgegebenen unbedingten Sinn und Wert hat. ... Oft gibt ein Tropfen Sinnverständnis mehr Trost und Kraft, mehr Mut und Fantasie der Bewältigung, als ein ganzes Fass von psychologischer und psychiatrischer Gelehrsamkeit. ... Der beste Berater, den die Eltern finden können, ist nicht der Psychologe oder der Arzt. Es ist der Behinderte selbst, und er rät uns sehr gut, wenn wir auf ihn hören. Ein behindertes Kind greift in das Steuerrad unseres Lebens. Es weist uns beständig darauf hin, dass Menschsein nicht nur in Form von

Prachtexemplaren stolzer autonomer Vernunft und mündiger Selbstbestimmung vorkommt. ... Wenn wir von unseren behinderten Kindern den guten Rat annehmen, ihre undurchschaubare Not und Hilfsbedürftigkeit, ihr ans Herz greifendes Vertrauen, ihre demütige Dankbarkeit in allem Elend auch als Bedingung unseres eigenen Daseins anzuerkennen, sind wir wahrhaft gut beraten, und dann wissen wir, warum wir dem behinderten Menschen nicht nur die Pflicht der Gerechtigkeit zu erfüllen, sondern auch eine grosse Dankesschuld abzutragen haben» (Görres, 1972, S. 14 und 1987, S. 110).

7.4 Erkenntnisse aus der Biografieforschung

In jedem Leben treten Entwicklungs- oder Identitätskrisen auf, von denen Erika Schuchardts Werk «Jede Krise ist ein neuer Anfang. Aus Lebensgeschichten lernen» (1984) handelt. Aus 131 biografischen Kurzgeschichten, die Menschen mit unterschiedlichen Behinderungsarten, Krankheiten oder Krisen schrieben, wählte sie 12 aus. Die Autoren und Autorinnen lassen uns teilnehmen an ihren Problemen. Als erstes Kernproblem zeigt sich ihre «psychosoziale Auseinandersetzung mit dem Behinderten-Dasein im alltäglichen Leben», und als zweites Problem wird die «lautlose Diskriminierung ... durch die Umwelt» – sei es in der Freizeit, am Arbeitsplatz oder in der Öffentlichkeit –, genannt. Das dritte Kernproblem, auf das die Biografien verweisen, zeigt uns, dass die betroffenen Menschen «trotz wiederholten Scheiterns und mangelnder Begleitung durch Mitmenschen auf der Suche nach ... Lernwegen zur Krisenverarbeitung ... bleiben. *Eine wirklich tiefgreifende Bereitschaft, umzudenken und zu lernen, setzt ... offenbar Kräfte dafür frei, das lebenslange Lernen auch durchzuhalten im Blick auf das Ziel, Sinn in dem veränderten Dasein zu entdecken*» (Schuchardt, 1984, S. 13; Hervorh. F.K.).

7.5 Bildung der Individualität

In der Erziehungsarbeit setze ich mich zum Vergangenen ins Verhältnis und versuche es zu erinnern und für die sich stellende Aufgabe bewusst zu machen. Hier bildet sich meine Individualität. Diese Bildung spiegelt nicht nur Vergangenes wider, sondern sie verändert sich im Prozess der Erkenntnis. Indem ich mich bemühe, «das Ganze in seiner Entwicklung (zu) verstehen, umso mehr verstehe ich mich selbst und umgekehrt» (von Plato, 1996, S. 156). Bei dieser Erinnerungsarbeit wird auch Widersprüchliches zu finden sein, das aus dem Zusammenhang des Ganzen der Arbeit entsteht. Dieses Widersprüchliche ist Teil des menschlichen Lebens.

So finde ich bei mir widersprechende Gesichtspunkte, die ich zu Fragen werden lasse. Ich greife den Widerspruch auf und führe ihn zur Frage im Hinblick auf das, was noch fehlt. Hier arbeite ich konstruktiv an der Lösung. Freilich könnte ich diese Erinnerungsarbeit mit einer distanzierenden Begrifflichkeit betreiben und Erlebnisse mit Kindern, die mich gefühlsmässig ansprechen, ausblenden. Ich nehme aber in meine Besinnung diese Gefühlsbildung mit hinein, was mir eine ganzheitliche Beziehung zum Gegenstand der Erziehung ermöglicht. Hier bin ich in der Verantwortung für den Anderen (zu Erziehenden). Diese Erinnerungsarbeit ermöglicht die Bildung eines persönlichen Urteils, bei dem ich versuche, mich in das Verhältnis zum Vergangenen im Blick auf das Gegenwärtige zu setzen. Durch diese Selbstheterogenisierung, die Widersprüche wahrnimmt und im Blick auf die Aufgabe reflektiert, bilde ich mir einen neuen, vorläufigen Standpunkt mit einem Möglichkeits-Sinn.

7.6 Verstehen der Lebensgeschichte am Anfang des Lebens

Wie erfährt der Säugling den leibnahen Kontakt der Mutter? Als Urangst? Als Urvertrauen? Ist seine Mutter – im Sinne Winnicotts – als genügend gute Mutter fähig, jene Bedingungen für ihn zu schaffen, die es ihm ermöglichen, sich nach seinem Gefühlsleben und nach seiner Perspektive zu entwickeln? Wie wirken sich die mütterlichen Empfindungen und Gefühle auf die frühe Entwicklung des Kindes aus, wenn sie – häufig völlig unvorbereitet – an Stelle des Wunschbildes mit dem Enttäuschungsbild konfrontiert wird? Eine Mutter schreibt: «Hier lag ich zerbrochen, ohnmächtig, haltlos, ohne Schutz und Hoffnung und Mut. Und ohne Liebe. Denn das Kind, das ich stolz während der Monate in mir getragen hatte, war gestorben. Und mit ihm alle Vorstellungen von einem Leben mit ihm» (Lebéus, 1989, S. 20). In dieser Lebenskrise, getragen vom Zweifel am Sinn, an der Gerechtigkeit und am positiven Selbstbild, bricht die Lebensperspektive mit den zukunftsbezogenen Vorstellungsbildern zusammen. Das Kind als Sinnmitte ist nicht mehr da. Wie muss der professionelle Begleiter und Unterstützer sein, was soll er tun und wie soll er reden, damit die Mutter lernt,
- mit sich selbst,
- mit anderen Menschen,

- mit ihrem Schicksal und
- mit den Zeitverhältnissen

sich positiv verbunden zu fühlen? Wie kann sie ein tragendes Kohärenzgefühl entwickeln und lernen, mit den gegebenen und aufgegebenen Lebenszusammenhängen verbunden zu sein? Je stärker sie dieses Verbundensein erlebt, desto bewusster wird ihr Sinnerleben für die eigene Existenz und ihre positive Grundhaltung gegenüber der Welt.

7.7 Verstehen der Lebensgeschichte am Ende des Lebens

Wie erlebt der alte Mensch sich und seine Vergangenheit? Welche Hilfe können wir ihm geben? Ich denke hier an den Lebenslauf von Paul Spann, der seine Lebensgeschichte erzählt und nach einem 80-jährigen Leben, das er grösstenteils in Berliner Heimen und Nervenkliniken verbrachte, Bilanz zieht: «Ach was, ich will doch keinem Menschen viel erzählen. Meine Mutter, die hat mich im Kohlekasten geboren, deshalb hab' ich kein Glück auf der Welt. ... Ja, ja, ich bin auch ganz zufrieden hier». Folgen wir der Spurensuche in der Kindheit, so finden wir in den Fürsorgeerziehungsakten den medizinischen Untersuchungsbefund vom 2.7.1918: «Der Junge ist erheblich psychopathisch, ausserdem intellektuell ziemlich zurückgeblieben, ist leicht erregbar, wütend, schlägt um sich ...». Und am 27.8.1918 erlässt das Amtsgericht den rechtskräftigen Beschluss zur polizeilichen Einweisung in das Erziehungsheim. An diesen Tag erinnert sich Herr Spann sehr genau. Er schreibt im Januar 1988 in sein Tagebuch: Das «ist für mich ein Gedenktag. Da nehme ich Abschied von zu Hause – lange Jahre. Das ist eben mal so!» (Preuss & Spann, 1989, S. 25). Paul Spann – ein Menschenschicksal. Finanzielle Sorgen und schwierige Verhältnisse der Eltern zueinander prägen seine frühen Lebenserfahrungen. Unsere Hilfe für Menschen wie Paul Spann besteht vor allem darin, Erinnerungen hervorzulocken, subjektiv sinnvolle Zusammenhänge zu finden und so seine Identität zu stärken.

7.8 Die individuelle Lebensgeschichte verstehen

Die beiden Beispiele lassen die Bedeutung des Verstehens der individuellen Lebensgeschichte erkennen. Dieses Verstehen ist eine komplexe Aufgabe: Den Anderen aus dessen Situation heraus im Zusammenhang seinen Lebensbedingungen, Lebenserwartungen und Lebensmöglichkeiten verstehen und dabei die Sinnstrukturen beachten, in denen sich der subjektive Sinn realisiert, ist eine unabschliessbare Aufgabe. Das Wahrnehmen dieser Aufgabe ermöglicht ein schöpferisches Verstehen im Sinne von Bollnow: «Seine wirklich letzte Möglichkeit wird das Verstehen nur dort freigeben, wo sich der Verstehende aus innerster Verbundenheit zum Verstandenen bekennt» (Bollnow, 1949, S. 33). Das zeigte uns die Selbstheterogenisierung von Görres, die ihm seine beiden Seelenpflege-bedürftigen Kinder ermöglichte.

8. Biografiearbeit im Fokus der Logotherapie

8.1 Sinn ist im Sein des Menschen gegeben

Sinn ist eine transzendentale Kategorie
Nach Viktor Frankls Logotherapie und Existenzanalyse geht es dem Menschen nicht primär um Lust und Macht, sondern um Sinnerfüllung, um den Willen zum Sinn. Frankl geht von der Annahme aus, dass dieser Sinn im Sein des Menschen vorauszusetzen ist, weil es dem Menschen nicht möglich ist, hinter das Sein zurückzufragen, genauso wenig, wie hinter die Kategorien Zeit und Raum. «Ob er es will oder nicht, ob er es wahrhat oder nicht – der Mensch glaubt an einen Sinn, solange er atmet» (Frankl, 1988, S. 74). Wie uns schwer erkrankte Menschen ohne Heilungschancen, die bei klaren Sinnen sind, lehren, ist der transzendentale Sinngehalt im Menschsein verankert. Dieser Sinngehalt ist nicht ohne Hoffnung und lässt uns einen verborgenen Grund ahnen. Der Sinnglaube des Menschen ist also eine transzendentale Kategorie: das menschliche Sein weist über sich hinaus auf einen Sinn hin.

Wie tief Frankl den Sinn in der leiblichen und geistigen Existenz des Menschen verankert, zeigt sich darin, dass nach seinen Erfahrungen der Selbstmörder an einen Sinn glaubt – an den Sinn des Sterbens. «Glaubte er wirklich an keinen Sinn mehr – er könnte eigentlich keinen Finger mehr rühren und schon darum nicht zum Selbstmord schreiten» (Frankl, 1988, S. 74).

Logotherapie als Hilfe zur Sinnfindung
Wie können wir den Sinn im Zusammenhang mit Logotherapie verstehen? Frankl betrachtet die Logotherapie nicht als eine gesonderte Therapie, sondern als Ergänzung der Psychotherapien. Sinn ist stets etwas Konkretes, der konkrete Sinn der Situation, in der ein Mensch ist und die ihn herausfordert. Die Logotherapie versteht sich als Hilfe zur Sinnfindung und überwin-

det die Erfahrung der Sinnlosigkeit durch die Erfahrung von Sinn. Sie sieht im Willen zum Sinn das bewegende Moment eines jeden Menschen und trifft damit die Sinnmitte menschlicher Existenz. Die Grundstruktur dieses Urmotivs des Menschen erprobte Frankl als Häftling in zwei Konzentrationslagern. Unter qualvollen Bedingungen bestätigt er die als menschliches Urvermögen bezeichneten Kräfte der Selbstdistanzierung und Selbsttranszendenz. Die beiden Grundkräfte weisen über das Gegebene hinaus und ermöglichten ihm den Weg «in ein Reich geistiger Freiheit und inneren Reichtums» – und damit das Überleben. «Die Trotzmacht des Geistes» (Frankl, 1982, S. 115) sagt Ja zum Leben. Frankl antwortet auf die existenzbedrohende «Sinn-Leere» mit einer haltgebenden «Sinn-Lehre».

Zur Selbstdistanzierung: Der Mensch ist nicht dazu da, sich selbst zu bespiegeln. Es gehört zu seinem Wesen, dass er auf etwas ausgerichtet ist: auf Menschen, ein Werk, eine Idee. Der Mensch braucht also eine Aufgabe in seinem Leben, die es ihm ermöglicht, Sinn zu erfüllen. In dem Masse, in dem er diese Aufgabe tut und verantwortet, verwirklicht er sich selbst.

Zur Selbsttranszendenz: Mit folgendem Beispiel unterstreicht Frankl die Bedeutung der Selbsttranszendenz: «Wie sehr die Selbsttranszendenz menschlicher Existenz bis in deren biologische Tiefen und Grundlagen hineinreicht, liesse sich an der Paradoxie demonstrieren, dass auch das menschliche Auge selbsttranszendent ist: Seine Fähigkeit, die Umwelt wahrzunehmen, ist unabdingbar davon abhängig, dass es nicht fähig ist, sich selbst wahrzunehmen. Wann sieht das Auge sich selbst – ausser im Spiegel – oder etwas von sich selbst? Wenn es am grauen Star erkrankt ist, sieht es einen Nebel, nämlich seine eigene Linsentrübung. ... Analog verwirklicht der Mensch sich selbst, wenn er sich selbst übersieht, sei es, dass er einem Partner sich hingibt, sei es, dass er in einer Sache ‹aufgeht›» (zit. nach Hahn, 1994, S. 43).

«Trotzmacht des Geistes»
Frankls stärkste Quelle des Gesundbleibens war die geistige Kraftquelle, die den schlimmsten Erfahrungen im Konzentrationslager einen Sinn abtrotzen konnte. Seine «Trotzmacht des Geistes» zeigt sich im schöpferischen Denken, das er an sich selbst erprobte. Er durchbrach den destruktiven und lebensvernichtenden Kreislauf, rang seinem Dasein einen Sinn ab und blieb im Zusammenhang mit der Welt, in der das Böse war. Sein Kohärenzgefühl ermöglichte ihm die schmerzhaften Geschehnisse zu durchschauen, mit ihnen umzugehen und in ihnen einen verborgenen Sinn zu erkennen, der über das Gegebene hinausreichte. Der Geist trotzte dem Wahn.

8.2 Das Kind auf dem Weg der individuellen Sinnfindung unterstützen

Im Verständnis der Logotherapie ist Sinn die konkrete Möglichkeit eines jeden Menschen, sich in die gemeinsame Lebenssituation nach der Sinnperspektive einzubringen. Der/die Erziehende unterstützt das Kind auf seinem Weg der individuellen Sinnfindung und wird ihm – bei sorgfältiger Beachtung des Sinnkriteriums der Erziehung – helfen, in der gegebenen Situation die konkrete Sinnmöglichkeit selbst zu entdecken. So kann er/sie dem Kind durch die Umgebung, in der er/sie selbst ein Teil ist, jene Bedingungen schaffen und Hilfen geben, die es dem Kind ermöglichen, den Sinn in der konkreten Situation selbst zu suchen und zu finden. Die folgenden zwei Beispiele zeigen, wie wir das für Seelenpflege-bedürftigen Menschen tun können (Klein, 1996, S. 36).

Der Sinn des Augenblicks
1) Erwachsene Menschen und Dorothea Schmidt-Thimme sitzen im Gesprächskreis zusammen. Da kommt Alfred herein – aber es ist kein Stuhl mehr vorhanden. Wir beraten, und es kommen verschiedene Vorschläge: «Soll wieder gehen!» «Soll stehen bleiben!» «Soll sich der Marietta auf den Schoss setzen!» Allgemeine Zustimmung ist nicht zu erreichen. Da steht plötzlich Olaf auf – selten hat man bisher ein Wort von ihm gehört –, geht zur Tür, geht hinaus und kommt nach drei Minuten mit einem Stuhl in der Hand zurück. Nun kann Alfred sich hinsetzen. Alle klatschen zufrieden über diese Lösung.
2) Birgit ist sehr nah ans Wasser gebaut. Bei der geringsten Gelegenheit muss sie weinen und leidet selbst unter diesem Zwang. Vor allem fällt es ihr schwer, den einmal in Gang gesetzten Tränenfluss wieder zu stoppen. «Zu Hause», so berichtet sie bei einem Gespräch über ihre Schwäche, «da nehme ich die Katze auf den Schoss und streichle sie, da wird es dann besser». Schlagfertig ruft Hermann ihr zu: «Musst Katze mitbringen in die Werkstatt». Alle lachen über diesen Vorschlag, und wir sprechen ausführlich über die Möglichkeit, ihn zu realisieren.

8.3 Sinn finden durch Verwirklichung von Werten

Im Zentrum der biografisch orientierten Erziehung steht also der Mensch in seiner Sinnorientiertheit. Jeder Mensch kann Sinn finden durch Verwirklichung von Werten. Wir können mit Frankl drei Wertgruppen unterschei-

den, die dem Menschen zur Verfügung stehen und die er auf seine Art und Weise verwirklichen kann:
- Werte verwirklichen durch Tätigsein (schöpferische Werte);
- Werte verwirklichen durch Erleben (Erlebniswerte);
- Werte verwirklichen durch Einstellung zum eigenen Leben (Einstellungswerte).

Hier eröffnen sich ungeahnte Möglichkeiten der Sinnerschliessung durch Verwirklichung von schöpferischen Werten, Erlebniswerten und Einstellungswerten. In diesen drei Dimensionen ist Sinnfindung des Lebens dadurch möglich, dass sich die Individualität und der Wille des Menschen zur Gestaltung bringen.

Das Vermitteln und Aneignen eines sinnstiftenden Wissens in den drei Dimensionen menschlichen Seins sehe ich als einen grundlegenden Beitrag zur Gesundheitsförderung (vgl. auch Lorenz, 2004). In der Slowakei gibt es inzwischen auch so genannte Gesundheitsschulen, in denen eine mit Leben erfüllte gesundheits- und entwicklungsbezogene Pädagogik praktiziert wird. An dem Konzept dieser Alternativschulen orientiert sich auch die Spezialschule mit Heim in Svedernik.

8.4 Beispiel: Kinder und eine Dorfgemeinschaft erleben ein Märchenspiel im Winter – Sinn verwirklichen, vor allem durch das Erfahren von Erlebniswerten

Als in Svedernik, einem Dorf nahe Zilina, vor 20 Jahren eine Spezialschule mit Internat für Kinder mit kognitiven Beeinträchtigungen errichtet wurde, waren viele Einwohner dagegen. Sie fürchteten sich vor der neuen Situation – mitten im Ort und neben dem Kindergarten eine solche Einrichtung zu haben. Inzwischen machen sie grundlegende soziale Erfahrungen, die sich auf die Entwicklung aller Bewohnerinnen und Bewohner nachhaltig auswirken.

In einem märchenhaften Winter spielt das ganze Dorf mit den Kindern mit. Kinder des allgemeinen Kindergartens und der Spezialschule, Eltern und Erziehende warten auf die Prinzessin aus dem Märchen «Drei Nüsse für Aschenputtel». (Das Märchen mit dem Lied wurde in der Tschechischen Republik verfilmt. Der Film ist den Kindern gut bekannt, da sie ihn regelmässig im Winter sehen können. Er ist bei Kindern und Erwachsenen beliebt.)

Die Musik macht der Bürgermeister über Lautsprecher an und das ganze Dorf kann sie hören.

Die versammelten Menschen suchen die Prinzessin. Die Musik ertönt und bald sehen sie die Prinzessin auf der Kutsche. Die Kinder freuen sich, einige haben zunächst vor den Pferden Angst. Bald sind sie neugierig und voller Erwartungen auf das, was kommt. Die Prinzessin steigt aus der Kutsche und spricht mit der Schulleiterin. Die Kinder, zuerst die kleinen und dann die grösseren, setzen sich in die Kutsche, dort, wo zuvor die Prinzessin sass. Nun sitzt die Prinzessin vorne neben dem Kutscher und sie fahren bei herrlichem Winterwetter unter erfrischender Musikbegleitung zur Schule. Die Prinzessin spricht mit den Kindern. Die Kinder freuen sich und geniessen die Fahrt mit der Prinzessin. Sie sagt, dass sie einen Prinzen suche – und wenn sie keinen findet, muss sie wieder ins Märchen zurück. Dann fragt sie einen grösseren Jungen, ob er nicht der Prinz sei. Er sagt «Ja, ich bin der Prinz». Er strahlt vor Freude. ... Endlich sind alle Kinder im Schulgarten. Dort machen sie ein Winterfest und alle freuen sich. ...

Wir stellen uns nun folgende Fragen: Nach unseren Erfahrungen erleben die Kinder, aber auch die Erwachsenen, dieses Märchenspiel als etwas Besonderes. Die Kutsche mit der Prinzessin hinterlässt Spuren im Schnee und das Erleben des Märchens hinterlässt Spuren in der Seele. Hier ermöglicht die therapeutische Erziehung ein tiefes seelisches Sinnerleben. Diese ganzheitliche Erziehung ist in der Slowakei eine weit verbreitete Praxis vom Kindergarten bis zum Gymnasium. Handelt es sich hier nicht um eine ausserordentliche Bildung im Leben und durch das Leben – für Kinder und Erwachsene? Wird in dieser und in ähnlichen Situationen nicht ein tiefer Sinn verwirklicht durch das Erleben von Werten? Ermöglicht nicht eine therapeutische Erziehung, wie wir sie hier dargestellt haben, einen Prozess der Integration und Inklusion mit nachhaltigen Lebensspuren? Ist nicht der intuitive Erkenntnis- und Erfahrungsbereich in der Slowakei – und in anderen mittel- und osteuropäischen Ländern – ermutigend?

9. Der unverwundbare Geist des Menschen

Kann der Geist des Menschen behindert sein? Sind Menschen wirklich «geistig» behindert oder werden sie erst durch Zuschreibung dazu gemacht? Geist lässt sich doch nicht mit Kognition gleichsetzen! Menschen, die unter ihrer kognitiven Beeinträchtigung leiden, nehmen uns in die Pflicht. Die evolutionäre Erkenntnistheorie lehrt, dass der Geist des Menschen etwas von dem

Geist repräsentiert, der von Anfang an in der Welt wirkt. Diese grundlegenden Zusammenhänge, erkannt aus der Reflexion einer sehr langen kosmologischen Entwicklung, finden wir in Frankls phänomenologischer Analyse der menschlichen Existenz und in der erfahrungsbezogenen Erörterung «Der unbewusste Gott» (Frankl, 1988). Frankl erkennt, dass der Geist in seinem letzten Grund, in seinem Ursprung in der «‹Mitte› menschlichen Seins» liegt. Er spricht von der geistig-existenziellen Person als dem «Zentrum geistiger Existenz», als «das eigentliche Ich», das ein nicht mehr analysierbares und reduzierbares Urphänomen ist (Frankl, 1988, S. 22f.): «Der Geist ist gerade an seinem Ursprung unbewusster Geist». Das «geistige Ich» ist ursprünglich ganz er selbst. «Er ist sich selbst – unbewusst» (Frankl, 1988, S. 31 und S. 24). Der in jedem Menschen wirkende Geist setzt ihn in einen übergeordneten Sinnzusammenhang, der nichts anderes als der Schicksalszusammenhang ist.

In diesem Sinne ist jeder so genannte geistig behinderte Mensch eine geistige Person. Das Leben dieses Menschen ist Ausdruck des Seins. Das geistig-existenzielle, d.h. das «eigentliche menschliche Sein des Menschen beinhaltet die «tatsächliche Wesensgleichheit aller Menschen, die es uns gestattet, dem anderen in uns selbst und uns selbst im anderen zu begegnen, jedweder Andersartigkeit zum Trotz» (Lukas, 1990, S. 103).

Das spezifisch Menschliche ist also die geistige Dimension, die nicht erkranken oder behindert sein kann. Ihre Seele und ihr Leib sind zu pflegen. Die anthroposophische Heilpädagogik spricht hier ausdrücklich von Seelenpflegedürftigen Menschen und von der Entwicklung der seelisch-geistigen Individualität. Das spezifisch Menschliche ist also die geistige Individualität, die unantastbare und unzerstörbare menschliche Würde, die wir in der therapeutischen Erziehung wahrnehmen.

Literatur

Antonovsky, A. (1993). Gesundheitsforschung versus Krankheitsforschung. In A. Franke & M. Borda (Hrsg.), *Psychosomatische Gesundheit*. Tübingen: DGVT.

Antonovsky, A. (1997). *Salutogenese. Zur Entmystifizierung der Gesundheit*. Tübingen: DGVT.

Bollnow, O.F. (1949). *Das Verstehen*. Mainz: Kirchheim.

Frankl, V.E. (1982). *Der Wille zum Sinn*. Bern: Huber.

Frankl, V.E. (1988). *Der unbewusste Gott. Psychotherapie und Religion* (6. Aufl.). München: Kösel.

Gäch, A. (2004). Salutogenese – Wandel in unserem Konzept von Gesundheit? In A. Gäch (Hrsg.), *Phänomene des Wandels* (S. 235-243). Luzern: Edition SZH/CSPS (Dornacher Reihe; 7).

Gfröreis, J.(2005). *«Keime künftiger Organe ...». Der «Magische Idealismus» bei Novalis als Beitrag zum Verständnis von Selbsterziehung im heilpädagogischen Handeln*. Luzern: Edition SZH/CSPS (Dornacher Reihe; 10).

Glöckler, M. (2003a). Praktische Konsequenzen der Salutogenese-Forschung. In gesundheit aktiv – Nr. 177 (Hrsg.), *Wie entsteht Gesundheit?* (S. 21-32). Bad Liebenzell (gesundheit aktiv, anthroposophische heilkunst e.V., Postfach 1110, D-75374 Bad Liebenzell).

Glöckler, M. (2003b). *Kindsein heute. Schicksalslandschaft aktiv gestalten. Umgang mit Widerständen – ein salutogenetischer Ansatz*. Stuttgart/Berlin: Mayer.

Görres, A. (1972). Sinn und Grenzen der Psychologie in der Elternberatung. In Bundesvereinigung Lebenshilfe (Hrsg.), *Beratung lebensbegleitende Hilfe für Behinderte* (S. 5-15). Marburg: Lebenshilfeverlag.

Görres, A. (1987). Unser Partner – der behinderte Mensch. In S. Görres, *Leben mit einem behinderten Kind* (S. 101-112). München, Zürich: Piper.

Hahn, U. (1994). S*inn suchen – Sinn finden. Was ist Logotherapie?* Göttingen/Zürich: Vandenhoeck & Ruprecht.

Horňáková, M. (2004). *Integrale Heilpädagogik*. Bad Heilbrunn: Klinkhardt.

Klein, F. (1996). Logotherapie – Menschen mit «geistiger» Behinderung. *Behinderte in Familie, Schule und Gesellschaft*, 19, S. 35-44.

Klein, F., Liptak, A. & Schürger, H. (2000). *Zipser erzählen* (S. 372-375). Stuttgart (Hilfsbund Karpatendeutscher Katholiken, Stafflenbergstrasse 44, D-70184 Stuttgart).

Klein, F. (2004). Das pädagogische Fundamentalprinzip des handlungsbezogenen Handelns. In H. Schnoor, E. Rohrmann (Hrsg.), *Sonderpädago-

gik: Rückblicke – Bestandsaufnahmen – Perspektiven (S. 341-350). Bad Heilbrunn: Klinkhardt.

Kobi, E.E. (1993). *Grundfragen der Heilpädagogik* (5., bearb. und erg. Aufl.). Bern/Stuttgart/Wien: Haupt.

Lebéus, A-M. (1989). *Liebe auf den zweiten Blick. Eine Mutter und ihr behindertes Kind.* Olten: Walter.

Loch, W. (1979). *Lebenslauf und Erziehung.* Essen: Neue deutsche Schule.

Lorenz, R. (2004). *Salutogenese. Grundwissen für Psychologen, Mediziner, Gesundheits- und Pflegewissenschaftler.* München, Basel: Ernst Reinhardt.

Lukas, E. (1990). Wie tief ist die Tiefe des Menschen? *Logotherapie,* 4, Heft 3, S. 131-141.

Lukas, E. (1990). *Geist und Sinn.* München: Psychologie-Verlags-Union.

Müller-Wiedemann, H. (1994). *Menschenbild und Menschenbildung.* Stuttgart: Freies Geistesleben.

Pestalozzi, J.F. (1961). Meine Nachforschungen über den Gang der Natur in der Entwicklung des Menschengeschlechts. In J.H. Pestalozzi, *Ausgewählte Schriften* (Hrsg. W. Flitner). Düsseldorf, München: Schwann.

Plato, B. von (1996). Aufgaben und Ziele der entwicklungsgeschichtlichen Forschung in Heilpädagogik und Sozialtherapie. *Seelenpflege in Heilpädagogik und Sozialtherapie,* 15, Heft 3, S. 154-161.

Preuss, E. & Spann, P. (1989). «... und dann bin ich weggekommen ...». *Paul Spann – Skizze eines Lebens.* Berlin: Jonathan.

Reich, M. (2003). Heilpädagogisches Arbeiten im Spannungsfeld von Erziehung und Therapie. *heilpädagogik.de,* 18, Heft 3, S. 10-18.

Schuchardt, E. (1984). *Jede Krise ist ein neuer Anfang. Aus Lebensgeschichten lernen.* Düsseldorf: Patmos.

Treichler, M. (1993). S*prechstunde Psychotherapie.* Stuttgart: Urachhaus.

Vanier, J. (1985). *Herausfordernde Gemeinschaft.* Salzburg: Otto Müller.

Weizsäcker, C.F. von (1983). *Wahrnehmung der Neuzeit.* München/Wien: Carl Hanser.

Winkler, M. (2004): Aufklärung. In J. Hopfner & M. Winkler (Hrsg.), *Die aufgegebene Aufklärung. Experimente pädagogischer Vernunft* (S. 155-174). Weinheim, Basel: Juventa.

Sieglind Ellger-Rüttgardt

Aus der Geschichte lernen: Perspektiven für die Zukunft der Heil- und Sonderpädagogik

1. Warum die Beschäftigung mit Geschichte?

Die Gegenwart ist ohne Kenntnis der Vergangenheit nicht zu verstehen. Die Frage, wie wir behinderte Kinder in der Gegenwart erziehen und unterrichten sollen, findet erst eine begründete Antwort, wenn wir uns des historischen Zusammenhanges bewusst sind, in dem wir stehen. Diesen Kontext können wir nur bewusst verlassen, wenn wir genau wissen, wie er aussieht. Gegenwart und Zukunft lassen sich nicht ohne das Wissen um die historischen Wurzeln gestalten.

Immer, wenn in der Gegenwart etwas fragwürdig, brüchig wird, sich verändert, stellt sich die Frage nach dem Warum, Woher – und damit immer auch nach Geschichte. Nicht zufällig nimmt seit dem Fall der Mauer jene Zahl von Büchern zu, die sich mit der deutschen Frage und damit der deutschen Geschichte befassen.

Ein neu erwachendes historisches Interesse ist auch in der Behindertenpädagogik seit einiger Zeit erkennbar. Dieses wird verständlich vor dem Hintergrund einer allgemeinen Verunsicherung des Selbstverständnisses der deutschen Heil-, Sonder- oder Behindertenpädagogik. Einstmals mitführend in der Welt und damit Vorbild für viele andere Länder, befindet sich diese hoch entwickelte und institutionalisierte Spezialdisziplin der Pädagogik seit den 70er-Jahren in einer zunehmenden Identitätskrise. Denn sie muss sich damit auseinandersetzen, dass in einer Vielzahl westlicher demokratischer Staaten das sozialpolitische und pädagogische Hilfesystem für Behinderte eine andere Richtung als in Deutschland eingeschlagen hat. Weg von der Besonderung und Separierung hin zur «Normalisierung» der Lebensverhältnisse von Menschen mit Behinderungen – so lässt sich diese Richtung schlagwortartig beschreiben. Das Ziel ist zwar überall identisch – nämlich ein Höchstmass an gesellschaftlicher Eingliederung zu erreichen –, unterschiedlich sind aber die Wege dorthin: Während man in Deutschland in der Vergangenheit auf ein hoch spezialisiertes und entwickeltes System von Sondereinrichtungen setzte, ging man in den skandinavischen und angelsächsischen, später auch den romanischen Ländern mehr und mehr den Weg der Integration, der Inklusion, der gemeindeorientierten Behindertenarbeit.

Als besondere Hypothek erweist sich schliesslich für die deutsche Diskussion, dass das System der Behindertenhilfe im Dritten Reich in grossen Teilen versagt hat, dass es eine jüngste historische Epoche in Deutschland gegeben hat, in der – entgegen allen traditionellen humanistischen Ansprüchen – Menschen mit Behinderungen in ihrer Existenz bedroht waren.

2. Die Frage nach der «richtigen Institution»

Geschichtliches Interesse nimmt Ausgang von Fragen der Gegenwart, und eine nach wie vor aktuelle ist die Debatte um gemeinsame Erziehung, die Integrationsdebatte, die Legitimation der besonderen Schule, der Sonderschule.

Für die Diskussion der Gegenwart um die schulische Integration lässt sich für die Behindertenpädagogik nicht nur eine etwas selbstgenügsame, isolierte Nabelschau identifizieren, sondern zugleich ein offenbares Desinteresse an Geschichte. Geschichte wird nicht selten instrumentalisiert, wenn davon die Rede ist, dass die folgerichtige Lehre aus der Geschichte des Dritten Reiches die Forderung nach einer «Schule ohne Aussonderung» sei.

Abgesehen von dieser historisch unzulässigen Ableitung sucht man in der gegenwärtigen Debatte um eine gemeinsame Beschulung behinderter Kinder weitgehend vergeblich nach einer Reflexion, die die historischen Wurzeln und Vorläufer mit einschlösse. Dabei leuchtet unmittelbar ein, dass die historische Betrachtungsweise Erkenntnisse liefern könnte über Motive und Interessen, die zur Herausbildung gegenwärtiger Strukturen geführt haben, und die darüber aufklären könnte, warum bestimmte Ideen und Entwicklungen sich letztlich nicht durchzusetzen vermochten.

Die Entdeckung bzw. Anerkennung der Bildungsfähigkeit stand am Anfang aller Bemühungen um Unterricht und Erziehung behinderter und benachteiligter Kinder, und als zweiter Schritt folgte die Erfindung von Methoden, um auch für Gehörlose, Blinde, Geistigbehinderte, Körperbehinderte, später auch für Schulversager und Verhaltensauffällige erfolgreiche Bildungsprozesse zu initiieren. Die Frage, in welcher Organisationsform dies geschehen solle, wurde in der Vergangenheit meist in der Weise beantwortet, dass man besondere Einrichtungen für Blinde und Gehörlose, später auch Verwahrloste, Krüppel und Geistesschwache schuf. Es gab aber auch immer wieder Überlegungen und praktische Versuche, die pädagogischen Bemühungen um die «Notfälle» der Erziehung – so ein Terminus von Wilhelm Flitner – in stärkerer Verbindung zur allgemeinen Pädagogik zu betrachten. Erinnert sei an Georgens, der – vor allem beeinflusst von Pestalozzi und Fröbel, aber auch durch Diesterweg – Heilpädagogik als einen Teil der allgemeinen Pädagogik verstand. Seine 1856 in der Nähe von Wien eröffnete Heil- und Pflegeanstalt Levana konzipierte Georgens als eine Stätte volksschulpädagogischer Reform, und konsequenterweise befanden sich in ihr gesunde und behinderte Kinder. Johannes Trüper – um ein weiteres Beispiel zu nennen –, Leiter der Anstalt Sophienhöhe bei Jena, förderte unter Berufung auf Pestalozzi und Fröbel ebenfalls eine Reform der allgemeinen Schule, und auch für ihn sind die engen Beziehungen zur allgemeinen Pädagogik, etwa zur Jenaer Universitäts-Übungsschule von Wilhelm Rein, nachweisbar.

Mit der «Entdeckung» der Bildungsfähigkeit gehörloser, blinder und geistig behinderter Kinder im letzten Drittel des 18. Jahrhunderts entstand eine Idee, die nicht nur zur Herausbildung einer pädagogischen Spezialdisziplin führte, sondern zugleich Einfluss auf Gesellschaftspolitik in Theorie und Praxis gewann. Denn die Entwicklung der Idee von der Bildung Behinderter kann nicht nur als ein Ergebnis individueller pädagogischer Bemühungen um die Anerkennung der Bildbarkeit jener Personengruppen gelten, die ja bislang als bildungsunfähig klassifiziert wurden, sondern sie ist zugleich eingebettet in den Kontext des «pädagogischen Jahrhunderts», das gerade die armen Bevölkerungsgruppen durch Erziehung und Arbeit zur bürgerlichen Brauchbarkeit führen wollte.

Die enge Verbindung von *bildungstheoretischer* und *utilitaristischer* Begründung war konstitutiv für die über zweihundertjährige Geschichte der Heilpädagogik, und ihre Wirkung ist bis in die Gegenwart nachweisbar. So offenbaren die aktuelle Debatte um den Bildungsanspruch schwer geistig Behinderter sowie die neue «Euthanasie»-Diskussion genau jenes Spannungsverhältnis, das die legitimatorische Begründung, aber auch die gesellschaftliche Praxis der Erziehung und Bildung Behinderter kennzeichnet. Die aufklärerische Idee von der Vernünftigkeit und damit Bildbarkeit auch behinderter Menschen und ihre Gefährdung durch geschichtswirksame Ideen wie jene von Ökonomisierung und Biologisierung – repräsentiert durch ein dominantes Leistungsdenken sowie das Vorherrschen medizinischer Denkmodelle – bilden den gemeinsamen Ausgang einer Historie der Heilpädagogik.

In welchem Verhältnis diese antagonistischen Elemente während verschiedener Epochen allerdings zueinander standen, welche Referenzwissenschaften und Strömungen Einfluss auf die Definition dieses Verhältnisses nahmen (die Theologie, die Medizin, die Allgemeine Pädagogik), welche

Bedeutung der Professionalisierung des Helfens zukam – all dies sind bislang weitgehend offene Fragen, die der historischen Aufhellung bedürfen (vgl. Ellger-Rüttgardt & Tenorth, 1998).

Geschichte handelt von vergangenen Ideen, von vergangener Politik, von vergangenen Gesellschaften und Institutionen sowie den Lebensspuren einzelner Menschen. Die Vermittlung von Geschichte ist nicht zu bewerkstelligen ohne das Erzählen von Geschichte. Dieses möchte ich im Folgenden versuchen, wenn ich zunächst von den ersten Anstrengungen berichte, die unternommen wurden, um für gehörlose und blinde Kinder durch Errichtung besonderer Bildungsanstalten das theoretisch anerkannte Recht auf Bildung praktisch in die Tat umzusetzen. Nun sollte geschichtliches Erzählen in der Wissenschaft allerdings bezogen sein auf einen systematischen Zusammenhang, und so möchte ich eine vielleicht provokante These präsentieren, die durch meine Erzählung – so hoffe ich – gestützt werden wird und die da lautet: *Erst die Etablierung öffentlicher Schulen für Gehörlose und Blinde hat das Bildungsrecht bislang ausgegrenzter Schülergruppen langfristig gesichert.*

Um diese These zu stützen, möchte ich von den Anfängen unserer Disziplin erzählen. Angesichts der zur Verfügung stehenden Zeit können es aber genau genommen keine Erzählungen sein, denn diese versagen sich dem zeitlichen Diktat, sondern nur kleine historische Details, die aber doch – so ist meine Hoffnung – den Leser und die Leserin eintauchen lässt in die Welt von vor gut 200 Jahren, als etwas wahrhaft Sensationelles geschah: nämlich taubstumme und blinde Menschen aus dem einfachen Volk planmässig zu unterrichten. Zwei Voraussetzungen mussten erfüllt sein, damit ein solches Unterfangen überhaupt begonnen werden konnte: die *Anerkennung der Bildungsfähigkeit* behinderter Menschen und das *aufklärerische Credo von den gleichen Menschenrechten*, so dass keiner mehr von Bildung ausgeschlossen werden durfte. Wirklich neu im ausgehenden 18. Jahrhundert waren nicht die Bildungsversuche mit Taubstummen und Blinden überhaupt, denn die hatte es schon in vorangegangenen Jahrhunderten in adligen Kreisen gegeben, nein, neu war allein die Absicht, den Bildungsanspruch auch für jene durchzusetzen, die als Angehörige der unteren Volksklassen in ihrer Behinderung tatsächlich zu den Ausgegrenzten, Ausgesonderten, Isolierten gehörten – hier sind die in der Gegenwart oft gedankenlos benutzten Termini in der Tat passend.

Im aufklärerischen Milieu von Paris begann alles: Der Priester Michel de l'Epée eröffnete etwa 1760 eine private Anstalt für Taubstumme, die er weitgehend mit seinem eigenen Vermögen finanzierte und die in erster Linie den Armen dienen sollte.

Für de l'Epée (1776) gab es keinen Zweifel, dass die Einlösung des Bildungsanspruchs für arme Kinder nur in einer besonderen Anstalt möglich war. Unmissverständlich und nüchtern schrieb er: «Die Welt wird niemals lernen, ihre Finger und Augen in grösster Eile arbeiten zu lassen, nur um das Vergnügen zu haben, sich mit den Taubstummen unterhalten zu können. Das einzige Mittel, diese der menschlichen Gesellschaft völlig wiederzugeben, ist, sie zu lehren, mit den Augen zu hören und sich mündlich auszudrücken ... . Diese Fähigkeit sollte man ausbilden, und man würde unfehlbar zu etwas Vollkommenem gelangen, wenn man Erziehungshäuser hätte, die ganz diesem Werke geweiht wären.»

Die vielen öffentlich zur Schau gestellten Prüfungen, das wiederholt geäusserte Lob des französischen Königs, die gelegentlich fliessenden privaten Spenden – all das reichte nicht aus, um de l'Epées Wunsch nach Umwandlung in eine staatliche Anstalt zu erreichen. Als de l'Epée 1789, im Jahr der Revolution, starb, trug seine Unterrichtsanstalt immer noch den Charakter einer privaten Anstalt. In ihr befanden sich zu diesem Zeitpunkt etwa 60 Schüler, die entweder durch die Eltern oder verschiedene Wohltäter unterstützt wurden. Der strenge Winter 1788/89, der Ausbruch der Revolution und damit die geringer werdenden privaten Unterstützungsgelder brachten die Anstalt in eine äusserst prekäre Lage. So erschien der Nachfolger de l'Epées, der Abbé Sicard, mit einer Delegation seiner taubstummen Schüler in der Sitzung der Nationalversammlung und überreichte eine Bittschrift zur Verbesserung der unhaltbaren Anstaltssituation.

Aber obwohl die Anstalt 1791 endlich verstaatlicht wurde, erinnerte sie kaum noch an das ursprüngliche Konzept ihres Gründers. Dessen Motive waren zwar auch utilitaristischer Natur, denn es ging stets auch um die sozialpolitische Aufgabe einer möglichst kostengünstigen gesellschaftlichen Eingliederung von Aussenseitern; diese war aber verknüpft mit humanitär-pädagogischen Beweggründen für eine allgemeine Menschenbildung. Die offizielle französische Politik der 90er-Jahre setzte hingegen immer stärker auf soziale Kontrolle und Kostenreduzierung bei gleichzeitigem Zurückdrängen des Bildungsanspruches. Hierzu passt auch, dass das Taubstummeninstitut und die 1785 gegründete Pariser Blindenanstalt 1792 zusammengelegt wurden (Zusammenlegungen waren auch schon in der Vergangenheit immer ein probates Mittel, um Kosten zu sparen). Hauptziele der Anstalt waren nun das Ausüben einer rigiden Moralerziehung und der Verdienst des eigenen

Lebensunterhaltes. Nach erlassenen Richtlinien herrschte in der Institution eine klar geregelte Hierarchie, durch welche die ununterbrochene Produktivität überwacht, Müssiggang geahndet und Fleiss belohnt werden sollten, und keiner der Einrichtungs- und Gebrauchsgegenstände, welche von den Schülern selbst hergestellt werden konnte, dürfte ausserhalb der Institution in Auftrag gegeben werden.

Es kam im Nationalkonvent in den Jahren 1793 und 1794 noch einmal zu einer hitzigen Debatte um die Funktion der Taubstummenerziehung; dabei blieben aber jene in der Minderheit, die unter Verweis auf die Menschenrechte und das Prinzip der Brüderlichkeit den Bildungsanspruch auch für Gehörlose reklamierten. Die andere, mehrheitsfähige Position bestand darin, den Betroffenen generell *jeden Bildungsanspruch abzusprechen.*

Die sich nach dem Machtantritt Napoleons abzeichnende Restauration der französischen Gesellschaft mit ihrer erneuten Zementierung gesellschaftlicher Klassengegensätze bewirkte eine noch stärkere Pointierung der Nützlichkeitsbestimmung der Taubstummenerziehung bei gleichzeitiger Verfestigung ihres klassenspezifischen Charakters. In einem Prospekt vom Jahre 1801 wurde insbesondere die gesellschaftliche Nutzbarmachung der Taubstummen hervorgehoben, eine Nutzbarmachung – so unmissverständlich der Verfasser des Prospekts –, welche die Schule de l'Epées leider weitgehend vernachlässigt habe. Die Leistung des Gründers wurde zwar gewürdigt, gleichzeitig aber auf das Problem verwiesen, dass die Zeit, welche von diesem für die Entwicklung intellektueller Fähigkeiten aufgewendet wurde, «fût perdu pour le travail des mains» – verloren war für die Handarbeit. Taubstumme – so die Meinung der Verfasser des Prospektes – waren durch die ausschliesslich intellektuelle Bildung zu einem müssigen und faulen Leben erzogen worden und damit weiterhin eine Bürde ihrer Eltern geblieben. Demgegenüber wurden nun die entstandenen Werkstätten in den Vordergrund gerückt, in denen die verschiedenen Handwerke gelernt werden konnten.

Ein ähnliches Schicksal erlitt Valentin Haüy mit seiner Blindenanstalt. Er kämpfte für eine staatliche Anstalt, die schnell dasselbe Los ereilte. Haüy wurde 1802 entlassen, und er gründete nach seiner Entlassung 1802 erneut eine private Anstalt, die aber weitgehend nur von zahlenden jungen Blinden des In- und Auslandes besucht wurde. 1806 kehrte Haüy Paris endgültig den Rücken. Er folgte dem Ruf des russischen Zaren, um in Sankt Petersburg eine Blindenanstalt aufzubauen. Auf der Durchreise blieb er einige Tage in Berlin und führte mit Hilfe seines mitreisenden blinden Schülers seine Unterrichtserfolge einem interessierten Publikum vor. Hier war der Boden bereits gut vorbereitet, und die Vorführung bei dem Preussischen König Friedrich Wilhelm III. war vielleicht der letzte Anstoss, damit 1806 durch August Zeune die erste Blindenanstalt auf deutschem Boden errichtet werden konnte.

Die staatliche Blindenanstalt in Paris jedoch verlor immer mehr den Charakter einer *Bildungseinrichtung*. Symptomatisch hierfür ist nicht nur, dass lediglich zwei Stunden Unterricht erteilt wurden, sondern dass nach dem Tod des ersten Lehrers dieser durch einen Büroangestellten ersetzt wurde. Daneben kam aber auch die Arbeit weitgehend zum Erliegen, da nicht genügend Beschäftigungsmöglichkeiten für blinde Jugendliche vorhanden waren und sie weitgehend dem Nichtstun überlassen blieben.

Mangelnde politische und damit finanzielle Unterstützung liessen die Pariser Blindenanstalt in einem recht erbärmlichen Zustand verharren, der eindrucksvoll belegt wird durch die Protokolle des Verwaltungsrats der Blindenanstalt während der 20er- und 30er-Jahre und die ich hier im Sinne einer alltagsgeschichtlichen Annäherung auszugsweise wiedergeben möchte:

29. März 1824: Die Anstalt ist voll belegt; es gibt keine vakanten Plätze mehr; Anfragen können nicht berücksichtigt werden in nächster Zeit.
17. April 1826: Aufgrund der schlechten finanziellen Lage des Staates und demzufolge auch des Instituts, wird vom Innenminister in Erwägung gezogen, die Anzahl der Schüler zu verringern, also nicht mehr alle vakanten Plätze zu besetzen.
12. Mai 1828: Verschiedene Schüler sind ihren Familien zurückgegeben worden. Ein Schüler ist infolge seiner Epilepsie in ein Spital aufgenommen; drei sind gestorben. Der Direktor berichtet über die grosse Zahl an Krankheiten in der Anstalt und die Überlastung der Krankenschwester. Der bauliche Zustand des Instituts ist schlecht; die nötigen Mittel für Reparaturen fehlen. Es ist sehr dringend nötig, ein anderes Lokal zu finden. Der Bestand der kostenlos aufgenommenen Schüler ist jetzt stark reduziert.
19. September 1828: Es werden weitere Schüler aufgenommen.
9. März 1829: Zwei Schüler sind gestorben. Der Kauf zweier Häuser zur Erweiterung der Institution wird erwogen.
31. Juli 1829: Zwei Schüler sind gestorben. Ein austretender Schüler wird ersetzt. Der Rat stellt fest, dass verschiedene Schüler, welche ihre Unterrichtszeit bald abgeschlossen haben, dem Etablissement nützlich sind, sei es für das Orchester, den Klassenunterricht oder die Werkstätten. Ihre Entlassung würde die Organisation des Unterrichts erheblich stören ... Es wird beschlos-

sen, die Schüler, welche den Unterricht beendet haben, bis auf weiteres in der Institution zu belassen.
27. April 1830: Zwei Schüler sind gestorben. Die Krankenschwester ist überlastet, muss Unterstützung erhalten.
29. Mai 1830: Ein neuer Innenminister ist ernannt worden. Man will um Audienz bitten, um diesem die Anliegen der Institution wie seinem Vorgänger nahe zu legen.
23. August 1830: Ein Schüler ist gestorben.
10. Februar 1831: Der Buchhalter ist mit der Kasse und den Unterlagen verschwunden. Die prekäre finanzielle Situation der Anstalt wird durch diesen Vorfall noch verschlimmert.
22. April 1831: Zwei Schüler sind gestorben.
30. März 1832: Die Cholera breitet sich aus in der Hauptstadt und die Blindenanstalt befindet sich in den besonders gefährdeten Gebieten.
7. April 1832: Angesichts der Choleragefahr rät der Innenminister, die Kontakte mit der Aussenwelt weitest möglich zu reduzieren.
25. April 1832: Aufgrund der schwierigen finanziellen Lage der Anstalt ordnet der Minister an, auf weitere Aufnahmen von Schülern im Moment zu verzichten. Ein Schüler ist gestorben. Auch der neu eingestellte Buchhalter ist gestorben.
28. Juni 1833: Einer der neuen Schüler ist bereits gestorben.

Ich will meine historische Erzählung hier abbrechen, von der ich annehme, dass sie für uns heute nicht bedeutungslos ist – auch wenn sie 200 Jahre zurückliegt und so offenbar sich auch nur in Frankreich ereignet hat. Dabei soll allerdings nicht unterschlagen werden, dass auch in Wien und Preussen noch Mitte des 19. Jahrhunderts nur für eine Minderheit der gehörlosen und blinden Schüler Unterrichtsangebote bestanden.

Erst durch tatkräftiges staatliches Handeln während der preussischen Reformära zur Zeit Wilhelm von Humboldts wurde der Grundstein gelegt für den mühevollen Weg der institutionellen Absicherung aller Bildungsanstrengungen für Blinde und Gehörlose, der schliesslich 1911 seinen Abschluss in dem Erlass für die Unterrichtspflicht für Blinde und Gehörlose fand. Ausschlaggebend dabei war nicht die Frage, ob die Gründung privater oder staatlicher Natur war, sondern allein, wie schnell und zuverlässig der Staat seine Verantwortlichkeit durch Bereitstellung finanzieller Mittel wahrzunehmen bereit war, also *ob* und *wie* er die Bildung Behinderter als eine öffentliche Aufgabe anerkannte.

Meine These hatte gelautet:

Erst die Etablierung öffentlicher Schulen für Gehörlose und Blinde hat das Bildungsrecht bislang ausgegrenzter Schülergruppen langfristig gesichert.

Vor dem Hintergrund der geschilderten historischen Erfahrungen erscheint es legitim, die folgende Schlussfolgerung für die Gegenwart zu ziehen:

Wer sicher stellen möchte, dass behinderte Kinder und Jugendliche ein qualitativ hoch stehendes Bildungsangebot erhalten und eine angemessene Vorbereitung auf die Arbeits- und Berufswelt erfahren, der kann – solange ein selektives Bildungssystem besteht wie in der Bundesrepublik Deutschland – auf die Struktur besonderer Institutionen nicht verzichten. Denn nur die Existenz spezieller Bildungsinstitutionen

- sichert die Aufmerksamkeit für ein besonderes pädagogisches Problem,
- bietet praktische Lösungsbeispiele für eine erschwerte pädagogische Aufgabe,
- gewährleistet die Professionalität besonders qualifizierter Pädagogen,
- bietet Schutz und Entfaltungsmöglichkeiten für all jene, die in der grossen Masse der Schülerinnen und Schüler drohen verloren zu gehen,
- und erinnert die allgemeine Pädagogik an ihre Verpflichtung, auch an jene zu denken, die den Durchschnittsnormen nicht entsprechen.

Wohl gemerkt: Es geht nicht um die Verteidigung des Eigencharakters der Sonderschule – denn wir wissen natürlich alle von den Schattenseiten abgeschotteter Sonderinstitutionen und den vielen guten Erfolgen von gemeinsamem Leben und Lernen von behinderten und nicht behinderten Schülern und Schülerinnen. Worum es mir – auf dem Hintergrund der Beschäftigung mit der Geschichte und angesichts unseres gegliederten Schulwesens in Deutschland sowie unreflektierter Forderungen nach Abschaffung der Sonderschulen – geht, ist die Erkenntnis, dass ein Minimum an institutioneller Besonderung nach wie vor unverzichtbar ist, damit behinderte und vernachlässigte Kinder und Jugendliche Bildung erfahren können, und dass diese institutionelle Besonderung nur im Rahmen eines öffentlichen staatlichen Schulwesens in ihrer Existenz gesichert ist.

3. Die Frage nach den «Lebensspuren»

Geschichte handelt von vergangenen Ideen, Politik, Gesellschaften, Institutionen, aber auch von der Geschichte einzelner Individuen. Es ist erfreulich, dass in der Heilpädagogik erneut ein Interesse an den Lebensbildern einzelner bedeutender Heilpädagogen und Heilpädagoginnen zu verzeichnen ist (Buchka, Grimm & Klein, 2002), aber wenn es um Lebensgeschichten geht, dann sollte der Blick auch auf jene gelenkt werden, die die Betroffenen sind. In der Gegenwart wird zu Recht die Forderung erhoben, dass die Betroffenen selbst sich zu Wort melden und ihre Interessen vertreten. In der Geschichtsschreibung der Heilpädagogik ist dieser Blick auf die Schüler und Schülerinnen, die Zöglinge, die Bewohner und Bewohnerinnen eher die Ausnahme. Daher möchte ich abschliessend berichten von dem individuellen Schicksal einer Frau, die ich als Opfer der Zwangssterilisation im Dritten Reich 1986 interviewte (Ellger-Rüttgardt, 1997; vgl. Zitat unten, I. = Interviewerin). Sie war eine ehemalige Schülerin der Hilfsschulpädagogik Frieda Buchholz, die ich nach schwierigen Anläufen gefunden habe.

Gertrud Meier (M., vgl. Zitat unten) war im Jahre 1986 eine kranke Frau. Sie war seit neun Jahren Witwe und lebte zurückgezogen in ihrer kleinen Wohnung. Sie hatte weder eigene noch angenommene Kinder; Kontakt unterhielt sie nur zu wenigen Verwandten und Bekannten. Die einst fröhliche und draufgängerische Gertrud klagte über Einsamkeit und Depressionen. Nach anfänglichen Widerständen gab sie bereitwillig Auskunft über ihr Leben, das durch viel Leid und Schmerz geprägt war und in dem es nur zwei Menschen gegeben hatte, von denen sie sich geliebt fühlte: ihren Mann und ihre Lehrerin Frieda Buchholz.

Das nahezu dreistündige Gespräch durchlief alle bedeutsamen Stadien ihres Lebens. Wie ein roter Faden offenbarte sich in ihm ein Lebensgefühl, das bestimmt war von Abhängigkeit und dem Gefühl des Ausgeliefertseins, von Einsamkeit, Resignation und Verdrängung. Ob als Heimkind oder Hilfsschülerin, ob als junges Mädchen ohne freie Berufswahl, als Zwangssterilisierte oder als Witwe ohne Familie – Gertrud Meier verharrte zeit ihres Lebens in sprachlosem Leid.

«M.: Ja, ich vergess' viel. Im Moment vergess' ich sehr viel.
I.: Wollen Sie vielleicht auch viel vergessen?
M.: Will ich vielleicht vergessen, ich weiss es nicht, und vor allem, seitdem mein Mann tot ist, interessier ich mich auch für gar nichts mehr, überhaupt nicht.

I.: Ja, wie lange ist Ihr Mann tot?
M.: Jetzt Weihnachten werden das neun Jahre.
I.: Und immer noch so schlimm für Sie?
M.: Ja. Es wird immer schlimmer. Das wird nicht besser, das wird schlimmer. Je weiter das geht, je schlimmer wird es. ...
I.: Erinnern Sie sich noch an die Untersuchung des Arztes und Psychiaters? Sie mussten doch so eine Art Intelligenzprüfung machen.
M.: Ja ...
I.: Wie lief denn das ab?
M. Da musste ich Steine zusammenbauen und alles so'n Quatsch, wie das so vor sich ging, nicht. Und da hat er es wohl für schlecht befunden.
I.: Und welchen Eindruck hatten Sie von dem Mann?
M.: Ich mochte den nicht. Wer mag so'n Mann, gar keiner.
I.: War Ihnen klar, was Ihnen bevorstand? Dass ...
M.: Jaja.
I.: Das wussten Sie und haben Sie versucht, sich zu wehren?
M.: Ja, klar.
I.: Und wie haben Sie das gemacht?
M.: Tja, ich wollte weglaufen, nicht. Aber es ging nicht.
I.: Ja, und wo wollten Sie hin?
M.: Tja, das wusste ich ja noch nicht.
I.: Sie sind aber ausgerissen?
M.: Nee, nee, die haben ja auf mich aufgepasst. Ich musste zur Leiterin runterkommen und da sagt sie zu mir: ‹Gertrud, ich hab' Bescheid gekriegt, so und so liegt es: Du sollst sterilisiert werden.› Ja, da hab' ich sie gefragt, was das ist, was das zu bedeuten hat. Da hat sie drauf gesagt zu mir: ‹Ja, dann kriegst du später keine Kinder mehr.› Und da hab ich gesagt: ‹Aus welchem Grunde?› Ja, sagt sie: ‹Den Grund kann ich dir nicht nennen, ich weiss ihn nicht.› Das war alles. Ja, und da wurde aufgepasst bis ich ins Krankenhaus kam.
I.: Und was haben Sie da gefühlt?
M.: Tja, was soll ich da fühlen? Gar nix, da wurde einfach über mich entschieden und dann war die Sache für mich erledigt. Und was wollen Sie schon machen, wenn Sie im Heim sind! Da können Sie nichts gegen machen, nicht? Sie können ja nirgends hin.» (Ellger-Rüttgardt, 1997, S. 111ff.).

4. Schlussbemerkung

Aus der Geschichte lernen und Perspektiven für die Zukunft der Heil- und Sonderpädagogik benennen? Ich möchte die folgenden hervorheben:

1. Wir sollten historisch Gewachsenes nicht vorschnell aufgeben, sondern kritisch prüfen, welche Reformen unter den jeweiligen gesellschaftlichen Verhältnissen sinnvoll sind. Angesichts der gegenwärtigen Lage, in der es in der Bildungs- und Sozialpolitik sehr dominant um Kostenersparnisse geht, erscheint es mir klug, das Bestehende eher zu bewahren. Es zeugt nicht nur von historischem Unverständnis, sondern auch von politischer Naivität, angesichts der Ökonomisierung der sozialen Verhältnisse traditionelle Strukturen, die gegen grosse Widerstände nur mühsam aufgebaut werden konnten, leichtfertig aufzugeben.

2. Wir sind als Professionelle nur glaubwürdig, wenn wir die Menschen mit Behinderung als Individuen wahrnehmen, respektieren und achten. Wir sollten sie, wo immer es möglich ist, in ihrem Selbstbestimmungsrecht bestärken und uns als Fachleute die Pflicht auferlegen, unser Tun nicht nur stets kritisch zu reflektieren, sondern auch immer wieder in Frage zu stellen.

Literatur

Buchka, M, Grimm, R. & Klein, F. (Hrsg.). (2002). *Lebensbilder bedeutender Heilpädagoginnen und Heilpädagogen des 20. Jahrhunderts* (2., durchges. Aufl.). München: Ernst Reinhardt.

Ellger-Rüttgardt, S. (1985). Historiographie der Behindertenpädagogik. In U. Bleidick (Hrsg.), *Handbuch der Sonderpädagogik, Bd. 1. Theorie der Behindertenpädagogik* (S. 87-125). Berlin: Wissenschaftsverlag Spiess.

Ellger-Rüttgardt, S. (1995). Historische Aspekte der gemeinsamen Bildung behinderter Kinder und Jugendlicher. *Zeitschrift für Heilpädagogik*, Jg. 46, S. 477-484.

Ellger-Rüttgardt, S. (1997). Geschichte der sonderpädagogischen Institutionen. In K. Harney & H.-H. Krüger (Hrsg.), *Einführung in die Geschichte von Erziehungswissenschaft und Erziehungswirklichkeit* (S. 247-269). Opladen: Leske + Budrich (Einführungskurs Erziehungswissenschaft; Bd. 3).

Ellger-Rüttgardt, S. (1997). *Frieda Stoppenbrink-Buchholz (1897-1993). Hilfsschulpädagogin, Anwältin der Schwachen, soziale Demokratin* (2., überarb. Aufl.). Weinheim: Beltz.

Ellger-Rüttgardt, S. (1998). Der Verlust des Politischen – Kritische Anfragen an die deutsche Debatte um schulische Integration. *Die neue Sonderschule*, Jg. 43, Heft 1, S. 2-10.

Ellger-Rüttgardt, S. & Tenorth, H-E. (1998). Die Erweiterung von Idee und Praxis der Bildsamkeit durch die Entdeckung der Bildbarkeit Behinderter – Anmerkungen zu einem Forschungsprojekt. *Zeitschrift für Heilpädagogik*, Jg. 49, Heft 10, S. 438-441.

Ellger-Rüttgardt, S. (1998). *Zur Geschichte der Heil- und Sonderpädagogik.* Studienbrief der Fern-Universität Hagen. Hagen.

Ellger-Rüttgardt, S. (2000). *Geschichte der Heil- und Sonderpädagogik unter integrativen Aspekten – Texte und Dokumente.* Studienbrief der Fernuniversität Hagen. Hagen.

Ellger-Rüttgardt, S. (2001). Aus der Vergangenheit für die Zukunft lernen. *Zeitschrift für Heilpädagogik*, Jg. 52, S. 119-124.

Ellger-Rüttgardt, S. (Hrsg.). (2003). *Lernbehindertenpädagogik.* Weinheim: Beltz (Studientexte zur Geschichte der Behindertenpädagogik; Bd. 5).

Ellger-Rüttgardt, S. (2004). Sonderpädagogen im Dritten Reich – der Versuch einer Annäherung. *Vierteljahresschrift für Heilpädagogik und ihre Nachbargebiete (VHN)*, Jg. 73, S. 350-364.

de l'Epée, M. (1776). *Die Unterweisung der Taubstummen durch die methodischen Zeichen.* Paris (dt. Übersetzung von 1910; hier zitiert nach Wollermann, R., Wollermann, O. & Wollermann, E. (1912). *Quellenbuch zur Geschichte und Methodik des Taubstummenunterrichts* (Bd. 2). Stettin: Tetzmann & Randel).

Hofer-Sieber, U. (2000). *Bildbar und verwertbar. Utilitätsdenken und Vorstellungen der Bildbarkeit behinderter Menschen Ende 18. und Anfang 19. Jahrhundert in Frankreich.* Würzburg: Edition Bentheim.

Möckel, A. (1988). *Geschichte der Heilpädagogik.* Stuttgart: Klett-Cotta.

Solarova, S. (Hrsg.). (1983). *Geschichte der Sonderpädagogik.* Stuttgart: Kohlhammer.

Zu den Autorinnen und Autoren

Dr. päd. *Maximilian Buchka*, geb. 1943, Professor für Erziehungswissenschaft, insbesondere Sozial- und Heilpädagogik an der Kath. Fachhochschule NRW, Abt. Köln, Fachbereich Sozialwesen. Erziehungswissenschaftliche, sozial- und heilpädagogische Studien an den Universitäten Münster, Köln und Dortmund. Praxiserfahrungen als Volks- und Sonderschullehrer, Ausbildungsleiter für Referendare im Lehramt Sonderpädagogik und Rektor einer Sonderschule für geistig Behinderte. Buchpublikationen und Zeitschriftenaufsätze zu folgenden Arbeitsschwerpunkten: Theorien und Konzepte der Sozial- und Heilpädagogik; Heilpädagogik und Sozialtherapie für Menschen mit Behinderungen; Sozial- und heilpädagogische Fall-Hermeneutik; Didaktik/Methodik des Unterrichts in der Schule für Geistigbehinderte; Burn-out-Syndrom bei professionellen Kräften in der Sonderschule; Religionspädagogische Fragestellungen bei Menschen mit geistiger Behinderung.

lic. phil. *Christianne Büchner*, Heilpädagogin; mehrjährige Tätigkeit als Heilpädagogische Früherzieherin in der Zentralschweiz; danach wissenschaftliche Mitarbeiterin an der Schweizerischen Zentralstelle für Heilpädagogik (SZH) in Luzern; seit 2002 wissenschaftliche Mitarbeiterin an der Höheren Fachschule für anthroposophische Heilpädagogik und in der internationalen Konferenz für Heilpädagogik und Sozialtherapie in Dornach.

Prof. Dr. *Sieglind Ellger-Rüttgardt*, Studium der Erziehungswissenschaft und Romanistik in Hamburg, Tübingen und Montpellier, Zusatzstudium der Sonderpädagogik an der Universität Hamburg. Mehrjährige schulpraktische Tätigkeit an Grund-, Haupt- und Sonderschulen. Hochschullehrerin an den Universitäten Hamburg und Hannover und seit 1995 ordentliche Professorin für Allgemeine Rehabilitations- und Sonderpädagogik am Institut für Rehabilitationswissenschaften; seit 2004 Professorin für Allgemeine Rehabilitationspädagogik und Lernbehindertenpädagogik der Humboldt-Universität zu Berlin. Arbeitsschwerpunkte und Veröffentlichungen zu folgenden Themenfeldern: vergleichende und historische Behindertenpädagogik; Bildungs- und Sozialpolitik für Behinderte; berufliche Rehabilitation Behinderter.

Andreas Fischer, dipl. Heilpädagoge, Lehrer, Supervisor, Auditor von «Wege zur Qualität» und Mitglied der Zertifizierungsstelle der «Confidentia», Leiter der Koordinationsstelle des Verbandes für anthroposophische Heilpädagogik und Sozialtherapie in der Schweiz und stellvertretender Leiter der Höheren Fachschule für anthroposophische Heilpädagogik in Dornach. Langjährige praktische Tätigkeit in einem Sonderschulheim.

Dr. med. *Angelika Gäch*, Ärztin für Allgemeinmedizin, Eurythmistin. Langjährige Tätigkeit im heilpädagogischen Zusammenhang. Seit 1992 Leiterin des Rudolf Steiner-Seminars für Heilpädagogik Bad Boll. Überregionale Kurstätigkeit, seit 1995 auch regelmässig in der Russischen Föderation.

Prof. Dr. phil. *Heinrich Greving*, lehrt Allgemeine und Spezielle Heilpädagogik an der Katholischen Fachhochschule Nordrhein-Westfalen, Abteilung Münster. Nach der Ausbildung zum Erzieher und dem Studium der Heilpädagogik und der Erziehungswissenschaften promovierte er 1999 in Essen. Neben seiner Tätigkeit an der Fachhochschule beteiligt er sich an der Konzeptarbeit in heilpädagogischen Organisationen und in Organisationsberatung und Qualitätsmanagement in der Behindertenhilfe. Zahlreiche Veröffentlichungen.

Prof. Dr. phil. *Dietmar Jürgens*, geb. 1956, Professor für Kulturpädagogik (Ästhetik und Kommunikation), insbes. Musik und ihre Didaktik in den Feldern der Heilpädagogik, Sozialpädagogik und Sozialarbeit an der Katholischen Fachhochschule Nordrhein-Westfalen, Abteilung Köln; Lehrbeauftragter für Gesang und Stimmbildung an der Staatlichen Hochschule für Musik Köln; Musikpädagoge am Behindertenzentrum St. Gertrud Morsbach, künstlerische Tätigkeit als Sänger und Komponist, Musiktheater, Kammermusik und Kirchenmusik; Aktueller Forschungsbereich: kulturelle Bildung mit Menschen mit Behinderung.

Prof. em. Dr. phil. *Ferdinand Klein*, geb. 1934, Volksschullehrer, Sonderschullehrer, Sonderschuldirektor, Dozent bzw. Professor für Heil- und Sonderpädagogik mit dem Arbeitsschwerpunkt Geistigbehindertenpädagogik: Würzburg 1980-1982, Universität Mainz 1982-1990; Fakultät für Sonderpädagogik in Reutlingen 1990-1997 (1992-1994 beurlaubt zum Dienst als Aufbaudirektor des Instituts für Rehabilitationspädagogik der Martin-Luther-Universität Halle-Wittenberg); seit 1.4.1997 emeritiert. Zurzeit Gastdozent an der Comenius-Universität Bratislava und Konstantin-Universität Nitra, im Dialog mit der Heilpädagogik der Slowakei. Weitere Arbeitsschwerpunkte und Veröffentlichungen: Menschen mit schweren Behinderungen, ethische Fragen, Integrationspädagogik, Pädagogik von Janusz Korczak, 6 Monografien und über 300 Beiträge in Zeitschriften und Sammelwerken.

PD Dr. *Emil E. Kobi*, geb. 1935 in Kreuzlingen/Schweiz, dipl. Heilpädagoge, Dr. phil. habil., Dozent emerit. Universität, Basel. Primar- und Sonderklassenlehrer, Klinischer Heilpädagoge (Kinderpsychiatrische Poliklinik/Kinderspital, Basel), Schulpsychologe, Psychologie- und Pädagogiklehrer (Lehrerseminar, Basel). 1972-1999 leitender Dozent für Heilpädagogik am interfakultären «Institut für Spezielle Pädagogik und Psychologie (ISP)» der Universität Basel (Ausbildung von Sonderklassenlehrerinnen und -lehrer, Logopädinnen und Logopäden, Früherzieherinnen und Früherzieher, Psychomotoriktherapeutinnen und -therapeuten).

Dr. päd. *Anna Krušinová*, geb. 1955, mehrjährige Praxis in Sonderschulen, Studium der Spezial- und Heilpädagogik an der Comenius-Universität Bratislava, Promotionsstudium mit Abschluss an der Karls-Universität Prag; seit 1991 in der Schulverwaltung, zunächst als Schulrätin und später als Fachberaterin im Regierungsbezirk Žilina für Kinder und Jugendliche in speziellen, heilpädagogischen und integrativen Einrichtungen (Kindergarten, Volks-, Berufs-, Sonder- und Krankenhausschule, Heim, Tagesstätte, Diagnose- und Beratungszentrum).

Franziska Schäffer, geb. 1949, Sonderschullehrerin. Nach wenigen Jahren Schuldienst an Schulen mit dem Förderschwerpunkt Lernen knapp dreissig Jahre praktische Unterrichtsarbeit an Schulen mit pragmatischen Lernschwerpunkten. Seit 1974 Nebentätigkeiten als Mentorin und Seminarleiterin im Auftrag des Senats von Berlin; erste Publikationen (Zeitschriftenbeiträge zur Unterrichtspraxis). Nach 1998 Fortbildungsveranstaltungen (u.a. für die LEBENSHILFE e.V.; für Kultus- und Schulämter verschiedener Bundesländer; 1994 für die Sonderpädagogische Fakultät der Universität Budapest [Ungarn]; für die Sonderpädagogische Fakultät der Hochschule Poznán [Polen]); Vorträge und weitere Publikationen (Zeitschriftenaufsätze, Buch) zu unterschiedlichen Fachthemen: Zum Verständnis von Menschen mit pragmatischer Lebensentwicklung (Menschenbild); Unterricht mit Kindern und Jugendlichen mit pragmatischer Lebensentwicklung; Verstehen und Verständigen; Assistenzleistungen bei Menschen mit pragmatischer Lebensentwicklung; Sexualität; Verhaltensmodifikation. Ab 2001 wegen Schwerbehinderung im Vorruhestand. Seitdem Tätigkeiten als Privatdozentin und pädagogische Beraterin. Vorträge an verschiedenen Universitäten (Berlin, Köln, Heidelberg usw.); Erarbeitung von Schul- und Heimkonzepten, Fortbildungen.

Prof. Dr. med. *Hans Georg Schlack*, geb. 1939, Facharzt für Kinder- und Jugendmedizin, Psychotherapie. 1977 Habilitation an der Univ. Mainz für das Fach Kinderheilkunde, insbesondere Neuropädiatrie. Von 1978 bis 2004 ärztlicher Leiter des Kinderneurologischen Zentrums Bonn, von wo eine Reformbewegung ausgegangen ist, die inzwischen die Konzeption der Behandlung und Förderung behinderter Kinder im medizinischen Bereich in ganz Deutschland entscheidend beeinflusst hat. Zahlreiche Publikationen, u.a. Herausgabe der Bücher «Sozialpädiatrie» (1995/2000) und «Entwicklungspädiatrie» (2004). Im Ruhestand seit Herbst 2004.

Dr. phil. *Heinz Zimmermann*, geb. 1937, Besuch der Rudolf Steiner Schule. Studium der Germanistik, Geschichte und Altphilologie an der Universität Basel; Dissertation «Zu einer Typologie des spontanen Gesprächs». 1965/66 am Goethe-Institut in Finnland. Assistent, später Lektor für deutsche Sprachwissenschaft an der Universität Basel. 25 Jahre Lehrer an der Rudolf Steiner-Schule Basel für Deutsch, Geschichte, Kunstgeschichte, Latein. Ab 1975 Mitwirkung am Rudolf Steiner-Lehrerseminar in Dornach. 1988 Berufung in den Vorstand der Allgemeinen Anthroposophischen Gesellschaft. 1989 bis 2001 Leitung der Pädagogischen Sektion für das Geistesstreben der Jugend. Verantwortlich für das Grundstudium der Anthroposophie und das Freie Studium am Goetheanum. Viele Publikationen zur Linguistik und Pädagogik.

Schweizerische Zentralstelle für Heilpädagogik	Centro svizzero di pedagogia specializzata
Centre suisse de pédagogie spécialisée	Center svizzer per pedagogia speziala

Die Schweizerische Zentralstelle für Heilpädagogik (SZH) ist eine nationale Fach- und Dienstleistungsstelle für Fragen der Behindertenpädagogik.

Die SZH bietet Informationen und Publikationen, Beratungen und Stellungnahmen an. Sie trägt bei zur Entwicklung von Konzepten, Perspektiven und Innovationen auf heilpädagogischem Gebiet. – Als Drehscheibe fördert die SZH die Kommunikation und Konsensbildung sowie den Informations- und Erfahrungsaustausch auf heilpädagogischem Gebiet.

Die Zentralstelle, gegründet 1972, wird getragen durch das Bundesamt für Sozialversicherung, die Schweizerische Konferenz der kantonalen Erziehungsdirektoren, den Verband der heilpädagogischen Ausbildungsinstitute, verschiedene Fach- und Berufsverbände, Elternvereinigungen, Sozialwerke sowie durch Passivmitglieder.

Theaterstrasse 1
CH-6003 Luzern
Telefon ++41 41 226 30 40
Fax ++41 41 226 30 41
szh@szh.ch, www.szh.ch

Dornacher Reihe

Julius Gfröreis: «Keime künftiger Organe ...». Der «Magische Idealismus» bei Novalis als Beitrag zum Verständnis von Selbsterziehung im heilpädagogischen Handeln.
2005, 168 S., Fr. 34.50 (Dornacher Reihe; 10)
ISBN 3-908262-65-8 (Bestell-Nr. 237)

Christiane Drechsler: Zur Lebensqualität Erwachsener mit geistiger Behinderung in verschiedenen Wohnformen untersucht am Beispiel der Fachklinik Schleswig-Stadtfeld, des Wohngruppenprojektes Schleswig-Stadtfeld und der Werkgemeinschaft Bahrenhof e.V.
2004, 297 S., Fr. 37.95 (Dornacher Reihe; 9)
ISBN 3-908262-58-5 (Bestell-Nr. 231)

Hans Egli (Hrsg.): Entwicklungsräume. Zukunftsaspekte für das Leben mit Kindern mit Behinderungen.
2004, 230 S., Fr. 40.05 (Dornacher Reihe; 8)
ISBN 3-908262-56-9 (Bestell-Nr. 229)

Angelika Gäch (Hrsg.): Phänomene des Wandels. Wozu Heilpädagogik und Sozialtherapie herausgefordert sind.
2004, 342 S., Fr. 43.30 (Dornacher Reihe; 7)
ISBN 3-908262-51-8 (Bestell-Nr. 224)

Hartmut Sautter (Hrsg.): Grenzerfahrung als Erlebnis der Mitte. Heilpädagogische Gesichtspunkte zur Entwicklung des Menschen.
2002, 208 S., Fr. 37.95 (Dornacher Reihe; 6)
ISBN 3-908262-29-1 (Bestell-Nr. 207)

Ferdinand Klein (Hrsg.): Begegnung und Vertrauen. Zwei Grunddimensionen des Erziehungsraumes.
2001, 197 S., Fr. 37.20 (Dornacher Reihe; 5)
ISBN 3-908262-19-4 (Bestell-Nr. 199)

Maximilian Buchka (Hrsg.): Intuition als individuelle Erkenntnis- und Handlungsfähigkeit in der Heilpädagogik.
2000, 184 S., Fr. 35.85 (Dornacher Reihe; 4)
ISBN 3-908262-00-3 (Bestell-Nr. 187)

Götz Kaschubowski (Hrsg.): Zur Frage der Wirksamkeit in der heilpädagogischen Arbeit.
1999, 206 S., Fr. 37.95 (Dornacher Reihe; 3)
ISBN 3-908263-90-5 (Bestell-Nr. 181)

Rüdiger Grimm (Hrsg.): Selbstentwicklung des Erziehers in heilpädagogischen Aufgabenfeldern. Die Idee der Selbsterziehung bei H. Nohl, P. Moor, J. Muth, J. Korczak und R. Steiner.
1998, 96 S., Fr. 28.20 (Dornacher Reihe; 2)
ISBN 3-908263-74-3 (Bestell-Nr. 169)

Rüdiger Grimm und Götz Kaschubowski (Hrsg.): Heilen und Erziehen. Sonderpädagogik und anthroposphische Heilpädagogik im Gespräch.
1998, 109 S., Fr. 29.55 (Dornacher Reihe; 1)
ISBN 3-908263-71-9 (Bestell-Nr. 167)

Preise exkl. MWSt